Isabell Pohlmann

Finanzplaner
Witwen und Witwer

Steuer, Geldanlage, Versicherungen,
Witwer- und Witwenrente

Inhaltsverzeichnis

- 4 **Was wollen Sie wissen?**

- 9 **Plötzlich ist alles anders**
- 13 Handeln, am besten Schritt für Schritt
- 15 Die Finanzen heute und in Zukunft im Griff

- 29 **Schritte in den neuen Alltag**
- 30 Erbschaft: Fragen klären, Ansprüche geltend machen
- 36 Alltagsfinanzen: Konten und Verträge neu ordnen
- 39 Die Wohnungsfrage: Was wird aus dem Zuhause?
- 45 Alltag organisieren: Beruf und Familie mit neuen Vorzeichen
- 55 Verfügungen und Formulare: Rechtliche Klarheit schaffen

- 59 **Sichere Einnahmen**
- 60 „Auch Hinterbliebenenrente gibt es nur auf Antrag"
- 62 Gesetzliche Rente: Das steht Angehörigen zu
- 73 Witwen- und Waisengeld: Für Angehörige von Beamten
- 76 Zusätzliche Vorsorge: Weitere Renten im Überblick
- 80 Lebensversicherung: Finanzpolster für Ihre Zukunft

- 87 **Mit dem Finanzamt rechnen**
- 88 Erbschaftsteuer: In der Familie oft keine Abzüge
- 93 Die Steuererklärung
- 101 Steuern in Zukunft: So halten Sie die Belastung in Grenzen

15
Neue Einnahmen, alte Ausgaben: Beim Neustart hilft ein umfassender Finanzcheck

59
Ausreichend versorgt? Die Witwenrente unter der Lupe

87
Jetzt auch noch Steuern zahlen? Keine Angst vor dem Finanzamt

Stiftung Warentest | Finanzplaner Witwen und Witwer

20 Wo fange ich an? Was kann warten? Wichtige Aufgaben in der nächsten Zeit

107 Winzige Schritte oder größere Sprünge? So kann die richtige Mischung für die künftige Geldanlage aussehen

146 Krankenkasse, Haftpflicht, Auto, Haus – so geht es mit dem Versicherungsschutz weiter

107 Geldanlage neu gestalten
- 109 „Bei der Geldanlage nicht hektisch entscheiden"
- 110 Finanzcheck: Wo stehe ich?
- 117 Für Hinterbliebene im Beruf: Anlegen und an später denken
- 124 Anlegen mit dem Wunsch nach absoluter Sicherheit
- 127 ETF und mehr: Anlegen mit etwas Risiko
- 137 Die eigene Immobilie – wann sich die Investition lohnt

141 Auch zukünftig gut abgesichert
- 144 „Nicht unnötig Zeit verlieren"
- 146 Versicherungen umstellen: Was je nach Vertrag gilt
- 149 Bedarf im Blick: Diesen Schutz benötigen Sie
- 154 Der wichtigste Schutz unter der Lupe
- 163 Ein Blick nach vorn

166 Hilfe
- 166 Depotkosten
- 168 Versicherungen: Die Besten im Test
- 172 Wer hilft bei Fragen?
- 173 Stichwortverzeichnis

Was wollen Sie wissen?

Verträge umstellen, Witwenrente beantragen, finanzielle Vorsorge neu gestalten: Nach dem Tod des Partners oder der Partnerin stehen einige Geld- und Rechtsfragen an, von denen manches vielleicht Bauchschmerzen bereitet. Stellen Sie dennoch zeitnah die nötigen Weichen.

Darf ich etwas zu meiner Witwerrente dazuverdienen?

Ja, das dürfen Sie. Je nach Höhe Ihres Einkommens kann der Nebenverdienst allerdings dazu führen, dass Ihre Witwerrente anteilig gekürzt wird.

In den westlichen Bundesländern gilt bis Mitte 2022 ein Freibetrag von rund 903 Euro im Monat für Nebenverdienste, in Ostdeutschland liegt der Wert derzeit bei knapp 884 Euro. Haben Sie Kinder, erhöhen sich die Freibeträge pro Kind um rund 191 Euro im Monat in West- und 187 Euro monatlich in Ostdeutschland. Erzielen Sie nun als Angestellter ein Einkommen oberhalb der Freibeträge, wird die Hinterbliebenenrente anteilig gekürzt. Die Rechnung, die sich dahinter verbirgt, stellen wir im Kapitel „Gesetzliche Rente" ab S. 62 vor.

Haben Sie neben der Hinterbliebenenrente mehrere Einnahmen – zum Beispiel Ihre eigene Altersrente plus Nebenjob –, addiert die Rentenkasse beide Posten und prüft dann, ob Sie innerhalb des aktuellen Freibetrags bleiben.

Ist das eigene Einkommen so hoch, dass die Witwen- oder Witwerrente deutlich gekürzt werden muss, kann im Einzelfall das sogenannte Rentensplitting eine Alternative sein. Im Abschnitt „Rentensplitting" ab S. 70 zeigen wir, wie das Splitting funktioniert und für wen es sich lohnen kann.

Steht mir aus privater Vorsorge wie einem Riester-Vertrag Geld zu?

Das kommt auf die Art des Vertrags an und was dort im Einzelnen vereinbart ist. Wenn Ihr Partner über den Betrieb fürs Alter vorgesorgt hat, kann beispielsweise je nach Tarifvertrag eine Hinterbliebenenrente oder eine andere Form der Versorgung vereinbart sein. Auch wenn Ihr Partner Riester-Sparer oder bereits Riester-Rentner war, können Sie oft auf Leistungen hoffen. Dafür benötigen Sie häufig einen eigenen Riester-Vertrag. Im Kapitel „Zusätzliche Vorsorge" ab S. 76 fassen wir zusammen, welche Leistungen für Sie infrage kommen können.

Wenn Sie eine Hinterbliebenenversorgung erhalten, ist diese häufig zu einem Großteil oder sogar komplett steuerpflichtig. Im Abschnitt „Mit dem Finanzamt rechnen" ab S. 87 stellen wir die wichtigsten Steuerregeln für unterschiedliche Einnahmen vor und nennen Steuersparmöglichkeiten.

Ich habe 100 000 Euro geerbt. Wie lege ich das Geld an?

Eine pauschale Lösung gibt es dafür nicht, denn die weitere Geldanlage hängt von verschiedenen individuellen Faktoren ab: Entscheidend ist zum Beispiel der Anlagehorizont, also etwa die Frage, für wie lange Sie das Geld anlegen wollen und wie lange Sie es zur Not entbehren können. Auch Ihre persönliche Risikobereitschaft ist wichtig und natürlich die Frage, wie Sie insgesamt finanziell dastehen: Haben Sie ein sicheres Einkommen, von dem Sie leben können? Haben Sie konkrete Ausgabenziele im Blick, etwa den Studienbeginn Ihrer Kinder in fünf Jahren? Müssen Sie noch etwas für die eigene Absicherung im Alter tun? Ausführliche Informationen, welche Anlageprodukte je nach Situation infrage kommen, lesen Sie im Kapitel „Geldanlage neu gestalten", S. 107.

Darf mir die Bank den Zugriff auf die Konten meiner Frau verweigern?

Ja, das ist richtig, wenn es um Konten geht, die allein auf den Namen Ihrer Frau liefen, und wenn Sie dafür keine Kontovollmacht haben oder kein Testament vorlegen können. Dann bleibt Ihnen auch als Ehepartner nichts anderes übrig, als erst einmal zu warten. Die Bank darf Ihnen erst den Zugriff gewähren, wenn Sie belegen können, dass Ihnen das Geld tatsächlich zusteht, etwa mithilfe des Erbscheins (siehe „Erbschaft: Fragen klären, Ansprüche geltend machen", S. 30).

An anderer Stelle kommen Sie dagegen meist ohne Erbschein weiter, etwa wenn Sie den Handy-Vertrag oder weitere Alltagsverträge Ihrer Frau kündigen wollen (siehe „Alltagsfinanzen", S. 36).

Was beim Mietvertrag für die bisher gemeinsam genutzte Mietwohnung gilt, fassen wir ab S. 39 unter „Die Wohnungsfrage" zusammen.

Alle Versicherungen liefen auf meinen Mann. Muss ich das ändern?

Ja, und das sollten Sie in nächster Zeit in die Hand nehmen. Informieren Sie den oder die Versicherer zeitnah über den Tod Ihres Partners, dann können Sie auch gleich klären, wie es je nach Vertrag weitergeht. Im Kapitel „Auch zukünftig gut abgesichert" ab S. 141 stellen wir vor, bei welchen Verträgen Sie besonders schnell aktiv werden müssen und wo etwas mehr Zeit ist.

In diesem Kapitel finden Sie zudem eine große Übersichtstabelle, die zeigt, wie relevant einzelne Versicherungen sind. Nutzen Sie diese Übersicht, um Ihren bisherigen Bestand an Versicherungen zu überprüfen: Haben Sie Verträge, die eher überflüssig sind, oder fehlt Ihnen womöglich wichtiger Schutz? Ist der einzelne Schutz noch gut genug? Je nach Alter unterscheidet sich der Bedarf zum Teil deutlich. Was die einzelnen Versicherungsarten bieten oder bieten sollten, lesen Sie unter „Der wichtigste Schutz unter der Lupe", S. 154.

Unser Haus gehört jetzt mir allein. Zahle ich dafür Erbschaftsteuer?

Häufig nicht. Wenn Sie das Haus weiter bewohnen, berücksichtigt das Finanzamt die geerbte Haushälfte nicht, wenn es ausrechnet, ob Erbschaftsteuer zu zahlen ist.

Ziehen Sie kurz nach dem Tod aus, rechnet es das Immobilienerbe doch mit an. Dann kommt es darauf an, was Sie noch erben: Vermögenswerte bis zu einem Freibetrag von 500 000 Euro bleiben für Ehepartner steuerfrei. Für andere Güter, etwa Hausrat und Auto, gibt es zusätzliche Freibeträge, sodass Sie trotz Auszug oft gute Chancen haben, dass alles steuerfrei an Sie gehen kann (siehe „Erbschaftsteuer – in der Familie oft keine Abzüge", S. 88).

Neben der Erbschaftsteuer müssen Hinterbliebene auch einen genaueren Blick auf die Einkommensteuer werfen. Hier ergeben sich nach dem Tod von Ehe- oder Lebenspartner einige Besonderheiten. Welche das sind, lesen Sie ab S. 93 unter „Die Steuererklärung".

Bisher hat sich meine Frau ums Geld gekümmert. Was muss ich beachten?

Im ersten Schritt benötigen Sie einen genauen Überblick zu den bestehenden Ersparnissen und Investments. Schauen Sie nicht nur darauf, wie das Geld angelegt ist, sondern zum Beispiel auch, wann Sie darauf zugreifen können.

Vielleicht haben Sie jemanden in der Familie oder im Bekanntenkreis, der Sie bei den Fragen zur Geldanlage unterstützen kann? Wenn Sie dort nicht weiterkommen, bleibt der Schritt zu einem Finanzberater. Natürlich könnten Sie zu Ihrer Bank gehen und sich dort informieren, allerdings müssen Sie dann einplanen, dass die Mitarbeiter dort auch Verkäufer sind. Deshalb kann sich der Besuch bei einem neutralen Berater lohnen.

Denken Sie aber nicht nur an die langfristige Strategie: Wichtig ist zunächst, dass Sie in Alltagssituationen finanziell flüssig bleiben und gut aufgestellt sind („Schritte in den neuen Alltag", S. 29).

Plötzlich ist alles anders

Der Verlust des Partners oder der Partnerin ist ein tiefer Einschnitt. Auch finanziell bringt er oft Veränderungen und Herausforderungen mit sich. Einigen davon müssen Sie sich kurzfristig stellen, für andere haben Sie etwas mehr Zeit. Fangen Sie dennoch an, sobald Sie dazu in der Lage sind. Wir begleiten und unterstützen Sie dabei.

Eine Woche? Ein Monat? Vielleicht ein Jahr? Wie lange ist es her, dass Sie Ihren Partner oder Ihre Partnerin verloren haben?

Wenn Sie diesen Ratgeber erstmals in den Händen halten, hatten Sie eventuell schon etwas Zeit und die Chance, das zu verarbeiten, sodass Sie nun nach vorne blicken wollen: Sie überlegen, wie es langfristig finanziell und organisatorisch weitergehen soll. Mittlerweile haben Sie vielleicht einen Überblick zu Ihren aktuellen und künftigen Einnahmen und Versorgungsansprüchen und können kalkulieren, wie Sie für sich allein sorgen können. Vielleicht stehen Sie auch vor der Frage, was aus geerbten Ersparnissen werden soll, die noch unangerührt auf Konten schlummern. Und wenn die Wohnung nun leerer ist als früher, mag der Gedanke an einen Umzug naheliegen – weil Sie es so wollen oder weil er aus finanziellen Gründen über kurz oder lang nötig wird.

Eventuell liegt der Tod des Partners oder der Partnerin aber erst wenige Tage zurück, sodass Sie sich in einer Art Findungsphase vorantasten und To-do-Listen abarbeiten: Was ist besonders dringend zu erledigen, was hat einige Wochen Zeit?

Ganz gleich, wo Sie gerade stehen: In diesem Ratgeber erhalten Sie wichtige Infor-

Einiges abzuarbeiten
Von der Trauerpost bis zum Rentenantrag – gerade in der ersten Zeit gibt es viel zu erledigen. Lassen Sie sich dabei helfen.

mationen, die Ihnen bei den nächsten Schritten helfen. Er bietet Ihnen ein Gerüst, an dem Sie sich orientieren können, denn er spannt den Bogen von der Zeit kurz nach dem Verlust des Partners oder der Partnerin bis hin zur längerfristig angelegten Zukunftsplanung. Sie erfahren zum Beispiel,

- wie Sie an die Hinterbliebenenrente und andere regelmäßige Leistungen kommen, die Ihnen zustehen (S. 59),
- mit welchen Abzügen Sie bei Ihren alten und neuen Einnahmen rechnen müssen (S. 67 und S. 96),
- worauf es bei der ersten Einkommensteuererklärung als Witwer oder Witwe ankommt (S. 93),
- wie Sie – auch als Börsenneuling – erfolgreich Ihre Geldanlagestrategie aufbauen können (S. 107) und
- welche Versicherungen in der neuen Situation wichtig sind und welche sich Witwer und Witwen häufig sparen können (S. 141).
- Und wir wagen einen Blick in die weitere Zukunft, in der womöglich eine neue Liebe in Ihr Leben tritt (S. 163).

Bevor wir die Themenblöcke ausführlich vorstellen, fassen wir in der Checkliste auf den Seiten 11 und 12 kurz die wichtigsten Punkte in der allerersten Zeit nach dem Tod des Partners zusammen. Die Informationen in dieser Liste, etwa zum Thema Bestattung, können Ihnen auch dann eine erste Orientierung bieten, wenn Sie diesen Ratgeber vorausschauend gekauft haben, etwa weil Ihr Mann oder Ihre Frau schwer erkrankt ist und Sie auf die Fragen, die auf Sie zukommen werden, vorbereitet sein möchten.

→ **Für alle**

Familien und Ehen sind bunt und vielfältig: Wir schreiben für Frauen und Männer, die Frau oder Mann verloren haben. Wegen der besseren Lesbarkeit nennen wir aber nicht immer alle Formen. Ist etwa von der „Witwenrente" oder dem „Witwengeld" die Rede, richten sich diese Informationen nicht nur an Frauen, sondern auch an Männer, die ihre Partnerin oder ihren Partner verloren haben.

Checkliste

Das ist in der ersten Zeit wichtig

Mit dieser Checkliste sind Sie für die Erledigungen, die kurz nach einem Todesfall anstehen, gut vorbereitet. Scheuen Sie sich nicht, Ihnen nahestehende Menschen um Hilfe zu bitten.

Direkt nach dem Tod

- ☐ **Totenschein ausstellen lassen.** Stirbt ein Mensch zu Hause, kann das der Hausarzt oder der ärztliche Notdienst übernehmen. Stirbt er im Krankenhaus oder in einer Pflegeeinrichtung, kümmert sich die dortige Verwaltung darum.
- ☐ **Angehörige verständigen.**
- ☐ **Verfügungen und Verträge suchen.** Etwa Bestattungsverfügung oder Bestattungsvorsorgevertrag.
- ☐ **Unterlagen bereithalten.** Etwa den Personalausweis und die Geburtsurkunde des oder der Verstorbenen sowie die Heiratsurkunde.
- ☐ **Bestattungsunternehmen kontaktieren.** Klären Sie die Aufgaben des Unternehmens und die Einzelheiten der Bestattung.
- ☐ **Überführung veranlassen.** Den oder die Verstorbene etwa von der eigenen Wohnung oder dem Krankenhaus zum Bestattungsunternehmen oder zum Friedhof überführen lassen.
- ☐ **Versicherungen benachrichtigen.** Vor allem Lebens- und Unfallversicherung, zur Sicherheit auch andere Versorgungsträger informieren.
- ☐ **Arbeitgeber informieren.**
- ☐ **Den Tod melden und die Sterbeurkunde beantragen.** Der Tod muss innerhalb der ersten drei Tage beim Standesamt angezeigt werden – entweder persönlich von den Angohörigen oder über das Bestattungsunternehmen.

Zwei bis drei Tage nach dem Tod

- ☐ **Testament abgeben.** Finden Sie ein Testament oder etwas, das danach aussieht, müssen Sie es unverzüglich beim Nachlassgericht am Wohnort des oder der Verstorbenen abgeben.
- ☐ **Bankvollmacht suchen.** Waren Sie bevollmächtigt, können Sie auf das Konto zugreifen, den Kontostand und Zahlungsverkehr einsehen.

- ☐ **Begräbnis organisieren.** Friedhof und Grab aussuchen. Termin für die Bestattung festlegen, Trauerfeier planen – vom möglichen Gespräch mit einem Geistlichen über Blumenschmuck bis zum Trauermahl.
- ☐ **Nachlass grob sichten.** Welche Mittel stehen zur Verfügung, etwa um die Bestattung zu finanzieren?
- ☐ **Eigentum abholen.** War der Verstorbene zum Beispiel im Pflegeheim untergebracht, müssen Sie sich um sein Eigentum kümmern.

Nach der Bestattung

- ☐ **Dokumente ordnen.** Bewahren Sie wichtige Unterlagen wie Sterbeurkunde oder Versicherungsunterlagen gebündelt auf, damit Sie schnell darauf zugreifen können.
- ☐ **Erbschein beantragen.** Sie brauchen den Erbschein nicht immer, aber er kann nötig sein, wenn das Testament nicht notariell beglaubigt ist oder gar kein letzter Wille existiert und Sie daher durch gesetzliche Erbfolge erben. Sie beantragen den Schein beim Nachlassgericht.
- ☐ **Verträge kündigen oder auf Sie umschreiben.** Laufende Alltagsverträge Ihres Partners kündigen Sie, wenn Sie sie nicht mehr benötigen. Klären Sie, wie Sie diese übernehmen können, wenn Sie das wollen.
- ☐ **Rentenberatung kontaktieren.** Lassen Sie sich beraten, wie viel Hinterbliebenenrente Ihnen zusteht, und beantragen Sie diese. Klären Sie, ob auf Dauer eventuell das Rentensplitting günstiger für Sie ist.
- ☐ **Versorgungsansprüche sichten.** Prüfen Sie, ob Sie auch aus anderen Verträgen, etwa betrieblicher Altersvorsorge, Versorgungsansprüche haben.
- ☐ **Alltagsfragen angehen.** Von der Wohnung bis zur Autoversicherung – schaffen Sie die Voraussetzungen, dass Sie im Alltag weiter handlungsfähig sind.

Tipp: An dieser Stelle geben wir eine verkürzte Übersicht. Wenn Sie mehr Unterstützung bei den kurzfristig zu erledigenden Aufgaben benötigen, finden Sie im Set: „Schnelle Hilfe im Trauerfall" umfangreichere Informationen unter anderem zu Themen wie Bestattung und Testament (test.de/shop).

Handeln, am besten Schritt für Schritt

Womit fange ich an? Je nach familiärer, beruflicher und finanzieller Situation stehen unterschiedliche Dinge im Vordergrund.

Sehr wahrscheinlich ist Ihre To-do-Liste vor und nach der Beisetzung deutlich länger, als Sie es in der Situation gebrauchen können. Gerade jetzt steht Ihnen vermutlich kaum der Sinn danach, Ordner nach Verträgen zu durchforsten, Onlinekonten zu sichten, Social-Media-Accounts zu löschen, Versicherungsunterlagen zu prüfen oder eine Erbschaftsteuererklärung auszufüllen. Doch so einiges muss erledigt werden – bei manchem drängt die Zeit sogar sehr. Da hilft es, Schritt für Schritt vorzugehen und sich erst einmal auf die ganz wichtigen Erledigungen zu konzentrieren.

Sie müssen zum Beispiel schon kurz nach dem Tod des Partners den Versicherungsordner zur Hand nehmen: Hatte Ihre Partnerin eine Lebensversicherung abgeschlossen, müssen Sie die Versicherungsgesellschaft schnellstmöglich informieren, damit Sie an die vertraglich vereinbarte Versicherungssumme kommen (siehe „Lebensversicherung", S. 80).

Wichtig ist zudem, dass Sie kurzfristig die Vorkehrungen dafür treffen, dass Sie im Alltag handlungsfähig sind und finanziell flüssig bleiben. Sorgen Sie zum Beispiel dafür, dass wichtige Verträge und Kredite weiter bedient werden, falls sich bisher Ihr Partner oder Ihre Partnerin darum gekümmert hat: Stellen Sie sicher, dass ein Immobiliendarlehen weiter bedient oder die Miete gezahlt wird. Falls Sie zum Beispiel zweimal hintereinander Ihre Miete gar nicht oder zu spät überweisen, kann Ihnen die fristlose Kündigung ins Haus flattern.

> **Liefen Daueraufträge vom Konto Ihres Partners, werden diese erst einmal fortgeführt, so lange, bis die Erben sie widerrufen.**

Achten Sie auch auf die Zahlungen für Strom, Wasser und Internet, und setzen Sie wichtigen Versicherungsschutz nicht dadurch aufs Spiel, dass Sie die fälligen Beiträge nicht pünktlich zahlen. Um hier auf Nummer sicher zu gehen, kommen Sie nicht umhin, kurzfristig die Kontounterlagen zu sichten. Klären Sie, ob vom Konto Ihres Partners entsprechende Daueraufträge laufen. Diese werden erst einmal fortgeführt, so lange, bis die Erben sie widerrufen. Sorgen Sie aber dafür, dass das jeweilige Konto ausreichend gedeckt ist, und überweisen Sie bei fehlenden Daueraufträgen die fälligen Zahlungen von einem anderen Konto.

→ Vorteile mit Kontovollmacht

Um für diese ersten Schritte bei der Bank gewappnet zu sein, ist es hilfreich, wenn Sie eine Kontovollmacht haben, die auch über den Tod des Partners hinaus gilt. Was das bedeutet und was geschieht, wenn eine solche Vollmacht fehlt, lesen Sie unter „Aufs Konto zugreifen", S. 36.

An anderer Stelle ist der Zeitdruck nicht ganz so groß, aber trotzdem ist es sinnvoll, wenn Sie vieles zeitnah erledigen – entweder allein, oder Sie suchen sich Unterstützung von Familie oder Freunden. Keine Scheu: Viele werden froh sein, wenn sie etwas für Sie tun können.

Was ganz oben auf der Aufgabenliste steht, unterscheidet sich je nach beruflicher, finanzieller und familiärer Situation:
- Sind Sie bereits im Ruhestand oder stehen Sie noch im Berufsleben?
- Sind Sie alleinstehend oder haben Sie Kinder, die mit zu versorgen sind?
- Haben Sie ein sattes Finanzpolster, auf das Sie als Hinterbliebene bauen können? Oder gibt es kaum Ersparnisse und eher niedrige Einnahmen, sodass Ihr finanzieller Spielraum begrenzt ist?

Von Ihren Antworten auf diese Fragen hängt ab, um welche Themen Sie sich besonders kümmern müssen. Für die einen kann es um existenzielle Fragen gehen, etwa ob das Geld für den künftigen Alltag überhaupt reicht und ob sich die eigene Immobilie halten lässt.

Andere werden hingegen feststellen, dass sie sich keine finanziellen Sorgen machen müssen. Doch auch sie stehen vor Entscheidungen, etwa wie sie in Zukunft die Geldanlage gestalten wollen oder was aus laufenden Versicherungsverträgen wird.

Was je nach aktueller Lebenssituation zu tun ist oder wichtig werden könnte, stellen wir auf den folgenden Seiten und zum Ende dieses Kapitels beispielhaft für vier fiktive Personen zusammen – von der jungen Mutter bis zur verwitweten Rentnerin. Wir setzen bei der Aufgabenliste für die vier Personen zu dem Zeitpunkt an, an dem die Checkliste „Das ist in der ersten Zeit wichtig" von S. 11/12 endet: nach der Bestattung. Von hier aus spannen wir den Bogen für die kommenden Monate.

Schauen Sie, ob Sie sich in einer der genannten Situationen in etwa wiederfinden. Es kommt dabei nicht auf das Geschlecht der genannten Person an, entscheidend ist eher die jeweilige berufliche, private und finanzielle Ausgangsposition.

Die Finanzen heute und in Zukunft im Griff

Viele Entscheidungen, die Sie jetzt treffen müssen, setzen voraus, dass Sie einen Überblick haben, wo Sie finanziell stehen.

Eine junge Mutter, in Teilzeit berufstätig, steht nach dem Tod ihres Mannes vor der großen Frage, wie sie Beruf und Familie so organisiert bekommt, dass es auch ohne ihren Partner und dessen sicheres Vollzeiteinkommen finanziell reicht. Sie steht damit an einem ganz anderen Punkt als etwa ein kinderloser Witwer, der seine Vollzeitstelle hat und auch in der vorherigen Partnerschaft auf seine eigenen Einnahmen und Ersparnisse bauen konnte. Wieder anders ist die Ausgangsposition zum Beispiel für eine ältere Frau, die selbst schon im Rentenalter ist.

Allein diese erste Übersicht zeigt, dass es die allgemein gültige Aufgabenliste für die erste Zeit als Witwe oder Witwer nicht geben kann. Diese Differenzen zeigen wir ab S. 20 an den Beispielen von Zweifachmutter Annika, Rentnerin Maria, dem finanziell unabhängigen Patrick und an Ricardo, der in Kürze Entscheidungen zum eigenen Ruhestand treffen muss.

Für alle Hinterbliebenen ist aber wichtig, dass sie in der veränderten Situation möglichst genau wissen, wo sie aktuell finanziell stehen. Nur dann können Sie auch mittel- und langfristig die richtigen Entscheidungen treffen, etwa zu diesen Fragen:

▶ Können Sie es sich auf Dauer leisten, vorzeitig in den Ruhestand zu gehen?
▶ Reichen die Mittel, um die eigene Immobilie weiter zu finanzieren?
▶ Wie sehen die Spielräume für eine weitere Geldanlage aus?

Verschaffen Sie sich zeitnah zumindest einen groben Überblick zu sämtlichen Finanzen. Klären Sie, um welche Baustellen Sie sich kümmern müssen und welche Einnahmen Ihnen künftig neu zustehen. Um das anschließende Ausfüllen gewisser Anträge, etwa des Antrags auf die Witwenrente, werden Sie nicht herumkommen.

Wenn Ihnen dann die endgültigen Bescheide beispielsweise über die Witwenrente oder die Bezüge aus der Beamtenversorgung vorliegen, prüfen Sie erneut, wie hoch Ihre sicheren Einnahmen sind.

Der Gesamtüberblick: Vorbereitet für den neuen Alltag

In zahlreichen Partnerschaften verlief das bisherige Leben in finanziell geordneten

Bahnen: Sie hatten einzeln oder zusammen feste Einnahmen, mit denen Sie planen konnten. Das Geld reichte, um die regelmäßigen Ausgaben zu begleichen, und bestenfalls blieb noch etwas übrig, um es auf die Seite zu legen, etwa für kurzfristig notwendige Anschaffungen oder für die Erfüllung persönlicher Wünsche.

So ein festes Gefüge kann durch den Tod eines Partners ins Wanken geraten. Denn meist fällt dann eine feste Einnahme – etwa das Monatsgehalt oder die Rente des Partners – weg, dafür kommen neue, aber eventuell niedrigere Einnahmen wie die Witwenrente dazu. In der Situation bleibt Ihnen gar nichts anderes übrig, als komplett neu zu rechnen und zu schauen, wie sich Ihre finanziellen Spielräume ab jetzt gestalten. Klären Sie unter anderem folgende Fragen:

▸ **Welche regelmäßigen Einnahmen hatten Sie bisher?**

Hier geht es zum Beispiel um die monatlichen Löhne und Gehälter oder ausgezahlte Renten. Bezog jemand bei seinem Tod bereits eine Alters- oder Erwerbsminderungsrente, wird diese bis zum Ende des Sterbemonats weitergezahlt. Waren Verstorbene noch berufstätig, muss der Arbeitgeber grundsätzlich nur bis zum Todestag weiter Lohn oder Gehalt zahlen. Allerdings kann es auch etwa per Tarif- oder Arbeitsvertrag Vereinbarungen geben, wonach geregelt ist, dass der Verdienst bis zum Ende des Sterbemonats oder sogar noch darüber hinaus vereinbart ist.

War Ihr Partner verbeamtet, steht Ihnen ein Sterbegeld zu. Das ist eine Einmalzahlung in Höhe des Doppelten der monatlichen Dienstbezüge oder der Pension. Sie dürfen zudem die vollen Dienstbezüge beziehungsweise die volle Pension im Sterbemonat behalten.

▸ **Welche Einnahmen bleiben erhalten, welche fallen sicher weg?**

Gehalt und gesetzliche Altersrente des oder der Verstorbenen fallen auf Dauer weg. Andere Posten, etwa eine Rente aus einer privaten Versicherung, laufen eventuell weiter, wenn vertraglich eine Rentengarantiezeit vereinbart wurde und diese noch nicht zu Ende ist. Gehen Sie daher sämtliche bisherigen Einnahmen Ihres Partners durch und schauen Sie, was daraus wird.

▸ **Ändert sich etwas an Ihren eigenen bisherigen Einnahmen?**

Beziehen Sie selbst schon eine Altersrente, ändert sich an deren Höhe mit dem Tod des Ehegatten nichts. Sind Sie noch berufstätig, kann es hingegen sein, dass sich bei Ihren Einnahmen etwas tut – etwa, weil Sie weniger Stunden arbeiten wollen, um für die Kinder da sein zu können. Oder umgekehrt: Kann es sein, dass Sie mehr arbeiten werden, um finanziell flexibler zu sein? Suchen Sie am besten kurzfristig das Gespräch mit Ihrem Arbeitgeber, um auszuloten, welchen Spielraum es jeweils gibt. Dann wissen Sie auch ungefähr, wie hoch Ihre Einnahmen künftig sein werden. Nutzen Sie Gehalts- oder Brutto-Netto-Rechner im Internet (etwa auf der Seite Ihrer Krankenkasse oder auf test.de), wenn Sie wissen wollen, wie viel Ihnen am Monatsende bei verändertem Bruttoverdienst netto bleibt.

▸ **Mit welchen neuen regelmäßigen Leistungen können Sie rechnen?**

Für die meisten Hinterbliebenen wird die gesetzliche Witwen- oder Witwerrente eine wichtige neue Einnahme sein. Daneben kommen weitere Posten infrage, etwa das Witwengeld, wenn Ihr Partner verbeamtet war, oder auch Geld aus einer betrieblichen Altersvorsorge. Wie hoch diese Leistungen sein werden, wissen Sie im ersten Moment vermutlich noch nicht genau. Versuchen Sie trotzdem, zumindest einen groben Überblick zu bekommen, beispielsweise mithilfe der Standmitteilungen zu privaten Versicherungen oder zur betrieblichen Altersvorsorge.

Nutzen Sie zudem Beratungsangebote, etwa von der Deutschen Rentenversicherung, damit Sie überschlagen können, mit welcher Leistung zu rechnen ist. Wie die Witwenrente berechnet wird, stellen wir im Kapitel „Gesetzliche Rente" ab S. 62 vor, sodass Sie eventuell schon in der Wartezeit auf einen Beratungstermin zumindest grob abschätzen können, was Sie erwartet.

▸ **Stehen Ihnen nun einmalige Leistungen zu?**

Ein wichtiger Punkt ist hier etwa, wenn Sie Geld aus einer Kapital- oder Risikolebensversicherung erwarten oder dieses bereits erhalten haben.

▸ **Auf welche Ersparnisse können Sie bauen?**

Verschaffen Sie sich einen Überblick, was aktuell auf Giro- und Sparkonten liegt und wie mögliche Wertpapierdepots bestückt sind. Klären Sie dabei auch, ob Sie zur Not kurzfristig auf das Geld zugreifen können. Wichtig dabei: Planen Sie je nach Einzelfall mit ein, dass Sie die Ersparnisse eventuell teilen müssen, etwa wenn Ihre Kinder oder andere Angehörige ebenfalls zu den Erben gehören.

▸ **Was ändert sich auf der Ausgabenseite?**

Wenn sie noch nicht bezahlt sind, planen Sie zum Beispiel die Ausgaben für die Bestattung und Grabpflege mit ein. Manche anderen Posten werden auf Dauer wegfallen, etwa die Ausgaben für Auto oder Handy Ihrer Partnerin. Auch einen Fitnessstudio-Vertrag oder ein Zeitschriften-Abo können Sie kündigen und so die regelmäßigen Ausgaben drücken. Prüfen Sie am besten kurzfristig, wann diese Verträge gekündigt werden können (siehe „Alltagsfinanzen: Konten und Verträge neu ordnen", S. 36).

▸ **Welche Ausgaben müssen Sie langfristig weiter einplanen?**

An einem der wichtigsten Posten auf der Ausgabenseite wird sich zumindest kurzfristig meist nichts ändern – an den Kosten fürs Wohnen. Die Monatsmiete muss weiter fließen, genauso wie die Rate fürs Immobiliendarlehen. Auch Nebenkosten wie etwa für Strom, Energie und Wasser müssen Sie

Neue Rechnung
Weggefallene Einnahmen und neue Renten sowie andere Leistungen bringen viel in Bewegung in die bisherige Finanzplanung von Familien.

weiter einrechnen. An all diesen Ausgaben fürs Wohnen ändert sich erst etwas, wenn Sie beispielsweise in eine kleinere Wohnung umziehen oder Haus oder Eigentumswohnung verkaufen. Eine entscheidende Frage kann somit im nächsten Schritt sein, ob Sie sich die bisherige Art zu wohnen weiter leisten können und wollen.

Regelmäßig nachrechnen
Wenn Sie sich mit diesen Fragen beschäftigt haben, haben Sie einen ersten Eindruck, wie viel Geld Ihnen regelmäßig zur Verfügung steht. Sie wissen, ob Sie finanziell so sicher aufgestellt sind, dass Sie erst einmal quasi alles weiterlaufen lassen können. Falls nicht, können Sie einschätzen, ob Sie eventuell Ersparnisse kurzfristig flüssig machen oder nach Lösungen für eine Zusatzeinnahme suchen müssen.

Bei diesem ersten Eindruck sollten Sie es nicht belassen, sondern den Finanzcheck regelmäßig wiederholen, zum Beispiel bei weiteren entscheidenden Veränderungen in Ihrem Leben. Ein guter regelmäßiger Zeitpunkt wäre zum Beispiel jedes Jahr der Sommer, denn im Regelfall wird zum 1. Juli die gesetzliche Rente erhöht. Dann können Sie jeweils mit den neuen Werten für Witwen- und Altersrente kalkulieren.

Was steht netto zur Verfügung?
Ein wichtiger Aspekt für diese Planungsschritte: Kalkulieren Sie nicht nur mit den Bruttowerten, sondern mit den Summen, die Ihnen nach Abzug von Sozialabgaben und eventuell Steuern tatsächlich zur Verfügung stehen. Das kann deutlich weniger sein, als Sie im ersten Moment erwarten. So gilt beispielsweise für die gesetzliche Witwenrente, dass Sie, wenn Sie gesetzlich krankenversichert sind, Ihren Beitragsanteil zur Kranken- und Pflegeversicherung aufbringen müssen.

Beispiel: Maria – wir stellen sie genauer im Beispiel auf S. 20 vor – hat Anspruch auf 800 Euro gesetzliche Witwenrente im Monat. Wenn ihre Krankenkasse einen Beitragssatz von 15,9 Prozent erhebt und sie an die Pflegeversicherung den Beitragssatz von 3,05 Prozent aufbringen muss, bekommt sie nicht 800 Euro brutto ausgezahlt, sondern nur 712 Euro im Monat. Denn den Beitragssatz zur Krankenkasse muss sie zur Hälfte übernehmen (7,95 Prozent), den Rest erhält sie als Zuschuss aus der Rentenkasse. Den Beitrag zur Pflegeversicherung zahlt sie allein, sodass insgesamt 11 Prozent Beitrag für ihre Witwenrente fällig werden.

> 💬 **Wenn Sie unsicher sind, mit welchen festen Abzügen Sie rechnen müssen, haken Sie zum Beispiel bei Ihrer Krankenkasse nach.**

Auch für Leistungen aus einer betrieblichen Vorsorge können je nach Höhe der Auszahlung Beiträge zur gesetzlichen Kranken- und Pflegeversicherung fällig werden. Liegt die monatliche Auszahlung über einem Freibetrag von 164,50 Euro, wird für den darüberliegenden Wert der volle Beitragssatz zur Krankenversicherung fällig. An die Pflegeversicherung müssen Sie sogar für die volle Auszahlung – also auch für den Wert bis 164,50 Euro im Monat – den kompletten Beitrag übernehmen. Wenn die monatliche Auszahlung jedoch niedriger ist, fallen keine Sozialversicherungsbeiträge an.

Andere Leistungen wie etwa die Auszahlung aus einer privaten Rentenversicherung bleiben in den allermeisten Fällen frei von Sozialversicherungsbeiträgen. Wenn Sie unsicher sind, mit welchen festen Abzügen Sie rechnen müssen, haken Sie zum Beispiel bei Ihrer Krankenkasse nach, damit Sie genauer einplanen können, wie viel Geld Ihnen zur Verfügung steht.

Sind Sie privat krankenversichert, ändert sich durch die zusätzlichen Einnahmen wie Witwenrente oder Witwengeld erst einmal nichts an der Höhe Ihrer Versicherungsbeiträge. Denn hier ergeben sich die Beiträge nicht auf Basis Ihrer Einnahmen, sondern anhand der vertraglich vereinbarten Leistungen. Eventuell kommen aber auch hier Veränderungen auf Sie zu, zum Beispiel, wenn Ihr Partner verbeamtet war (siehe „Wichtig für Privatpatienten", S. 143).

→ **Mögliche Steuern einplanen**

Neben den Versicherungsbeiträgen müssen Sie je nach Lebens- und Einkommenssituation häufig auch damit rechnen, dass zumindest in den kommenden Jahren Steuern fällig werden – auch wenn Sie selbst schon im Ruhestand sind. Das drückt Ihr Budget zusätzlich. Allerdings gibt es für Sie einige Möglichkeiten und Chancen, um die Belastung gering zu halten. Mehr dazu lesen Sie im Kapitel „Mit dem Finanzamt rechnen" ab S. 87.

Maria, 66 Jahre, im Ruhestand

Maria und ihr Mann Peter waren beide Rentner, als Peter mit 70 Jahren starb. Er war früher der Hauptverdiener der Familie, sie hatte lange gar nicht oder nur in Teilzeit gearbeitet. Entsprechend niedrig fällt ihre eigene Altersrente mit 540 Euro monatlich aus. **Nach dem Tod ihres Mannes erhält sie monatlich zusätzlich 800 Euro Witwenrente.** Peter hatte vor einigen Jahren Geld aus einer Kapitallebensversicherung ausgezahlt bekommen. Einen Teil davon hat er in Wertpapiere investiert, den Rest auf diversen Spar- und Festgeldkonten geparkt. Von diesen rund 60 000 Euro stehen Maria 40 000 Euro zur Verfügung. Den Rest der Auszahlung und einige andere Werte erhält Klaus, Peters Sohn aus einer früheren Beziehung. **Wichtige Aufgaben in nächster Zeit:**

→ Gibt es **Streit rund ums Erbe?** Wenn es Probleme gibt, sollte sie sich nicht scheuen, zu einem Rechtsanwalt zu gehen. → **S. 30**

→ Entscheiden, wie sie, wenn nötig, das **Geld aus der Lebensversicherung** „verrenten", also verbrauchen kann. → **S. 133**

→ **Versicherungsverträge** an die neue Situation anpassen und Zahlung fälliger Beiträge gewährleisten. → **S. 146**

→ **Vorbereitung:** Wem stellt sie eine **Vorsorgevollmacht oder Betreuungsverfügung** aus, wenn bisher ihr Mann Bevollmächtigter war? → **S. 55**

→ **Knappes Budget:** Kommt ein **Zusatzjob** infrage? Vor Jobantritt ausrechnen lassen, was **netto vom Nebenverdienst** übrig bleibt. → **S. 105**

→ **Wohnfrage:** Bleibt sie allein dort wohnen, wo sie bisher zu zweit waren? Kommt ein **Umzug** in eine kleinere Wohnung oder eine andere Wohnform infrage? → **S. 39**

→ Bei **Rentenberatung** klären, ob sich der Zuverdienst auf die Höhe ihrer Witwenrente auswirkt. → **S. 67**

→ Abrechnen ja oder nein? Klären, ob eine **Einkommensteuererklärung** ab jetzt Pflicht ist. → **S. 93**

Ricardo, 62 Jahre, Facharbeiter bei einem Maschinenbauer

Ricardos Frau Stefania ist vor Kurzem mit 58 Jahren an Krebs gestorben. Vor ihrer Erkrankung arbeitete Stefania angestellt als Schneiderin, Ricardo war voll berufstätig als Maschinenschlosser. Die beiden haben zwei erwachsene Kinder und konnten über viele Jahre regelmäßig Geld zur Seite legen. Durch die Ausgaben für Stefanias Pflege ist das Polster aber stark geschmolzen, zumal Ricardo zwischenzeitlich von Voll- auf Teilzeit umgestellt hatte. **Jetzt arbeitet er wieder Vollzeit und erhält neben seinem Gehalt 400 Euro Witwerrente.** Nach den Erfahrungen rund um die Pflege seiner Frau möchte er sich für den gesundheitlichen Notfall absichern. **Wichtige Aufgaben in der nächsten Zeit:**

→ **Bankkonten** seiner Frau auflösen, ihren Handy-Vertrag und ihr Mail-Konto kündigen. → **S. 36**

→ Wieder ein **Notfallpolster** ansparen, wenn die Ersparnisse aufgezehrt sind. → **S. 124**

→ **Absicherung** für den **Pflegefall** planen, eventuell mithilfe einer privaten Versicherung oder durch Sparen ohne Versicherungsvertrag. → **S. 156**

→ **Versicherungs-Check:** Passt der bisherige Schutz zur neuen Situation? → **S. 149**

→ **Frührente** ja oder nein? Überblick über die **finanzielle Situation** bekommen, um etwa zu klären, ob Rentenbeginn mit 63 infrage kommt. → **S. 15**

→ Was ist noch möglich **bei der Altersvorsorge?** Prüfen, ob etwa Zahlungen für eine Betriebsrente aufgestockt werden können. → **S. 117**

→ Wichtige Posten in der **Steuererklärung** nicht vergessen, zum Beispiel die Ausgaben **für Pflege und Betreuung** seiner Frau. → **S. 93**

→ Rechtliche Klarheit: **Vorsorgevollmacht und Patientenverfügung** aktualisieren. → **S. 55**

→ Über **weitere Versicherungen** informieren, etwa über Senioren-Unfallversicherung, wenn kein Angehöriger in direkter Nähe lebt. → **S. 152**

Patrick, Mitte 50, leitender Angestellter im Öffentlichen Dienst

Patricks Mann Bernd ist durch einen Unfall ums Leben gekommen. Die beiden wohnten zur Miete in einem Altbau, in dem Bernd zuvor allein gewohnt hatte. **Auch nach ihrer Hochzeit sind sie finanziell unabhängig voneinander geblieben,** sodass beide ihr eigenes kleines Finanzpolster hatten. Bernd hatte einen Teil seiner Ersparnisse in Wertpapieren angelegt. Nach dem Tod seines Mannes **arbeitet Patrick weiter in Vollzeit,** kann sich aber vorstellen, sobald es irgend möglich ist, in Rente zu gehen. **Wichtige Aufgaben in der nächsten Zeit:**

→ **Mietvertrag:** Vermieter über den Tod informieren. Als bisheriger Mitbewohner kann Patrick in den Mietvertrag eintreten. → **S. 39**

→ **Mietzahlung und andere wichtige Posten** – etwa Strom, Wasser und Versicherungen – künftig über sein eigenes Konto laufen lassen. → **S. 36**

→ Rentenberatung besuchen: **Witwerrente** beantragen und klären, ob **Rentensplitting** für ihn interessant sein könnte. → **S. 62**

→ **Prüfen lassen:** Welche Zahlung an die Rentenkasse ist nötig und möglich, um **Abschläge für Frührente** auszugleichen? → **S. 122**

→ **Depotcheck II:** Die Zusammensetzung seines Depots prüfen, zum Beispiel, wenn er künftig besonderen Wert auf **nachhaltige Geldanlage** legen will. → **S. 131**

→ **Versicherungsverträge** umstellen, wenn sie bisher auf seinen Mann liefen. → **S. 146**

→ **Versicherungs-Check:** Passt der bisherige Schutz noch zur aktuellen Lebenssituation? Was fehlt, was sollte neu kommen? → **S. 154**

→ **Depotcheck I:** Wertpapiere seines Mannes halten oder verkaufen? → **S. 127**

→ **Genau rechnen:** Für optimalen Steuervorteil Sonderzahlung an Rentenkasse splitten. → **S. 122**

→ Rechtliche Vorsorge: zum Beispiel mit einer **Betreuungsverfügung** für Klarheit sorgen. → **S. 55**

Annika, 40, Mutter von zwei Kindern im Grundschulalter

Als ihr erstes Kind zur Welt kam, hatten Annika und ihr Mann Benno entschieden, dass Annika erst mal nur in Teilzeit arbeitet, Benno weiter Vollzeit. Mit dem zweiten Kind blieb es dabei. **Die junge Familie kaufte eine Doppelhaushälfte, in die fast jeder Euro floss, der übrig war.** Nach Bennos Tod erhielt Annika 100 000 Euro aus einer Lebensversicherung. Davon musste sie noch diverse Rechnungen fürs Haus bezahlen. Die verbliebenen rund 50 000 Euro und die Witwenrente helfen ihr über die nächsten Monate; aber Annika wird zusätzliche Einnahmen benötigen, um auf Dauer die Raten fürs Haus zahlen zu können. **Wichtige Aufgaben in der nächsten Zeit:**

→ Sicherstellen, dass die **Raten fürs Darlehen**, die bisher von Bennos Konto flossen, ununterbrochen weitergezahlt werden. → S. 39

→ **Weitere Zahlungen** sicherstellen, etwa für Strom, Wasser und für die Wohngebäudeversicherung. → S. 36

→ Überblick über sämtliche **Konten und Verbindlichkeiten** verschaffen. → S. 36

→ Restliche Auszahlung aus der **Lebensversicherung** passend zum familiären Bedarf anlegen. → S. 80

→ Blick nach vorn: An die eigene **Altersvorsorge** denken. → **S. 117**

→ Mehr Monatsnetto sichern, zum Beispiel mithilfe des **Entlastungsbetrags** für Alleinerziehende, Antrag beim Finanzamt. → **S. 101**

→ **Die Kinder** rechtlich und finanziell absichern für den Fall, dass ihr selbst etwas zustößt. → **S. 55**

→ Mit **Arbeitgeber** verhandeln: Kann sie Arbeitszeit aufstocken? Wenn nicht, eventuell Zusatzjob suchen. → **S. 45**

→ Rentenberatung: **Witwenrente** beantragen und klären, ob auf Dauer **Rentensplitting** günstiger wäre. → **S. 62**

→ **Versicherungsverträge** prüfen und wenn nötig aktualisieren. → **S. 146**

Schritte in den neuen Alltag

Passen Sie Konten, Verträge und Vollmachten an die neue Situation an und trennen Sie sich von überflüssigem Ballast. Die Wohnungsfrage sollten Sie mit im Hinterkopf haben, ebenso das Thema rechtliche Vorsorge. Haben Sie Kinder, drängen organisatorische Fragen oft besonders.

→ **Hoffentlich ist etwas Ruhe** nach den ersten schwierigen Tagen eingekehrt. Vermutlich stellen Sie sich jetzt immer mal wieder die Frage: Was muss ich alles erledigen, und was ist am wichtigsten? In diesem Kapitel gehen wir auf mehrere Punkte ein, die anstehen – grob zusammengefasst unter den Überschriften:

- **Erbschaft.** Fragen klären, Ansprüche geltend machen
- **Alltagsfinanzen.** Konten und Verträge neu ordnen
- **Wohnen.** Das Zuhause sichern
- **Alltag organisieren.** Beruf und Familienleben unter neuen Vorzeichen
- **Rechtliche Klarheit.** Vorkehrungen für mehr Sicherheit

Das ist nicht zwingend die Reihenfolge, in der Sie die Themen angehen sollten. Vieles wird parallel laufen müssen, manches kann auch ein paar Tage länger warten als anderes. Eventuell können Sie einige Punkte deutlich schneller abhaken als andere, etwa die Fragen zur Erbschaft, wenn in der Familie alles klar ist und es keine Konflikte gibt.

Erbschaft: Fragen klären, Ansprüche geltend machen

Je nach Lebenssituation erben Sie nicht allein, sondern müssen sich den Nachlass teilen – eventuell mit Menschen, mit denen Sie bisher kaum oder nie etwas zu tun hatten.

Mit dem Thema „Erbe" steigen wir in dieses Kapitel ein – zum einen, weil die Höhe Ihres Erbanspruchs ein wichtiger Grundstein ist, um finanzielle Entscheidungen zu treffen oder die Wohnungsfrage zu klären. Zum anderen aus organisatorischen Gründen: Viele Aufgaben, etwa die Konten des Partners auflösen, können Sie erst erledigen, wenn Sie sich als Erbe ausweisen können, zum Beispiel per Erbschein.

Im besten Fall ist alles klar: Ihr verstorbener Partner hatte in einem Testament genau festgelegt, wer nach seinem Tod etwas bekommen soll und was genau. Alle Erben sind einverstanden, es gibt keinen Streit, und Sie können problemlos über Ihren Anteil verfügen und die nächsten Entscheidungen treffen.

Doch so glatt läuft es längst nicht immer. Gerade in Erbschaftsfragen gibt es häufig Ärger, selbst in eigentlich intakten Familien. Wenn etwa ein Testament fehlt und Sie zusammen mit Ihren volljährigen Kindern alles gemeinsam erben, müssen Sie auch gemeinsame Entscheidungen treffen. Das ist nicht immer leicht. Noch komplizierter wird es, wenn Sie sich beispielsweise mit Kindern aus einer früheren Beziehung Ihres Partners auseinandersetzen müssen, mit denen Sie zerstritten sind oder zu denen Sie bisher überhaupt keinen Kontakt hatten.

Einen ersten, grundlegenden Überblick zu erbrechtlichen Fragen und Abläufen geben wir in diesem Ratgeber. Gerade wenn sich Konflikte andeuten, sollten Sie sich allerdings nicht scheuen, zu einem Fachanwalt für Erbrecht zu gehen. Klären Sie im Zweifelsfall, was Ihnen zusteht, wer Ihnen im Weg stehen kann und welche Abstriche Sie machen müssen. Wenn Sie frühzeitig Ihre Fragen beantwortet bekommen, haben Sie mehr Sicherheit und können manche Sorge aus dem Weg räumen.

Wer gehört zu den Erben?

Wer nach dem Tod des Partners etwas erbt, richtet sich entweder nach einem vorher aufgesetzten Testament oder Erbvertrag oder nach der gesetzlichen Erbfolge (siehe Kasten rechts).

Ihr Partner hatte seinen „letzten Willen" nicht in Form eines Testaments oder anderweitig schriftlich festgehalten? Dann greift die gesetzliche Erbfolge, die im Bürgerlichen Gesetzbuch festgeschrieben ist. In dem Fall haben Sie als Ehepartner und die nächsten Angehörigen – etwa Ihre gemeinsamen Kinder – Anspruch auf die Vermögenswerte des Verstorbenen.

Nach der familiären Situation und danach, welchen Güterstand Sie mit Ihrem Partner vereinbart hatten, richtet sich, wie groß der jeweilige Erbanteil ist: Hatten Sie wie die meisten Ehepaare keinen Ehevertrag, gilt für Sie der Güterstand der „Zugewinngemeinschaft". Ist nun Ihr Partner ver-

Wer kennt sich aus?

Das Erbrecht ist so komplex, dass die Stiftung Warentest diverse Bücher und Sonderhefte nur zu diesem Thema erstellt hat, etwa den ausführlichen Ratgeber „Vererben und Erben", erhältlich unter test.de/shop. Gerade wenn Sie merken, dass sich ein Konflikt anbahnen wird, scheuen Sie sich nicht, zu einem Fachanwalt für Erbrecht zu gehen. Ansprechpartner finden Sie beispielsweise über die Internetseite anwaltsuche.de des Deutschen Anwaltvereins.

Gesetzliche Erbfolge

So erben Ehepartner und Kinder

Ohne letztwillige Verfügung gilt die gesetzliche Erbfolge. Hatte ein Verstorbener Kinder, teilen sie sich mit dem Ehepartner den Nachlass. Die Grafik zeigt, wem je nach Güterstand welcher Anteil zusteht. Die meisten Paare leben im Güterstand der Zugewinngemeinschaft.

Zugewinngemeinschaft

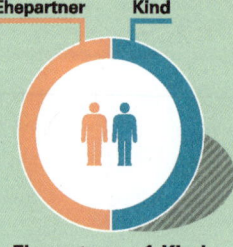

Ehepartner + 1 Kind

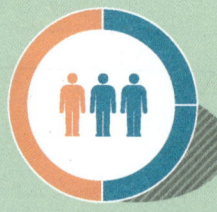

Ehepartner + 2 Kinder

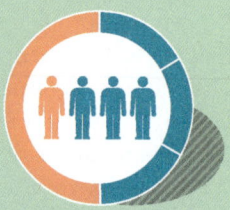

Ehepartner + 3 Kinder

Gütergemeinschaft

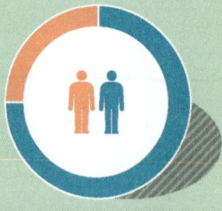

Ehepartner + 1 Kind

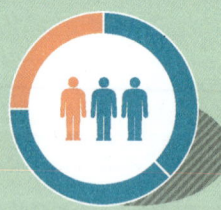

Ehepartner + 2 Kinder

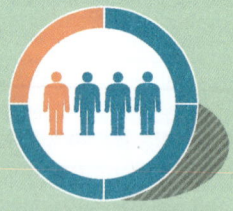

Ehepartner + 3 Kinder

Gütertrennung

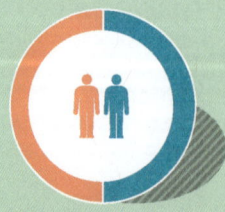

Ehepartner + 1 Kind

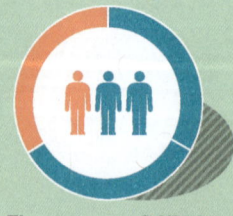

Ehepartner + 2 Kinder

Ehepartner + 3 Kinder

© Finanztest

storben und hatte er Kinder – gemeinsam mit Ihnen oder aus einer anderen Beziehung –, erben Sie als Ehefrau die Hälfte des Vermögens. Die andere Hälfte teilen sich die Kinder. Bei zwei Kindern erbt also jedes Kind ein Viertel (siehe Grafik links). Hatte Ihr verstorbener Partner keine Kinder, gehen drei Viertel des Nachlasses an Sie, das übrige Viertel an Eltern oder Geschwister Ihres Partners.

→ **Achtung Ehevertrag**

Die Grafik links zeigt auch, wie die Regelung ist für den Fall, dass Sie vertraglich Gütergemeinschaft oder Gütertrennung vereinbart hatten. Bei Gütertrennung gilt noch eine Besonderheit: Erben neben Ihnen höchstens zwei Kinder, erben alle zu gleichen Teilen. Ab dem dritten Kind bleibt es immer dabei, dass Sie als Ehepartner ein Viertel des Nachlasses erhalten.

Wer neben dem Ehe- oder eingetragenen Lebenspartner erbt, richtet sich bei der gesetzlichen Erbfolge nach dem Verwandtschaftsgrad. Die Angehörigen werden sogenannten Ordnungen zugeteilt. Erben erster Ordnung sind Kinder, Enkel und Urenkel. Zur zweiten Ordnung zählen Eltern, Geschwister, Nichten und Neffen des Verstorbenen. In dritter Ordnung folgen Großeltern, Onkel und Tanten sowie Cousins und Cousinen des Verstorbenen.

Gibt es Erben der 1. Ordnung, etwa eigene Kinder, sind Angehörige aller weiteren Ordnungen vom Erbe ausgeschlossen. Hatte der Verstorbene nur Angehörige der 2. Ordnung, schließen diese einen Erben der 3. Ordnung aus.

Unter den Verwandten, die einer Ordnung angehören, schließen die näheren noch lebenden Verwandten alle nachfolgenden ebenfalls aus. Das heißt: Der Sohn beerbt seinen verstorbenen Vater, die Kinder des Sohnes – also die Enkel des Verstorbenen – erben ohne andere Vorgabe nicht.

Schon diese erste Übersicht zeigt, dass es ohne Testament oder eine andere Verfügung kompliziert für Sie als Ehepartner werden kann: Sie erben nicht allein. Die große Schwierigkeit dabei ist, dass ohne Verfügung des Verstorbenen alle Erben zusammen eine Erbengemeinschaft bilden, die sämtliche Vermögenswerte gemeinsam erbt – jedem steht der Anteil des Hauses, der Ersparnisse oder anderer Vermögenswerte zu, der seiner Erbquote entspricht. Wenn nun unterschiedliche Vorstellungen darüber bestehen, was etwa aus der Immobilie werden soll, sind Probleme programmiert. Oder Sie bekommen Schwierigkeiten, weil etwa Ihr Sohn seinen Erbanteil ausgezahlt haben möchte und Sie nun prüfen müssen, wie Sie die entsprechende Summe aufbringen können, ohne das Haus verkaufen zu müssen.

Solche Situationen lassen sich umgehen, wenn Ihr Partner etwa in einem Testament

Wir sind uns einig!
Es spart eine Menge Streit und Energie, wenn Erben einen gemeinsamen Weg finden, wie es beispielsweise mit dem Haus weitergehen soll.

möglichst genau festgelegt hat, wer das Haus, wer das Auto und wer die Wertpapiere oder andere Ersparnisse bekommt.

Im Todesfall informiert das Standesamt, das die Sterbeurkunde ausstellt, das Zentrale Testamentsregister. Dieses prüft, ob zu der verstorbenen Person Dokumente registriert sind. Hatte Ihr Partner sein Testament amtlich verwahren lassen, wird das Zentrale Testamentsregister die amtlichen Verwahrstellen sowie das zuständige Nachlassgericht darüber informieren. Die Verwahrstellen wiederum liefern die jeweiligen Schriftstücke beim Nachlassgericht ab. Das Nachlassgericht ist das Amtsgericht am letzten Wohnsitz beziehungsweise Aufenthaltsort der verstorbenen Person. Dieses informiert die Erben, und das Testament wird eröffnet.

Wenn Ihr Partner ein Testament erstellt hat, das nicht registriert ist, und Sie finden es, müssen Sie es unverzüglich beim Nachlassgericht abgeben.

Vielleicht hat Ihr Partner sein Testament aber nicht allein gemacht, sondern Sie haben mit ihm zusammen eine gemeinschaftliche Vereinbarung getroffen? Viele Ehepaare haben ein „Berliner Testament" erstellt, ein gemeinschaftliches Testament, in dem sie sich gegenseitig zu Alleinerben bestimmen. Ist das bei Ihnen der Fall, können Sie nun meist freie Entscheidungen dazu treffen, was aus den einzelnen Vermögenswerten werden soll.

Wichtiger Beleg: Der Erbschein
Es gibt viele Situationen, in denen Sie belegen müssen, dass Sie tatsächlich Erbe oder Erbin des Vermögens sind. Wollen Sie zum Beispiel im Grundbuch eintragen lassen, dass Sie der neue Besitzer des Hauses Ihrer verstorbenen Frau sind, oder wollen Sie trotz fehlender Bankvollmacht die Konten Ihres Partners auflösen, benötigen Sie einen Nachweis. Das kann der sogenannte Erbschein sein.

Den Erbschein benötigen Sie auf jeden Fall, wenn Sie aufgrund der gesetzlichen Erbfolge erben und sich als Erbe ausweisen müssen. Sie beantragen diesen Nachweis beim Nachlassgericht. Dort müssen Sie angeben, warum Sie ein Erbrecht haben, ob es Personen gibt, die Ihr Recht einschränken können, und ob es einen Rechtsstreit über das Erbrecht gibt. Als Nachweis müssen Sie diverse Unterlagen einreichen, etwa das Familienstammbuch, Geburts- und Sterbeurkunde. Hinzu kommt eine eidesstattliche Versicherung, dass Ihre Angaben stimmen.

Liegt eine Erbengemeinschaft – zum Beispiel Sie und Ihre Kinder – vor, kann die Gemeinschaft zusammen den Erbschein beantragen. Möglich ist auch, einen Teilerbschein zu beantragen. Haben Sie einen Teilerbschein, ist es zum Beispiel möglich, dass Sie eine Auszahlung vom Konto Ihres verstorbenen Partners veranlassen, allerdings nur in Höhe Ihres eigenen Erbanteils. Soll hingegen das Konto vollständig aufgelöst werden, ist dies bei einer Erbengemeinschaft nur mit dem gemeinsamen Erbschein möglich.

Der Erbschein hat allerdings seinen Preis. Die Kosten richten sich nach dem Wert des Nachlasses. Je nach Wert können für den Erbschein und die eidesstattliche Versicherung Ausgaben von mehreren Hundert Euro oder auch im vierstelligen Bereich fällig werden. Dazu kommt, dass es besonders bei komplexen Fällen durchaus einige Monate dauern kann, bis das Gericht den Erbschein ausstellt.

Gerade wenn es beispielsweise um einen finanziellen Engpass bei den Hinterbliebenen oder um einen kurzfristigen Verkauf von Wertpapieren geht, ist das wertvolle Zeit, in der Sie nichts anderes tun können als warten.

Manchmal geht es aber auch ohne Erbschein: Hat Ihr Partner ein notariell verfasstes Testament hinterlassen oder wurde ein Erbvertrag geschlossen, genügen im Regelfall eine beglaubigte Abschrift davon sowie das Protokoll, das das Nachlassgericht bei der Eröffnung des Nachlassverfahrens geschrieben hat.

Auch wenn ein privatschriftliches Testament vorliegt, benötigen Sie mittlerweile nicht mehr unbedingt einen Erbschein: Der Bundesgerichtshof hat 2016 entschieden, dass zum Beispiel eine Bank nur bei begründeten und konkreten Zweifeln verlangen kann, dass Erben neben dem Testament und dem Eröffnungsprotokoll des Gerichts zusätzlich einen Erbschein vorlegen müssen (BGH, Az. XI ZR 440/15).

Klären Sie am besten frühzeitig, für welchen Schritt Sie welche Unterlagen benötigen. Fragen Sie etwa die jeweiligen Banken, wofür Sie den Erbschein vorlegen müssen.

→ **Keine Angst vor der Steuer**

Wenn Sie von Ihrer Partnerin oder Ihrem Partner etwas erben, müssen Sie wahrscheinlich nicht fürchten, dass Sie eine größere Summe oder überhaupt Erbschaftsteuer zahlen müssen. Dank diverser Steuerfreibeträge geht das Finanzamt bei Erbschaften von Ehepartnern häufig leer aus. Mehr zur „Erbschaftsteuer" und den Freibeträgen lesen Sie ab S. 88.

Alltagsfinanzen: Konten und Verträge neu ordnen

Neben den Bankgeschäften gehen laufende Verträge auf die Erben über mit den damit verbundenen Rechten und Pflichten. Manches davon lässt sich aber schnell ändern und abhaken.

→ **Der Handyvertrag,** die Mitgliedschaft im Fitnessstudio, der Sparvertrag bei der Bank: Neben den Vermögenswerten gehen auch sämtliche Verträge Ihres verstorbenen Partners auf die Erben über. Wenn Sie allein oder mit anderen erben, müssen Sie entscheiden, was daraus wird. „Einfach so" werden Sie allerdings längst nicht in allen Bereichen aktiv werden können. Gerade wenn es um Geldgeschäfte geht, schauen die Geldinstitute ganz genau hin, ob und wer wann auf Konto und Depot zugreifen darf. Denn sollte sich herausstellen, dass ein Unbefugter Geld abgezogen hat, sind die Kreditinstitute in der Haftung.

Aufs Konto zugreifen

Problemlos klappt der Kontozugriff, wenn Paare ein Gemeinschaftskonto – ein „Oder-Konto" – hatten. Über das Geld dort kann der hinterbliebene Partner direkt verfügen. Handelt es sich hingegen um ein Konto oder Depot, das nur dem verstorbenen Partner gehörte, können Sie als Hinterbliebene darauf zugreifen, wenn Sie eine Konto- oder Bankvollmacht „über den Tod hinaus" vorlegen können, die Ihr Partner vorab ausgestellt hatte. Die Banken verwenden hierfür im Regelfall eigene Formulare. Auch wenn Sie eine notariell beurkundete Vorsorgevollmacht vorlegen können, erhalten Sie den entsprechenden Zugriff.

Hat Ihr Partner hingegen nur eine einfache Vorsorgevollmacht erstellt – ohne Notar –, reicht diese den Banken und Sparkassen häufig nicht. Sie erteilen Ihnen eventuell keinen Zugriff aufs Konto, wenn Sie von dort aus Rechnungen begleichen oder Überweisungen tätigen wollen, obwohl sie es nach der Rechtslage eigentlich müssen. Das Problem: Lässt eine Bank Geschäfte zu, obwohl eine Vollmacht unwirksam war, ist sie gegebenenfalls schadenersatzpflichtig.

Die Kreditinstitute verweigern den Zugriff oft mit der Begründung, dass damit ein hoher Bearbeitungsaufwand verbunden ist. Für jede Verfügung müsse die Originalvollmacht vorliegen, die Rechtsabteilung müsse überprüfen, ob sie wirksam und echt ist. Wenn Sie das bei Vorlage Ihrer Vorsorgevollmacht erleben, berufen Sie sich auf die Rechtslage und bleiben Sie hartnäckig. Im

Zweifel schalten Sie einen Rechtsanwalt ein. Zeigt sich hinterher, dass die Bank die Vollmacht zu Unrecht nicht anerkannt hat, muss sie die entstandenen Kosten ersetzen.

Hat Ihr Partner hingegen weder eine Bank- noch eine Vorsorgevollmacht erteilt, bleibt Ihnen nichts anderes übrig als zu warten, bis der Erbschein (siehe „Wichtiger Beleg", S. 34) vorliegt. Durch diese Warteschleife kann wertvolle Zeit verloren gehen.

Beispiel: Svenja und Matteo waren erst kurz verheiratet, als Matteo durch einen Unfall ums Leben kam. Svenja hat nach seinem Tod bereits ihr eigenes Girokonto überzogen, um alle Ausgaben für die Bestattung zu zahlen. Als nun noch ihr Auto kaputtgeht, bräuchte sie dringend 1 500 Euro für die Reparatur. Dafür möchte sie gerne auf Matteos Festgeldkonto zugreifen, doch sie hat keine Vollmacht. Ein Testament gibt es auch nicht. Somit erhält sie erst Zugriff, wenn sie den Erbschein vorlegen kann.

Die Summe von 1 500 Euro könnte Svenja sich vielleicht noch von anderen Angehörigen oder Freundinnen kurzfristig leihen – mit der Aussicht, dass die Unterstützerinnen ihr Geld in absehbarer Zeit zurückbekommen. In anderen Situationen kann die fehlende Vollmacht schmerzhafter sein.

Beispiel: Karin ist gestorben. Sie hatte vor einigen Jahren von ihren Eltern Wertpapiere geerbt, die sie längst verkaufen wollte, aber irgendwie ist immer etwas dazwischengekommen. Als die Aktien deutlich an Wert verlieren, möchten ihr Mann Boris und die erwachsenen Söhne die Papiere gerne abstoßen, aber ohne Bankvollmacht können sie nicht kurzfristig handeln. Sie müssen warten, bis der Erbschein vorliegt.

Weiterer Nachteil: Selbst wenn Aktien und andere Wertpapiere endlich doch und dann eventuell mit Wertverlust verkauft werden, zählt für die Erbschaftsteuer der Wert, den die Papiere am Todestag hatten. So kann sich neben dem Wertverlust noch eine erhöhte Steuerbelastung ergeben (siehe Kasten „Hätten Sie's gewusst?", S. 92).

Alltagsverträge lassen sich oft direkt kündigen

Etwas einfacher haben Sie es im Regelfall, wenn Sie Alltagsverträge Ihrer verstorbenen Frau oder Ihres Mannes kündigen wollen, etwa den Handyvertrag oder die Mitgliedschaft im Fitnessstudio. Dann reicht es häufig aus, wenn Sie den jeweiligen Dienstleister oder Anbieter über den Tod informieren und eine Kopie der Sterbeurkunde beilegen. Einen Erbschein benötigen Sie dann meist nicht.

Verschaffen Sie sich zunächst einen Überblick, welche Mitgliedschaften und Verträge überhaupt bestehen. Nutzen Sie dazu zum Beispiel die Kontoauszüge des vergangenen Jahres, um nach Abbuchungen zu suchen. Achten Sie auch auf kleinere Posten, etwa ein Zeitschriften-Abo oder regelmäßige Spenden. Überflüssige Verträge kündigen Sie am besten direkt. Es ist ratsam, dass Sie „mit sofortiger Wirkung, hilfsweise zum nächstmöglichen Termin" kündigen. Allerdings müssen die Vertragspartner Sie meist nicht direkt aus dem Vertrag entlassen – es sei denn, es gibt entsprechende Vertragsklauseln, die im Todesfall einen einfachen Ausstieg ermöglichen. Schauen Sie nach, was in den jeweiligen Vertragsbedingungen steht.

Viele Unternehmen ermöglichen es den Erben zudem aus Kulanz, das Vertragsverhältnis vorzeitig zu beenden. So stehen die Chancen gut, dass Sie beispielsweise den Handyvertrag Ihrer Frau nicht bis Ende der Vertragslaufzeit bedienen müssen.

Verträge fortführen

In den Vertrag einsteigen statt kündigen: Auch das ist in einigen Bereichen möglich und sinnvoll, unter anderem wenn es um den Mietvertrag geht, der bisher allein auf den verstorbenen Partner abgeschlossen war („Die Wohnungsfrage" ab S. 39).

Wollen Sie darüber hinaus beispielsweise den Vertrag mit dem Energieversorger übernehmen? Informieren Sie den Anbieter über den Tod des Vertragspartners und teilen Sie dort mit, dass der Vertrag künftig auf Ihren Namen laufen soll. Haben Sie vorher mit dem Partner in der gemeinsamen Wohnung gelebt, stehen Ihnen die bisherigen Konditionen zu. Wie es mit Versicherungsverträgen weitergeht, erfahren Sie ab S. 141 unter „Auch zukünftig gut abgesichert".

Andere Verträge enden dagegen automatisch mit dem Tod eines Vertragspartners. Hier ist an erster Stelle der Arbeitsvertrag zu nennen. Auch Vereinsmitgliedschaften enden fast immer automatisch. Am besten informieren Sie den Sport- oder Angelverein über den Tod des Partners. Hatte er bereits den vollen Beitrag fürs laufende Jahr gezahlt, kann es je nach Vereinssatzung sein, dass Sie einen Teil erstattet bekommen. Oder die Beitragspflicht endet spätestens zum Ablauf des Kalenderjahres.

Den digitalen Nachlass im Blick

Beim Durchforsten der Unterlagen sollten Sie den digitalen Nachlass nicht vergessen: E-Mail- oder Social-Media-Accounts, Streaming-Dienste, E-Paper – viele Verstorbene werden eine Menge Spuren im Netz hinterlassen haben. Was Sie nicht halten wollen und was Kosten verursacht, sollten Sie in absehbarer Zeit kündigen. Informieren Sie sich bei den Anbietern, unter welchen Bedingungen das Angebot enden kann.

Wissen Sie nicht genau, wo Ihr Partner überall aktiv war oder Onlinekonten hatte, versuchen Sie es zunächst über sein E-Mail-Konto und suchen Sie dort nach Hinweisen, die Sie weiterbringen. Fehlt Ihnen das Passwort, wenden Sie sich an den Webanbieter: Er muss Ihnen den Zugang zum Mail-Konto Ihres Partners ermöglichen, wenn Sie sich als Erbe ausweisen können. Haben Sie den Zugriff auf die Mails und andere Konten, verschaffen Sie sich einen Überblick zu den Inhalten und entscheiden Sie, was Sie löschen und was Sie auf Dauer sichern wollen.

Die Wohnungsfrage: Was wird aus dem Zuhause?

Ob in der Mietwohnung oder im Eigenheim: Der Tod des Ehepartners kann gerade in der Wohnungsfrage einiges durcheinanderwirbeln und Entscheidungen erfordern.

Kann ich die Wohnung halten? Will ich sie überhaupt halten? Lohnt sich das große Haus für mich allein noch? Wie kann ich dafür sorgen, dass ich nicht ausgerechnet jetzt umziehen muss?

Je nach Lebens- und Finanzsituation können sich nach einem Todesfall zum Teil sehr kurzfristig entscheidende Fragen stellen, die längst nicht immer leicht zu beantworten sind. Wir nennen wichtige rechtliche und finanzielle Rahmenbedingungen – unterteilt in die Hinweise für Mieter und für Eigenheimbesitzer.

Wohnung: Gute Chance zu bleiben
Wohnen Sie zur Miete, müssen Sie sich sehr wahrscheinlich zumindest unter rechtlichen Gesichtspunkten keine Sorgen machen, plötzlich auf der Straße zu stehen. Stehen Sie und Ihr Ehepartner gemeinsam als Mieter im Mietvertrag, führen Sie den Vertrag nach dem Tod Ihres Partners alleine fort. Inhaltlich läuft der Vertrag somit weiter wie bisher, wenn Sie vorher einen gemeinsamen Haushalt geführt haben. Es sei denn, Sie wollen das gar nicht. Dann können Sie mit einer Dreimonatsfrist ab Kenntnis des Todes außerordentlich kündigen.

Bei Witwer Patrick (siehe S. 24) ist die Situation etwas anders. Er war vor einigen Jahren mit in die Wohnung gezogen, die sein Mann Bernd gemietet hatte. Den Mietvertrag hatte das Paar nicht ändern lassen.

Aber auch wenn Sie in der gleichen Situation wie Patrick sind, müssen Sie nicht fürchten, dass das Mietverhältnis quasi über Nacht endet: Denn wenn Sie mit Ihrem Ehepartner zusammengewohnt haben, treten Sie als bisheriger Mitbewohner automatisch in dessen Mietvertrag ein. Sie stehen an erster Stelle derjenigen, die als vorherige Mitbewohner den Vertrag übernehmen können. Vorausgesetzt, Sie wollen das. – Wenn nicht, können Sie den Eintritt in den Vertrag innerhalb eines Monats nach Kenntnis vom Tod gegenüber dem Vermieter ablehnen.

Lehnen Ehepartner den Eintritt in den Mietvertrag ab, kommen an zweiter Stelle die Kinder des Verstorbenen zum Zug, falls sie vorher ebenfalls mit in der Wohnung gelebt haben.

→ Konditionen bleiben bestehen

Informieren Sie den Vermieter am besten per Einschreiben mit Rückschein, wenn Ihr Partner als alleiniger oder gemeinsamer Mieter verstorben ist. Als neuer oder nun alleiniger Mieter haben Sie Anspruch darauf, dass die Vermietung zu den bisherigen Konditionen erfolgt. Sie müssen es also nicht hinnehmen, wenn der Vermieter Ihnen einen Vertrag mit neuen Bedingungen anbietet. Sollte es hier Probleme geben, holen Sie sich Rat bei einem Mietrechtsexperten, etwa im Mieterverein oder bei einer Fachanwältin oder einem Fachanwalt.

Rein rechtlich spricht also vieles dafür, dass Sie allein in Ihrer bisherigen Wohnung bleiben können. Der Vermieter kann kaum verhindern, dass Sie als bevorrechtigter Mitbewohner in den Mietvertrag eintreten. Das verschafft Ihnen Sicherheit und erst einmal etwas Zeit – zum Beispiel, um einen Überblick über Ihre Finanzen zu bekommen und daraufhin zu klären, ob Sie sich die bisherige Wohnung auf Dauer weiter leisten können und auch wollen.

Kommen Sie dann zum Beispiel nach Ablauf des Sterbevierteljahrs – in dieser Zeit sind die Leistungen aus der gesetzlichen Rentenversicherung noch etwas höher als danach (siehe „Gesetzliche Rente", S. 62) – zu dem Schluss, dass Ihnen die Wohnung allein zu groß oder zu teuer ist? Dann können Sie in Ruhe auf die Suche nach einer neuen, günstigeren Wohnung gehen und den laufenden Vertrag mit einer Frist von drei Monaten kündigen.

Im Eigenheim: Genau rechnen, solange das Darlehen läuft

Reicht das Geld? Wenn Sie im Eigenheim wohnen, drängt diese Frage womöglich noch mehr. Bei älteren Häusern besteht die Gefahr, dass die Immobilie mit der Zeit enorme Kosten verursacht, etwa für eine neue Heizungsanlage oder ein marodes Dach. Noch dringender ist die Finanzierungsfrage, solange der Kredit für eine Ei-

---

ⓘ Lebte Ihr Partner in einem Alten- oder Pflegeheim, endet der Heimvertrag mit dem Tod automatisch. Sie müssen den Vertrag also nicht kündigen. War Ihr Partner allerdings im Heim untergebracht, ohne Leistungen aus der Pflegeversicherung zu beziehen („Privatzahler"), kann es sein, dass Sie nach dem Tod eventuell noch für die folgenden zwei Wochen den Wohnkostenanteil aufbringen müssen.

gentumswohnung oder das Eigenheim nicht abgezahlt ist. Dann kann der Tod des Partners den bisherigen Lebensplan komplett auf den Kopf stellen. Im ungünstigsten Fall kann es sein, dass Sie Haus oder Wohnung verlieren, wenn Sie das Darlehen nicht mehr bedienen können.

So weit sollte es nicht kommen. Nehmen wir zunächst den Fall, dass Sie und Ihre Partnerin gemeinsam den Kreditvertrag abgeschlossen haben. Haben Sie zur Absicherung des Kredits eine Versicherung abgeschlossen – beispielsweise eine klassische Risikolebensversicherung mit einer festen Versicherungssumme, die der Versicherer zahlt, wenn die versicherte Person stirbt? Oder eine sogenannte Restschuldversicherung, bei der die Versicherungssumme quasi parallel zur stetig sinkenden Kreditschuld auch schrittweise sinkt? Die Leistungen aus solchen Verträgen können eine enorme Hilfe sein, damit Sie Haus oder Wohnung halten können.

Wichtig ist, dass Sie den Versicherer im Todesfall schnellstmöglich informieren, damit das Geld kurzfristig ausgezahlt werden kann (siehe Interview „Nicht unnötig Zeit verlieren", S. 144).

Schwieriger kann es werden, wenn es kein Geld aus einer Versicherung gibt oder wenn die Auszahlung zusammen mit den übrigen Einnahmen nicht reicht, um sämtliche Ausgaben für Immobilie und Alltag zu decken. Werden dann die vertraglich vereinbarten Kreditraten nicht mehr bedient,

Wer kennt sich aus?

Der Verkauf der Immobilie dürfte, wie zuvor schon der Kauf oder Bau, eines der größten Geschäfte Ihres Lebens sein. Informationen und Ansprechpartner, die etwa ein Gutachten über den Zustand des Hauses erstellen, können Sie zum Beispiel über Bauherrenvereine und Verbände für Bauherren und Wohnungseigentümer finden. Weitere Tipps fasst die Stiftung Warentest im Ratgeber „Meine Immobilie erfolgreich verkaufen" zusammen, erhältlich unter test.de/shop.

kann es früher oder später zur Kündigung des Kredits und letztlich zur Zwangsversteigerung kommen.

Damit das nicht passiert, empfiehlt es sich, in einer kritischen Situation frühzeitig das Gespräch mit der Bank zu suchen. Vielleicht können Sie eine Streckung der Tilgung vereinbaren, beispielsweise in der Form, dass der Tilgungssatz herabgesetzt wird, damit die monatlichen Raten etwas erträglicher werden. Gerade wenn der Kredit schon über mehrere Jahre läuft und zu einem großen Teil getilgt ist, besteht meist ein erheblicher Spielraum, die Rate zu verringern, etwa indem die Tilgung auf 2 oder 3 Prozent der Restschuld gesenkt wird. Der

Neuanfang oder bleiben?
Können Sie sich Ihr bisheriges Zuhause weiterhin leisten? Wollen Sie dort überhaupt weiter wohnen? Wägen Sie möglichst in Ruhe ab, was für und was gegen einen Umzug spricht.

Preis dieser Entscheidung: Die Laufzeit des Darlehens verlängert sich, insgesamt kommt es zu einer höheren Zinsbelastung.

Während der Phase der Zinsbindung oder bis zum nächsten regulären Kündigungstermin des Kreditvertrags sind solche Schritte allerdings nur mit der Zustimmung der Bank möglich – oder wenn der Kreditvertrag ausdrücklich das Recht auf eine Herabsetzung des Tilgungssatzes einräumt. Diese Möglichkeit gibt es mittlerweile häufiger. Hier lohnt auf jeden Fall ein genauer Blick in die Vertragsbedingungen. Gelingt es Ihnen, den finanziellen Druck auf diese Weise zu verringern, haben Sie zumindest etwas Zeit gewonnen – zum Beispiel so lange, bis Sie einen neuen Job gefunden haben oder Ihr bisheriges Teilzeit-Arbeitspensum aufstocken können.

Trotz Verschnaufpause: Vielleicht zeigt ein ausführlicher Finanzcheck, dass es doch nötig oder finanziell zumindest sinnvoll ist, die Immobilie zu verkaufen und beispielsweise eine kleinere Wohnung zu mieten. Auch andere Gründe können für den Verkauf sprechen, etwa wenn Ihnen das Haus oder die Wohnung allein zu groß geworden ist oder Sie aus gesundheitlichen Gründen nicht mehr optimal im alten Zuhause versorgt werden können.

Gut ist, wenn Sie finanziell so aufgestellt sind, dass Sie diesen Schritt ohne großen Zeitdruck und ohne den Druck der Banken gehen können, also aus eigenem Antrieb. Sind Sie finanziell so flexibel, dass Sie nicht von jetzt auf gleich verkaufen müssen, sondern auf ein angemessenes Angebot warten können, stehen derzeit vielerorts die Chancen gut, beim Verkauf der Immobilie einen ordentlichen Wertgewinn zu erzielen.

Alternativen zum Verkauf
Wenn Sie nicht den enormen Zeitdruck durch die Banken haben, überlegen Sie, ob es noch eine Alternative zum Verkauf gibt, etwa die Immobilie komplett oder einzelne Zimmer unterzuvermieten. Das kann eine finanzielle Entlastung bringen.

Sind Sie schon etwas älter? Dann ist eine weitere Möglichkeit, dass Sie Ihr Haus oder Ihre Eigentumswohnung in Form einer Rente zu Geld machen. Der Vorteil: Sie können die Immobilie weiter nutzen, können sich aber gleichzeitig mehr monatliche Einnahmen verschaffen.

Beispiel: Renate ist 68 und seit einem halben Jahr Witwe. Sie liebt ihr kleines Reihenhaus, in dem sie über viele Jahre mit ihrem Mann Ernst gewohnt hat. Auf den kleinen Garten will sie nicht verzichten. – Solange die Gesundheit es zulässt, will sie sich selbst um alles kümmern. Allerdings wünscht sie sich auch etwas mehr finanziellen Spielraum, da ihre eigene Altersrente und die Witwenrente nicht allzu üppig ausfallen. Ihre zwei erwachsenen Kinder leben in anderen Städten, und innerhalb der Familie ist längst geklärt, dass keiner von ihnen auf Dauer in das Elternhaus zurückziehen möchte.

> **Nehmen Sie sich ausreichend Zeit für das Thema „Verrentung des Hauses".**

In dieser Situation kann für Renate die Verrentung ihrer Immobilie interessant sein – sie kann also ihr Haus zu Geld machen, aber trotzdem weiter drin wohnen. Eine Möglichkeit wäre, dass sie das Haus ganz oder anteilig verkauft und dafür bis zu ihrem Tod oder bis zu einem früheren Zeitpunkt eine Leibrente ausgezahlt bekommt. Alternativ kann sie beispielsweise ihr Haus verkaufen, aber ein Nießbrauchrecht vereinbaren. In dem Fall gehört ihr die Immobilie zwar nicht mehr, sie kann sie aber weiter nutzen. Oder es wäre möglich, mit dem Käufer einen Mietvertrag zu vereinbaren.

Für diese und andere Lösungen, das Haus zu Geld zu machen, ist das eigene Alter ein entscheidender Faktor: Je jünger Sie zum Start der Verrentung sind, desto höhere Abzüge für Ihren Verbleib im Haus müssen Sie hinnehmen, wenn der Wert Ihrer Auszahlung ermittelt wird.

Diese Möglichkeiten mögen Ihnen zunächst kompliziert erscheinen: Welchen Wert hat Ihre Immobilie, welchen Wert hat Ihr dauerhaftes Wohn- oder Nutzungsrecht? Dazu kommen weitere Fragen: Wer kommt etwa für die Instandhaltung auf, wenn Sie Ihr Eigenheim ganz oder zum Teil verkaufen? Was geschieht, wenn Sie ausziehen, oder wie sind die Zahlungen, die Ihnen nach dem Verkauf über einen längeren Zeitraum zustehen, überhaupt abgesichert?

Für dieses komplexe Thema sollten Sie sich ausreichend Zeit nehmen und mögliche Verrentungsangebote unbedingt vergleichen – schließlich geht es meist um Werte von einigen Hunderttausend Euro. Suchen Sie sich dafür am besten Hilfe: Besprechen Sie Angebote mit einer Vertrauensperson, und nutzen Sie unabhängige Beratungsangebote, etwa von den Verbraucherzentralen. Lassen Sie Vertragsangebote von Fachanwälten prüfen.

Auf test.de finden Sie einen größeren Übersichtsartikel, der die wichtigsten Vor-

und Nachteile der einzelnen Verrentungsmöglichkeiten zusammenfasst (test.de, Suchwort: Immobilienrente).

Die Immobilie des Partners
Ihnen gehörte das Haus, in dem Sie mit Ihrem Partner gelebt haben, gar nicht gemeinsam? Es war beispielsweise die Immobilie Ihrer Frau, in die Sie vor Jahren mit eingezogen sind? Als Ehemann haben Sie zwar einen Erbanspruch und damit die Chance, die Immobilie zu bekommen – aber womöglich nicht allein. Die Frage, wem welcher Anteil vom Haus zusteht, müssen Sie als Erstes klären (siehe „Erbschaft", S. 30). Und dann geht es darum zu entscheiden, was aus der Immobilie wird.

Gerade beim Thema Eigenheim ist in manchen Familien Streit programmiert: wenn Sie sich etwa mit Ihren Kindern oder mit Kindern Ihres Partners aus erster Ehe nicht einigen können, ob das Haus verkauft wird. Fehlt eine klare, anderslautende Vorgabe des Verstorbenen und greift die gesetzliche Erbfolge, bilden Sie mit allen Erben eine Gemeinschaft, und Sie müssen eine gemeinsame Entscheidung treffen. Das kann eine anstrengende und unschöne Hängepartie werden, die im ungünstigen Fall erst vor Gericht entschieden wird.

Bevor die Erbschaftsstreitigkeit vor Gericht landet, kann es sich lohnen, dass die zerstrittenen Parteien einen Mediator, also einen neutralen Dritten, einschalten, der als Vermittler agiert und ihnen hilft, den Konflikt außergerichtlich zu klären. Über den Bundesverband Mediation können Sie nach geeigneten Mediatoren suchen (bmev.de). Haben Sie eine Rechtsschutzversicherung, kann es je nach Tarif sogar sein, dass Ihr Versicherer sich an den Kosten für die Mediation beteiligt. Einige Versicherer bieten diese Leistung an.

→ Änderung im Grundbuch

Übernehmen Sie allein oder eine Erbengemeinschaft die Immobilie des verstorbenen Partners, ist eine Änderung im Grundbuch notwendig. Dafür müssen Sie sich beim Grundbuchamt als Erbe ausweisen können. Erben Sie aufgrund der gesetzlichen Erbfolge oder eines privaten Testaments, brauchen Sie dafür einen Erbschein oder ein europäisches Nachlasszeugnis. Gibt es ein notarielles Testament oder einen Erbvertrag und können Sie eine beglaubigte Abschrift hiervon sowie die Niederschrift über die Eröffnung des letzten Willens vorlegen, ist ein Erbschein nicht unbedingt erforderlich. Ob er benötigt wird, hängt vom Inhalt des Testaments ab. In bestimmten Fällen kann eine Vollmacht für die Grundbuchberichtigung ausreichen. Lassen Sie das Grundbuch innerhalb von zwei Jahren nach dem Erbfall ändern, entstehen Ihnen keine Kosten.

Alltag organisieren: Beruf und Familie mit neuen Vorzeichen

Gehören Kinder zur Familie, fehlt es nach dem Tod eines Elternteils oft an Zeit. Oder das Geld ist knapp, weil ein Einkommen wegfällt. Wir zeigen, was Sie tun können, um das zu ändern.

Die zweifache Mutter Annika aus dem Beispiel auf S. 26 geht davon aus, dass Sie auf Dauer mehr Geld verdienen muss, um ihr Haus sicher halten zu können. In einer ähnlichen Situation sind viele Eltern, die für die Vereinbarkeit von Beruf und Familie ihre Arbeitszeit reduziert hatten. Fällt das Haupteinkommen der Familie weg, geht es für die Hinterbliebenen häufig darum zu klären, wie sie sich mehr sichere Einnahmen verschaffen können.

Mehr Geld: Raus aus der Teilzeit

Im besten Fall gelingt es, dass Sie als bisherige Teilzeitkraft bei Ihrem Arbeitgeber kurzfristig Ihr Stundenkontingent und damit Ihren Monatsverdienst erhöhen können. Ob das überhaupt möglich ist und wenn ja, wie kurzfristig, hängt allerdings von verschiedenen Voraussetzungen ab.

Eine gute Chance auf eine in absehbarer Zeit (wieder) erhöhte Arbeitszeit haben Witwen und Witwer, wenn sie noch in Elternzeit sind: Zum Ende der Elternzeit können sie auf ihre frühere Stundenanzahl zurückkehren. Dieser Anspruch besteht per Gesetz.

Ist die Elternzeit dagegen bereits abgelaufen, kommt es darauf an, was für eine Teilzeitlösung mit dem Arbeitgeber vereinbart ist: Haben Sie Ihre Stunden für eine befristete Zeit reduziert oder unbefristet?

In größeren Unternehmen – mehr als 45 Mitarbeiter – besteht seit Anfang 2019 die Möglichkeit, eine sogenannte Brückenteilzeit zu vereinbaren. Das heißt, vorab wird festgelegt, für welchen Zeitraum zwischen einem und fünf Jahren die Arbeitszeit reduziert wird und ab wann das bisherige Stundenkontingent wieder zur Verfügung steht. Hätte Annika sich für ein solches Modell entschieden, könnte sie nach Ablauf der Frist zu ihrem ursprünglichen Stundenpensum zurückkehren und sich so mehr Brutto- und damit mehr Nettoverdienst sichern.

Beispiel: Annika hat mit ihrer Halbtagsstelle bisher 2 080 Euro brutto im Monat verdient. Netto blieben ihr dann in Steuerklasse IV etwa 1 490 Euro monatlich. Im ersten Jahr nach dem Tod des Partners steht ihr weiter das Ehegattensplitting zu. Deshalb rutscht sie nach dem Tod ihres Mannes automatisch in Steuerklasse III. Zusätzlich

Wer kennt sich aus?

Wenn Sie in einem Zusatzjob nebenbei arbeiten wollen, lassen Sie sich am besten vorab von Ihrem Arbeitgeber ausrechnen, wie viel Ihnen vom Zusatzverdienst netto bleiben wird. Mehr Informationen zu Zuverdienstmöglichkeiten und Regeln finden Sie über die Seite minijob-zentrale.de. Ansprechpartner könnte auch ein Lohnsteuerhilfeverein oder Steuerberater sein, um sich über die zu erwartenden Abzüge zu informieren. Ansprechpartner zu den Auswirkungen auf die Höhe Ihrer Witwenrente finden Sie unter deutsche-rentenversicherung.de.

---

kann sie noch den Entlastungsbetrag für Alleinerziehende beantragen. Beim Monatsbrutto von 2 080 Euro bleiben ihr netto dann etwa 1 665 Euro.

Würde sie die Arbeitsstunden verdoppeln und 4 160 Euro brutto verdienen, käme sie netto auf knapp 3 047 Euro. Selbst wenn sie nur auf 30 Arbeitsstunden pro Woche aufstockt und 3 120 Euro brutto verdient, erhält sie dann etwa 2 417 Euro netto – immer noch deutlich mehr als zuletzt.

Sie haben keine solche Brückenteilzeit vereinbart, zum Beispiel, weil der Betrieb zu klein ist und es kein solches Angebot gibt?

Sprechen Sie mit Ihrem Chef, ob es trotzdem eine Chance gibt aufzustocken. Wenn keine Stunden für Sie „frei" sind, hängen Sie aber womöglich auf Ihrer Teilzeitstelle fest.

Mehr rausholen mit Zusatzjob

Um finanziell besser dazustehen, können Sie alternativ überlegen, ob Sie einen zusätzlichen Job annehmen. Aus arbeitsrechtlicher Sicht spricht meist nichts dagegen – Sie dürfen neben Ihrer Angestellten-Tätigkeit einen weiteren Job annehmen. Allerdings sollten Sie Ihren Arbeitgeber vor Aufnahme des Zusatzjobs darüber informieren und im Falle eines arbeitsvertraglichen Zustimmungsvorbehalts seine Genehmigung einholen. Häufig muss er die Nebentätigkeit akzeptieren.

Es sei denn, Sie machen ihm beispielsweise als Selbstständige Konkurrenz. Oder Sie übernehmen eine Tätigkeit, die Ihr Leistungsvermögen im Hauptjob beeinträchtigt, etwa, weil Sie in der Gastronomie häufig bis in die Nacht hinein arbeiten. Dann kann er Ihnen die Nebenbeschäftigung untersagen.

Haben Sie einen Zusatzjob, trennen Sie beide Beschäftigungen sauber voneinander. Es sollte nicht passieren, dass Sie etwa während Ihrer Hauptbeschäftigung Anfragen Ihrer eigenen Kunden bearbeiten oder Aufgaben für den Zusatzjob erledigen. Sonst setzen Sie Ihren Hauptjob aufs Spiel. Achten Sie unbedingt darauf, dass die Beschäftigungen auch zeitlich zueinander passen. Ar-

Beruflicher Neustart
Ein Minijob neben der Witwenrente oder dem Hauptjob ist oft eine gute Lösung. Häufig können Sie Ihren Verdienst brutto wie netto behalten.

beitgeber haben in der Frage, wann Beschäftigte die Arbeit zu erbringen haben, ein relativ umfassendes Weisungsrecht. Das bedeutet, sie können durchaus Arbeitszeiten später einseitig verändern. Sichern Sie sich gegebenenfalls durch entsprechende Vereinbarungen im Arbeitsvertrag dagegen ab.

Die meistgewählte Lösung für einen Nebenverdienst ist eine geringfügige Beschäftigung, ein sogenannter Minijob. Der große Vorteil bei diesen Jobs: Wenn Sie im Schnitt monatlich nicht mehr als 450 Euro brutto nebenbei verdienen, müssen Sie dafür meist selbst keine Steuern und Sozialabgaben zahlen. Sie erhalten Ihre Arbeitsvergütung damit ohne Abzüge. Diese Grenze soll nach Plänen der Bundesregierung auf 520 Euro monatlich steigen.

Beachten Sie vor Jobantritt: Der Verdienst aus dem Minijob kann für Sie abgabenfrei sein, doch er kann trotzdem in Kombination mit anderem Einkommen zu einer Kürzung der Witwenrente führen (siehe „Einkommen kann Rente drücken", S. 67). Für Einnahmen neben der Witwenrente gibt es sich jährlich ändernde Freibeträge. Bis Mitte 2022 liegt der Freibetrag bei knapp 903 Euro im Monat in West- und 884 Euro im Monat in Ostdeutschland. Haben Sie Kinder, erhöht sich der Freibetrag etwas. Kalkulieren Sie die mögliche Rentenkürzung bei Ihren Plänen ein.

Ein Zweitjob mit einem regelmäßigen Verdienst über 450 Euro im Monat lohnt sich dagegen meist nicht so wie vielleicht erhofft. Der erste Haken: Auch dieser Verdienst kann natürlich zu einer Kürzung der Witwenrente führen, wenn Sie mit Ihren sämtlichen Einnahmen den Freibetrag von rund 900 Euro im Monat überschreiten. Zudem müssen Sie einplanen, dass Sie für einen regelmäßigen Verdienst von mehr als 450 Euro im Monat Steuern und Sozialabgaben zahlen müssen. Der Arbeitgeber rechnet Ihren Zweitjob nach der ungünstigen Steuerklasse VI beim Finanzamt ab, sodass die monatlichen Abzüge für die Lohnsteuer besonders hoch sind.

Attraktiver kann eine saisonale Beschäftigung neben Hauptjob und Witwenrente sein. Diese Jobs haben den Vorteil, dass Sie unabhängig vom Verdienst keine Sozialabgaben dafür zahlen müssen. Voraussetzung ist im Regelfall, dass die Beschäftigung von vorneherein auf 70 Arbeitstage im Jahr oder drei Monate am Stück begrenzt ist. Infolge der Corona-Pandemie können eventuell noch andere Grenzen gelten.

Wenn Sie also beispielsweise überlegen, neben Ihrer Beschäftigung als Angestellte an mehreren Wochenenden im Jahr bei einem Catering-Unternehmen auszuhelfen oder im Sommer den Kiosk am Freibad zu übernehmen, können Sie den Verdienst komplett behalten, ohne dafür Sozialversicherungsbeiträge zahlen zu müssen. Das ist eine enorme Erleichterung, auch wenn der Verdienst steuerpflichtig ist und je nach Höhe aller Einnahmen eventuell auch zur Kürzung der Witwenrente führen kann.

Mehr Zeit anstatt mehr Geld

Womöglich geht es Ihnen aber in der ersten Zeit gar nicht darum, mehr Geld zur Verfügung zu haben. – Sie drücken andere Probleme, etwa, wenn sich die Schulnoten Ihrer Kinder nach dem Tod von Vater oder Mutter verschlechtern, wenn sie sich aggressiver verhalten als früher oder verschlossener sind als zuvor. Haben Sie daraufhin das Bedürfnis, einfach mehr Zeit für Ihre Kinder zu haben, sollten Sie Ihre Chancen kennen, um sich beruflich einen zusätzlichen Freiraum zu verschaffen.

Eine kurze berufliche Auszeit lässt sich häufig noch einigermaßen problemlos gestalten. Im ersten Moment hilft der Anspruch auf Sonderurlaub, der jedem Arbeitnehmer nach dem Bürgerlichen Gesetzbuch zusteht, wenn ein naher Angehöriger verstirbt. Im Regelfall gilt dieser für den Todestag sowie für den Tag der Bestattung. Arbeitgeber können dieses Recht allerdings vertraglich ausschließen. Dann gilt die Regelung, die im Arbeitsvertrag getroffen wurde. Gerade in Tarifverträgen sind hier aber manchmal auch längere Zeiten für Sonderurlaub vorgesehen.

Eventuell stellt Sie der Arbeitgeber aus Kulanz weitere Tage frei. Oder Sie bauen gesammelte Überstunden ab oder verwenden einige Ihrer regulären Urlaubstage. Vielleicht hat Sie der Verlust auch so mitgenommen, dass Ihr Arzt oder Ihre Ärztin Sie erst einmal krankschreibt – für bis zu sechs Wochen erhalten Sie dann Ihren bisherigen Lohn weiter wie bisher.

> **Nur in Ausnahmefällen darf der Arbeitgeber Ihren Wunsch auf unbefristete Teilzeit aus betrieblichen Gründen verweigern.**

Doch eine Dauerlösung ist das nicht, gerade wenn nicht nur Sie selbst mit der neuen Situation zurechtkommen müssen, sondern auch noch Ihre Kinder mit dem Verlust zu kämpfen haben. Vielleicht wünschen Sie sich dann für eine längere Phase mehr zeitlichen Freiraum, um sich mit den Kindern an das neue Leben zu gewöhnen. Oder Sie hätten zumindest gerne etwas mehr Zeit als bisher, um beispielsweise nachmittags bei den Hausaufgaben zu unterstützen oder regelmäßig den Fahrdienst zu Sport und Freunden zu übernehmen.

Hier haben Arbeitnehmer einen gewissen rechtlichen Spielraum, den Sie in Ihre weiteren Planungen einbeziehen sollten. Als Erstes sei auf das Recht auf unbefristete Teilzeit hingewiesen. Sie haben Anspruch darauf, für einen unbefristeten Zeitraum die Arbeitszeit zu reduzieren, wenn Sie in einem Unternehmen mit mehr als 15 Mitarbeitern beschäftigt sind und Sie dort schon seit mehr als sechs Monaten arbeiten.

Nur in Ausnahmefällen darf der Arbeitgeber Ihren Wunsch auf Teilzeit aus betrieblichen Gründen verweigern, etwa wenn durch die Reduzierung Ihrer Arbeitszeit die Organisation oder die Arbeitsabläufe im Betrieb wesentlich beeinträchtigt würden oder der Schritt unverhältnismäßig hohe Kosten verursachen würde. Handeln Sie am besten so schnell wie möglich, wenn Sie Ihre Arbeitszeit reduzieren wollen. Denn rein rechtlich müssen Sie den Wunsch auf unbefristete Teilzeit mit einem Vorlauf von mindestens drei Monaten Ihrem Arbeitgeber in Textform mitteilen, etwa per Mail. Muss es schneller gehen, suchen Sie das persönliche Gespräch mit Ihrem Arbeitgeber, damit er Sie, wenn möglich, früher mit reduzierter Stundenzahl arbeiten lässt.

Der Nachteil der „unbefristeten" Teilzeit steckt bereits im Namen: Es gibt kein festes Ende der Teilzeitphase. Sie können im Regelfall nicht verlangen, dass der Arbeitgeber Ihnen zum Beispiel nach einem Jahr – wenn sich Ihr alltägliches Leben wieder eingependelt hat – Ihr bisheriges Stundenkontingent zurückgibt. Gut möglich, dass Sie weiter auf Ihrer Teilzeitstelle verharren müssen, obwohl Sie längst wieder Vollzeit arbeiten könnten oder auch wollen, weil das Finanzpolster knapp wird.

ℹ️ **Sind Sie beruflich selbstständig,** geht es für Sie im ersten Schritt darum zu schauen, ob und wie Sie Ihre Arbeitszeit umorganisieren und wenn nötig reduzieren können. Welche Aufträge müssen Sie wann erledigen? Können Sie Arbeit an einen Geschäftspartner abgeben? Wie viel Einkommen und entsprechende Aufträge brauchen Sie, um finanziell zurechtzukommen? Nehmen Sie sich Zeit für die genaue Planung und nutzen Sie Beratungsangebote, etwa über die für Sie zuständige Kammer.

Als Erleichterung für solche Situationen gibt es seit Anfang 2019 die zuvor bereits genannte „Brückenteilzeit" – den Anspruch auf eine befristete Teilzeitregelung. Möglich ist, dass Sie mit dem Arbeitgeber für einen Zeitraum von mindestens einem bis maximal fünf Jahren vereinbaren, dass Sie Teil- anstatt Vollzeit arbeiten.

Allerdings können Sie diesen Anspruch nur unter bestimmten Voraussetzungen geltend machen. Eine davon ist, dass der Betrieb, in dem Sie arbeiten, nicht zu klein ist. Denn per Gesetz ist festgelegt, dass der Rechtsanspruch nur für Beschäftigte in Betrieben mit mehr als 45 Mitarbeitern besteht. Und selbst wenn der Betrieb diese Größe hat, kann der Arbeitgeber eventuell noch sagen, dass er Ihren Wunsch ablehnt, weil bereits andere Mitarbeiter in befristeter Teilzeit sind.

Beratungsangebote suchen

Je nach Tarif- oder Betriebsvereinbarung sind von diesen gesetzlichen Vorgaben Abweichungen möglich. Am besten Sie holen sich fachliche Unterstützung, wenn Sie überlegen, vorübergehend Stunden zu reduzieren. Sprechen Sie zum Beispiel vorab mit den Mitgliedern vom Betriebs- oder Personalrat im Haus. Als Gewerkschaftsmitglied können Sie auch dort nachfragen, wie die genauen Voraussetzungen für Ihren Antrag sind. Nutzen Sie diese Anlaufstellen auch, wenn die Firma Ihrem Teilzeit-Wunsch nicht nachkommen will.

Wie sich die reduzierte Arbeitszeit auswirkt

Wenn Sie Ihre Arbeitszeit reduzieren wollen, müssen Sie natürlich einkalkulieren, dass der Schritt finanzielle Auswirkungen hat. Doch am Monatsende wird das Minus eventuell niedriger ausfallen, als Sie vielleicht befürchten.

Beispiel: Hatice arbeitet Vollzeit als Industriekauffrau und verdient 4 500 Euro brutto im Monat. In Steuerklasse II bleiben ihr etwa 2 926 Euro netto. Um mehr Zeit mit ihrem Sohn verbringen zu können, bittet sie ihre Chefin, dass sie in den nächsten zwei Jahren nur halbtags arbeiten kann. Sie verdient somit noch 2 250 Euro brutto. Netto bleiben ihr immerhin knapp 1 675 Euro im Monat. Zwar wurde ihr Bruttogehalt halbiert, aber netto bleibt ihr deutlich mehr als die Hälfte des bisherigen Verdienstes.

Ihr Verdienst führt jedoch immer noch zu einer Kürzung der Witwenrente, da sie damit den monatlichen Freibetrag von rund 900 Euro plus 191 Euro zusätzlicher Freibetrag fürs Kind überschreitet. Beim Bruttoverdienst von 4 500 Euro wären die Abzüge von der Rente allerdings noch höher gewesen.

Auch bei ihren eigenen Rentenansprüchen macht sich die reduzierte Arbeitszeit etwas bemerkbar. Denn für einen niedrigeren Verdienst fließen auch weniger Beiträge an die Rentenkasse, sodass sie in dieser Zeit etwas niedrigere Rentenansprüche erwirbt als bei einer Vollzeitbeschäftigung.

Wer kennt sich aus?

Steht mir noch Elternzeit zu und wie lange? Welche Voraussetzungen müssen erfüllt sein? Kann ich – gerade wenn die Kinder noch klein sind – Job und Elterngeld noch kombinieren? Wenn Sie Fragen haben, nutzen Sie Beratungsangebote. Städte und Landkreise bieten diverse Beratungsstellen und -möglichkeiten an. Wenn es bei Ihrem Arbeitgeber einen Betriebs- oder Personalrat gibt, fragen Sie auch dort nach Ihren Rechten. Mehr Informationen zu den beruflichen Auszeiten für die Familie finden Sie außerdem auf test.de, etwa mit den Suchbegriffen „Elternzeit" und „Elterngeld".

Für einige Zeit raus aus dem Job

Je nach Lebenssituation reicht Ihnen eventuell eine reduzierte Arbeitszeit gar nicht aus, um den Alltag wieder in den Griff zu bekommen. Sprechen Sie dann mit Ihrem Arbeitgeber über Möglichkeiten wie Sabbatical oder (unbezahlten) Urlaub.

Wenn Sie Kinder haben, bleibt Ihnen je nach Alter des Nachwuchses noch die Möglichkeit, in Elternzeit zu gehen. Pro Kind stehen Ihnen bis zu drei Jahre Elternzeit zu. Einen Großteil der Elternzeit nutzen viele Väter und Mütter zwar für die Zeit direkt nach der Geburt, doch es ist auch möglich, einen Teil davon noch zu nehmen, wenn das Kind zwischen drei und acht Jahre alt ist. Per Gesetz gilt für alle Kinder, die seit dem 1. Juli 2015 geboren wurden oder noch geboren werden: Als Mutter oder Vater dürfen Sie bis zu 24 Monate der Elternzeit auch noch nehmen, wenn Ihr Kind älter als drei, aber noch keine acht Jahre alt ist.

Entscheiden Sie sich für diese Auszeit, erhalten Sie währenddessen zwar nicht Ihr bisheriges Gehalt, aber Sie haben immerhin die Gewissheit, dass Sie anschließend in Ihren Job zurückkehren können. Vielleicht lässt sich mit dieser Sicherheit in der Hinterhand und Ersparnissen oder einer Auszahlung aus der Lebensversicherung diese vorübergehende berufliche Auszeit finanzieren.

Die Elternzeit, die Sie innerhalb der ersten drei Lebensjahre Ihres Kindes nehmen wollen, müssen Sie spätestens sieben Wochen vor deren Beginn schriftlich beim Arbeitgeber anmelden. Einen Elternzeit-Block, den Sie erst nach dem dritten Geburtstag nehmen wollen, müssen Sie allerdings schon mit einem Vorlauf von 13 Wochen beim Arbeitgeber anmelden.

Genehmigt der Arbeitgeber die Auszeit und stellen Sie dann doch fest, dass Sie finanziell in der Elternzeit nicht klarkommen? Wenn Sie Glück haben, ist bei Ihrem Arbeitgeber etwas frei, sodass Sie beispielsweise doch schon nach einem Jahr in den Job zurückkehren können, obwohl Sie sich

Mal wieder klar denken
Nutzen Sie eine kleinere oder größere Auszeit, um den Kopf freizubekommen und anstehende Fragen für sich in Ruhe zu klären.

eigentlich für zwei Jahre zurückgezogen haben. Alternativ besteht die Möglichkeit, dass Sie sich während der Elternzeit anderweitig umschauen. Sie dürfen während dieser Phase einen anderen Job annehmen, müssen jedoch für die Teilzeitarbeit bei einem anderen Arbeitgeber oder für eine selbstständige Tätigkeit zunächst die Zustimmung Ihres eigentlichen Arbeitgebers einholen.

Zeit zum Durchatmen: Auf zur Kur

Ob mit oder ohne Kind: Gut möglich, dass ein vorübergehender Tapetenwechsel dabei hilft, den Verlust des Partners oder Elternteils zu verarbeiten. Für Hinterbliebene und ihre Kinder kann eine Kur eine sinnvolle Lösung sein. Sprechen Sie mit Ihrem Arzt und nutzen Sie Beratungsangebote, die etwa von den Sozialdiensten angeboten werden.

Jedes Jahr gehen rund 100 000 Mütter und Väter zur Kur. Mutter-Kind-Kuren, Vater-Kind-Kuren, reine Mütter- oder Väterkuren sind Pflichtleistungen der gesetzlichen Krankenversicherung. Wer dort versichert ist und Kinder erzieht, hat Anspruch auf drei Wochen Kuraufenthalt, wenn die medizinischen Voraussetzungen dafür erfüllt sind. Die Krankenkasse übernimmt die Kosten, die Versicherten zahlen nur einen Eigenanteil von 10 Euro pro Tag. Die Kinder dürfen mitreisen, wenn sich zu Hause niemand um sie kümmern kann. Privatversicherte müssen mit ihrem Versicherer klären, ob ein Leistungsanspruch besteht.

Hat die Krankenkasse Ihnen die Kur bewilligt, sind Sie verpflichtet, Ihren Arbeitgeber unverzüglich über den Zeitpunkt und die voraussichtliche Dauer zu informieren. Die Kurtage dürfen nicht auf Ihren Urlaub angerechnet werden. In dieser Zeit fließt Ihr Gehalt weiter.

Jemanden zur Unterstützung einstellen

So gerne Sie es vielleicht wollen: Sie selbst können nicht mehr Familienzeit aufbringen? Die Art Ihres Jobs etwa lässt es nicht zu, dass Sie nachmittags die Kinder aus Kita oder Schule abholen?

Vielleicht haben Sie familiäre Unterstützung, sodass zum Beispiel Ihre Eltern oder Schwiegereltern einen Teil der Kinderbetreuung übernehmen wollen. Das klappt aber nur, wenn diese in der Nähe wohnen, noch fit genug sind und genügend Zeit dafür aufbringen können.

Wenn nicht, bleibt Ihnen die Möglichkeit, sich extern Unterstützung zu holen. Eine Lösung dafür: Sie melden die Person, die Sie unterstützt, bei der Minijob-Zentrale an.

Das hat den Vorteil, dass Minijobber versichert sind, etwa falls sie bei Ihnen im Haus stürzen. Sie selbst werden mit der Anmeldung zum Arbeitgeber, der unter anderem die Beiträge zur Sozialversicherung und meist auch die Lohnsteuer von pauschal 2 Prozent des Verdienstes an die Minijobzentrale überweist.

Trotz dieser Abzüge lohnt sich der Schritt, den Jobber anzumelden – nicht nur wegen des Versicherungsschutzes für den Mitarbeiter, sondern auch, weil Ihre finanziellen Einbußen geringer sind, als Sie womöglich zunächst befürchten. Denn Sie können die Ausgaben in der Steuererklärung geltend machen und sich so einen Teil der Kosten zurückholen. Das Finanzamt zieht 20 Prozent der nachgewiesenen Kosten – bis zu 510 Euro im Jahr – direkt von Ihrer Steuerschuld ab.

Sie schrecken vor dem organisatorischen Aufwand einer Anmeldung bei der Minijob-Zentrale zurück? Das müssen Sie nicht. Der Aufwand hält sich in Grenzen. Das gilt sowohl für die Anmeldung als auch für die Abrechnung des Einkommens.

Letztlich ist es so, dass Sie Ihrer Unterstützung monatlich ihren Bruttoverdienst überweisen. Dann tragen Sie halbjährlich in den „Haushaltsscheck" ein, wie viel sie in den vergangenen Monaten verdient hat, und erhalten für diesen Zeitraum von der Minijob-Zentrale eine Abrechnung darüber, was an Sozialversicherungsbeiträgen und Steuer zu zahlen ist.

Mögliche Unterstützung durch Ihre Krankenkasse.
Wenn Sie selbst durch den Verlust gesundheitlich angegriffen sind und Ihren Aufgaben als Elternteil und im Haushalt nicht gerecht werden können, besteht über die Krankenkasse eventuell Anspruch auf eine Haushaltshilfe. Die Kasse zahlt dafür, wenn Sie ein Kind unter zwölf Jahren haben und Ihren Haushalt wegen einer schweren Erkrankung vorübergehend nicht selbst führen können, etwa weil Sie im Krankenhaus behandelt werden oder an einer ärztlich verordneten Kur- oder Rehamaßnahme teilnehmen.

→ Auf Rechnung

Noch einfacher ist es für Sie, wenn Sie eine Kinderbetreuung engagieren, die Ihnen eine Rechnung schreibt. Auch diese Ausgaben – ob mit oder ohne Umsatzsteuer – können Sie in der Steuererklärung geltend machen und sich so einen Teil Ihrer Kosten vom Finanzamt zurückholen.

Die Chefin kann mithelfen

Gerade wenn Sie kurzfristige Hilfe bei der Kinderbetreuung benötigen, kann es sich lohnen, dass Sie Ihren Chef oder Ihre Chefin um Unterstützung bitten. Klären Sie zum Beispiel, ob die Firma Sie bei der Suche nach einer passenden Person oder nach einem Dienstleister unterstützen kann. Viele größere Unternehmen arbeiten mittlerweile mit Agenturen oder Dienstleistern zusammen, die Betreuungspersonen vermitteln.

Auch finanziell kann sich der Weg zur Personalstelle Ihrer Firma lohnen, wenn Sie Arbeit und Familie bestmöglich kombinieren wollen und die Firma Ihre Arbeitskraft nicht verlieren möchte: Für Sie und Ihren Betrieb kann es interessant sein, wenn er Ihnen bei den Ausgaben für die Kinderbetreuung unter die Arme greift.

Ist eine Betreuung kurzfristig notwendig, können Arbeitgeber bis zu 600 Euro der Kosten für eine „Notbetreuung" steuerfrei übernehmen. Diese Möglichkeit gilt für Ausgaben für Kinder bis zum 14. Lebensjahr.

Für Kinder im Vorschulalter können sie sogar sämtliche Kosten für die regelmäßige Betreuung des Nachwuchses ihrer Mitarbeiter übernehmen, also beispielsweise den Kita-Beitrag für Sie zahlen. Dann fallen für Sie weder Lohnsteuer noch Sozialabgaben an, und auch Ihr Arbeitgeber spart sich seinen Anteil der Sozialversicherungsbeiträge. Voraussetzung ist allerdings, dass die Betreuung außerhalb Ihres eigenen Haushalts erfolgt. Dann kann Ihnen die Extra-Leistung des Betriebs einen attraktiven Vorteil bringen – attraktiver als etwa eine „normale" Gehaltserhöhung:

Beispiel: IT-Experte Paul ist nach dem Tod seiner Frau alleinerziehender Vater eines dreijährigen Sohnes. Am liebsten hätte er auf 20 Arbeitsstunden pro Woche reduziert, aber seine Chefin hat ihn überredet, dass er zumindest 30 Stunden pro Woche arbeitet. Als kleines Extra hat sie ihm angeboten, zusätzlich zu den 3800 Euro Bruttogehalt monatlich 280 Euro Kita-Gebühr für Pauls Sohn zu übernehmen.

Für Paul und das Unternehmen war diese Lösung günstiger als eine Gehaltserhöhung in dieser Größenordnung: Eine Gehaltserhöhung von 280 Euro brutto hätte Paul netto in Steuerklasse II jeden Monat nur 150 Euro mehr gebracht – nun spart er selbst die monatlich fälligen 280 Euro Kita-Kosten. Pauls Chefin zahlt im Vergleich zur Gehaltserhöhung immerhin 70 Euro weniger Lohnnebenkosten, weil sie sich die Sozialversicherungsbeiträge spart.

Verfügungen und Formulare: Rechtliche Klarheit schaffen

Nutzen Sie diese besondere Situation, um sich für Notfälle zu wappnen: Sorgen Sie für einen sicheren rechtlichen Rahmen.

→ **Haben Sie Kinder,** sind Sie nach dem Tod Ihres Partners oder Ihrer Partnerin vermutlich besonders sensibilisiert für die Frage: „Was passiert mit meinen Kindern, wenn mir auch noch etwas zustößt?" Diese Frage sollte sich auch Annika aus dem Beispiel von S. 26 stellen. Will sie sicherstellen, dass sich im Ernstfall ihre Schwester und deren Mann um ihre zwei Kinder kümmern, kann sie mit einer Sorgerechtsverfügung eine entscheidende Vorsorge treffen. Hier gibt sie an, wer die Vormundschaft für Ihre zwei Kinder übernehmen soll, wenn sie selbst sich nicht mehr um die beiden kümmern kann.

Wollen Sie diese Verfügung aufsetzen, müssen Sie sie per Hand schreiben. Das Datum und Ihre Unterschrift mit Vor- und Zunamen dürfen nicht fehlen.

Auf test.de/familienset-vorlagen finden Sie eine Beispielformulierung für diese Verfügung.

Klarheit für den Ernstfall mit einer Vorsorgevollmacht

Doch nicht nur Eltern sollten sich der Frage „Was wäre, wenn?" stellen. Unabhängig vom Alter empfiehlt es sich für Hinterbliebene, dass sie sich zeitnah mit anderen rechtlichen Aspekten beschäftigen.

Beispiel: Maria aus dem Beispiel auf S. 20 hatte ihrem Mann Peter eine Vorsorgevollmacht ausgestellt. Er sollte für sie entscheiden, wenn sie selbst etwa bei einem Unfall schwer verletzt würde und keine eigenen Entscheidungen treffen könnte. Nun ist Peter gestorben – die bisherige Vorsorgevollmacht läuft damit ins Leere.

Ist das bei Ihnen ähnlich? Überlegen Sie, ob es jemand anderen gibt, dem Sie eine solche Vollmacht ausstellen wollen oder können. Per Vollmacht kann diese Person Sie wenn nötig zum Beispiel gegenüber Ärzten, Behörden oder Vermietern vertreten. In der Vollmacht stellen Sie genau klar, was die oder der Bevollmächtigte für Sie erledigen kann, was diese Person tatsächlich darf – und was nicht.

Betreuungsverfügung, falls es keine Vertrauensperson gibt

Gibt es niemanden, dem Sie so sehr vertrauen, dass er oder sie für Sie sämtliche Entscheidungen treffen darf, kann eine Betreuungsverfügung für Sie geeignet sein. Wenn Sie diese Verfügung verfassen, können Sie einen Wunschbetreuer vorschlagen, der wenn nötig die Betreuung für Sie übernehmen soll. Sie geben in der Verfügung zum Beispiel an, wer Sie in finanziellen Fragen gesetzlich vertreten soll. Dazu gehören Aufgaben wie Sozialleistungen oder die Rente zu beantragen oder das Vermögen zu verwalten. Das Gericht prüft, ob die in einer Betreuungsverfügung vorgeschlagene Person geeignet ist.

Gut zu wissen: Als Betreuer können neben Angehörigen und Freunden auch Fremde infrage kommen, etwa Mitglieder eines Betreuungsvereins. Solche Vereine gibt es mittlerweile in vielen Städten und Gemeinden. Auch kirchliche Einrichtungen und Wohlfahrtsverbände bieten ihre Unterstützung an. Haben Sie einen dieser ehrenamtlichen Betreuer angegeben, wird das Betreuungsgericht ihn wenn nötig mit der Betreuung – also zum Beispiel der Verwaltung Ihrer Finanzen – beauftragen.

Das Betreuungsverfahren hat den Vorteil, dass die Person, die Sie betreut, unter der Kontrolle des Gerichts steht. Sie muss Rechenschaft ablegen, das Gericht verlangt eine vollumfängliche Vermögensaufstellung. Außerdem muss das Gericht wichtige Entscheidungen genehmigen. Es kann der Betreuungsperson Vorschriften machen, sie kontrollieren und sogar absetzen.

Bei der Auswahl des Betreuers oder der Betreuerin muss das Gericht anhand einer festen Reihenfolge entscheiden. An erster Stelle steht die Person, die die Betroffenen in einer Betreuungsverfügung genannt haben, es folgen Familienangehörige und dann ehrenamtliche Betreuer. Gibt es niemanden, wird ein Berufs- oder Vereinsbetreuer eingesetzt.

Patientenverfügung für die medizinische Versorgung

Ein weiteres Thema, das Ihnen eventuell nach dem Tod Ihres Partners umso wichtiger ist: Welchen medizinischen Behandlungen stimme ich in welcher Situation zu, und welche Schritte sollen die Ärzte unterlassen? Klarheit schafft hier eine Patientenver-

Wer kennt sich aus?

Muster für Vorsorgevollmacht, Betreuungsverfügung und die Patientenverfügung finden Sie im „Vorsorge-Set" der Stiftung Warentest. Hier erhalten Sie auch einen genauen Überblick, was genau Sie vorab regeln können, was dabei zu beachten ist und wie Sie sich schützen können, falls Sie Sorge haben, dass jemand Ihr Vertrauen missbrauchen könnte. Sie erhalten das Set unter test.de/vorsorgebuch.

fügung. Je konkreter die Formulierungen darin sind, desto besser. Denn unklare Formulierungen schaffen Unsicherheit – nicht nur für Angehörige, sondern auch für die behandelnden Ärztinnen, Ärzte und Pfleger. Für medizinische Laien ist es deshalb sinnvoll, wenn sie beim Aufsetzen ihrer Verfügung eine Vorlage nutzen.

Haben Sie per Vorsorgevollmacht einen Bevollmächtigten eingesetzt oder vertritt Sie ein Betreuer, sorgen diese als Ihre Vertreter dafür, dass Ihr Wille umgesetzt wird. Deshalb sollte Ihrem Betreuer und dem Bevollmächtigten auch Ihre Patientenverfügung vorliegen, die bindend ist.

Ein Testament machen
Letztlich empfiehlt es sich noch, dass Sie überlegen, was aus Ihren Vermögenswerten – auch denen, die Sie von Ihrem Partner geerbt haben – werden soll, falls Sie sterben. Gerade wenn es nach dem letzten Todesfall in der Familie Streit um den Nachlass gab, dürften Sie nach dieser Erfahrung ein besonderes Interesse haben, Ihren Angehörigen eine solche Situation ein weiteres Mal zu ersparen (siehe auch „Erbschaft: Fragen klären, Ansprüche geltend machen", S. 30).

Wenn Sie ein Testament erstellen, können Sie mögliche Konfliktsituationen von vorneherein umgehen oder zumindest verringern. Sie können zum Beispiel vermeiden, dass es eine Erbengemeinschaft gibt, die in Streit über den Umgang mit dem Nachlass gerät. Legen Sie dazu genau fest, wer nach Ihrem eigenen Tod welche Werte bekommen soll. Eine Möglichkeit ist, dass Sie ein privatschriftliches Testament verfassen. Dieses müssen Sie komplett mit der Hand schreiben. Es reicht nicht, einen am Computer getippten Text zu unterschreiben. Der Text muss Ort, Datum und Unterschrift mit Vor- und Zunamen enthalten. Die Alternative ist, dass Sie zu einem Notar gehen und sich dort nicht nur beraten lassen, sondern von ihm auch das Testament aufsetzen lassen.

Per Testament können Sie genau festlegen, wer welche Werte bekommen soll. Außerdem lässt sich dafür sorgen, dass neben Angehörigen auch Menschen etwas bekommen, die nicht mit Ihnen verwandt sind. Wollen Sie etwa die Nachbarin mit bedenken, die Ihnen nach dem Tod Ihrer Frau hilfreich zur Seite stand, können Sie das in Ihrem Testament regeln.

Wenn Sie Ihren letzten Willen nicht festhalten, gilt die gesetzliche Erbfolge, nach der Menschen außerhalb der Familie leer ausgehen. Der Ehepartner und Kinder haben dann den ersten Erbanspruch. Planen Sie dabei ein, dass diesen immer ein Pflichtteil zusteht, auch wenn Sie sie nicht im Testament bedenken.

Ein notarielles Testament wird beim Amtsgericht hinterlegt. Ein privatschriftliches Testament können Sie ebenfalls dort hinterlegen, sodass es sicher verwahrt ist und im Ernstfall schnell die Schritte bis zur Testamentseröffnung starten können.

Sichere Einnahmen

Für viele Hinterbliebene ist die Witwen- oder Witwerrente die entscheidende Grundlage für das weitere finanzielle Auskommen. Auch aus privater Vorsorge wie Riester-Verträgen kann zusätzliche Entlastung kommen. Hinterbliebene von Beamten erhalten ein Witwengeld.

→ **Bei vielen Witwern** und Witwen ergänzt die Witwenrente die eigene Altersrente oder das eigene Einkommen aus Berufstätigkeit. Aber mit welchen Einnahmen können Sie rechnen, und welchen Einfluss hat Ihr eigenes Einkommen auf die Höhe der Witwenrente? Die Antwort auf diese Fragen kann Sie bei wichtigen Entscheidungen beeinflussen: zum Beispiel, welcher Zusatzverdienst sich neben Ihren Renten finanziell für Sie lohnt oder ob Sie sich einen vorzeitigen Ausstieg aus dem Beruf leisten können.

Statt oder neben der Witwenrente erhalten Sie je nach Beruf des oder der Verstorbenen andere Leistungen wie eine Rente aus einem berufsständischen Versorgungswerk oder das Witwengeld für Angehörige von Beamten. Informationen dazu sowie zu Leistungen aus privaten Vorsorgeverträgen wie Riester-Renten und Rentenversicherungen finden Sie ebenfalls in diesem Kapitel. Und wir zeigen, wie Sie die Auszahlung aus einer Lebensversicherung einsetzen können, etwa um sich daraus eine regelmäßige Zusatzrente zu schaffen.

„Auch Hinterbliebenenrente gibt es nur auf Antrag"

Eigenes Einkommen kann die Witwen- und Witwerrente deutlich drücken. Das kann manche Enttäuschung bringen, sagt **Martin Reißig**, freier Rentenberater aus Hamburg. Trotzdem ist die Hinterbliebenenrente für die meisten Witwen und Witwer günstiger als das „Rentensplitting".

Herr Reißig, die Witwen- oder Witwerrente ist für viele Hinterbliebene entscheidend für die künftige finanzielle Absicherung. Wie lange müssen sie auf die Auszahlung warten?
Das erste Geld kann schon innerhalb kurzer Zeit fließen, aber wichtig ist: Die Witwenrente gibt es wie jede andere gesetzliche Rente nur auf Antrag. Automatisch passiert das nicht, sondern der Hinterbliebene muss aktiv werden und die Rente bei der Deutschen Rentenversicherung beantragen.

Gerade kurz nach dem Tod des Partners wird sich mancher aber schwertun, umfangreiche Rentenanträge auszufüllen. Wie viel Zeit bleibt dafür?
Per Gesetz ist der Zeitdruck bei der Hinterbliebenenrente nicht so groß wie bei den anderen gesetzlichen Renten, denn die Witwen- oder Witwerrente kann für bis zu ein Jahr rückwirkend beantragt werden – bei der Altersrente sind es nur drei Monate. So lange können und wollen viele Hinterbliebene aber natürlich nicht warten, denn viele Ausgaben laufen ja weiter, sodass es empfehlenswert ist, bereits kurz nach dem Tod des Partners den Antrag zu stellen. Für das erste Vierteljahr, das sogenannte „Sterbevierteljahr", steht ihnen die volle Höhe der Versichertenrente des Verstorbenen zu und nicht – wie nach Ablauf der drei Monate – nur ein Teil davon. Bezog der verstorbene Partner bereits eine Rente, kann die Leistung für die ersten drei Monate als Vorschuss gezahlt werden. Den Antrag auf den Vorschuss kann auch der Bestatter für den Hinterbliebenen stellen. Das Sterbevierteljahr verschafft etwas Zeit und nimmt den finanziellen Druck. Bezog der Verstorbene noch keine eigene Rente, gibt es diesen Vorschuss aber nicht. Dann lohnt sich umso mehr der frühzeitige Rentenantrag.

Welche Probleme können auftreten, wenn die Rentenhöhe berechnet wird?
Eine Schwierigkeit ist die Anrechnung des Einkommens, das der Hinterbliebene selbst erzielt: Welche Einkünfte werden auf die Höhe der Witwenrente angerechnet? Nach neuem Rentenrecht (Heirat ab dem 1. Januar 2002) zählen sämtliche Einkünfte mit, zum Beispiel auch Einkünfte aus selbststän-

Hinterbliebene in Zahlen
Im Schnitt erhalten Witwen und Witwer in Westdeutschland brutto etwa 650 Euro Rente im Monat, in Ostdeutschland sind es etwa 700 Euro.

diger Tätigkeit oder einem Gewerbebetrieb, selbst wenn diese mit einer Fotovoltaikanlage erzielt werden. Das ist nicht jedem bewusst und kann zur Enttäuschung führen, wenn nach Anrechnung aller Einkünfte die Witwenrente gekürzt wird und wenig davon übrig bleibt.

Gibt es dann eine Alternative?
Ja, im Einzelfall kann es sich tatsächlich lohnen, auf die Witwenrente zu verzichten und dafür das sogenannte Rentensplitting zu wählen. Splitting bedeutet, dass die während der Ehe erworbenen Rentenansprüche je zur Hälfte unter den Partnern aufgeteilt werden. Hatte also etwa der Hinterbliebene während der Ehe weniger Rentenansprüche erworben als seine verstorbene Frau, kann er nach ihrem Tod einen Teil ihrer Ansprüche auf sein Rentenkonto bekommen. So erhöht er seine eigene Altersrente, dafür verzichtet er aber auf die Witwerrente. Das kann sich im Einzelfall lohnen, etwa wenn der Hinterbliebene selbst so gut verdient, dass er kaum Hinterbliebenenrente bekommen würde. In den allermeisten Fällen wird es allerdings günstiger sein, die Witwen- oder Witwerrente und nicht das Splittingverfahren zu wählen. Hinzu kommt, dass für das Splitting einige Voraussetzungen erfüllt sein müssen, etwa eine gewisse Anzahl an rentenrechtlichen Zeiten. Diese Vorgabe erfüllen nicht alle, sodass allein deshalb das Splitting für manche Hinterbliebene von vornherein nicht infrage kommt.

Welche anderen kritischen Punkte sind beim Rentenantrag zu beachten?
Wichtig ist zum Beispiel, mögliche Ansprüche aus dem Ausland zu berücksichtigen: Wenn etwa der verstorbene Ehepartner einige Zeit im Ausland gearbeitet hat, kann auch aus dieser Zeit noch ein Anspruch auf Hinterbliebenenversorgung bestehen. Deshalb ist es absolut wichtig, Auslandszeiten im Rentenantrag nicht zu vergessen. Und umgekehrt: Ist etwa ein Mann aus Deutschland zu seiner Partnerin ins Ausland gezogen, sollte auch sie nach seinem Tod darauf achten, dass ein Anspruch auf Hinterbliebenenrente bestehen kann. Gerade bei Fällen mit Auslandsbezug kann es manchmal doch passieren, dass die Antragsfrist von einem Jahr überschritten wird.

Gesetzliche Rente:
Das steht Angehörigen zu

Hinterbliebene erhalten bis zu 60 Prozent der Rentenansprüche des verstorbenen Partners. Doch die monatliche Auszahlung kann auch deutlich niedriger ausfallen.

→ **Eine Hinterbliebenenrente** wird an den Witwer oder die Witwe von Verstorbenen ausgezahlt. Der Einfachheit halber werden wir im weiteren Verlauf von der „Witwenrente" sprechen.

Anders als bei der Altersrente hängt die Höhe der Hinterbliebenenrenten nicht davon ab, welche Rentenansprüche die Empfänger der Leistungen – also die Hinterbliebenen – erwirtschaftet haben, sondern sie richtet sich nach den Rentenansprüchen, die die Verstorbenen erworben haben.

Damit überhaupt der Anspruch auf eine Hinterbliebenenrente besteht, müssen einige Voraussetzungen erfüllt sein. Eine Vorgabe: Die Verstorbenen müssen bereits eine Wartezeit von fünf Jahren auf ihrem Rentenkonto erreicht haben, also beispielsweise fünf Jahre lang als Angestellte Beiträge gezahlt haben. Es sind jedoch Ausnahmen möglich, zum Beispiel wenn ein Arbeitsunfall zum Tod geführt hat. Dann haben die Angehörigen auch dann einen Rentenanspruch, wenn die Verstorbenen erst einen einzigen Beitragsmonat in der Rentenversicherung vorweisen konnten.

Wie hoch fällt die Hinterbliebenenrente aus?

Die Hinterbliebenenrenten machen einen bestimmten Prozentsatz vom Rentenanspruch der Verstorbenen aus: So sind es bei der Halbwaisenrente 10 Prozent, bei der Vollwaisenrente 20 Prozent davon. Dazu können die Kinder des verstorbenen Elternteils einen Zuschlag erhalten.

Die Witwenrente beträgt 25, 55 oder 60 Prozent des Rentenanspruchs der Verstorbenen. Diese breite Spanne ergibt sich je nachdem, ob die „kleine" oder die „große" Witwenrente fließt und ob „neues" oder „altes" Rentenrecht gilt. Was sich dahinter verbirgt, stellen wir im weiteren Verlauf und in der Grafik auf S. 65 vor.

Doch wie hoch ist überhaupt der Rentenanspruch des Verstorbenen, von dem die Höhe der Hinterbliebenenrente abgeleitet wird? Die Antwort darauf ist einfach, wenn die verstorbene Person bereits eine eigene Altersrente bezogen hat. Dann wird die Hinterbliebenenrente direkt von der Altersrente abgeleitet – 25, 55 oder 60 Prozent der Altersrente werden als Witwenrente gezahlt.

Etwas komplizierter ist die Berechnung, wenn Verstorbene noch nicht in Rente waren. Für die Zeit, in der sie Beiträge an die Rentenkasse geleistet haben, haben sie sogenannte Entgeltpunkte auf ihrem Rentenkonto erworben. Hätten sie bis zum Ruhestand weiter gearbeitet, wären diese Entgeltpunkte im Alter mit einem bestimmten finanziellen Wert – dem „aktuellen Rentenwert" – multipliziert worden, sodass sich die Höhe der Altersrente in Euro ergeben hätte.

Für die Witwenrente werden nun die bisher erworbenen Entgeltpunkte zugrunde gelegt. Dabei bleibt es aber nicht, sondern die bisher gesammelten Rentenansprüche werden um die sogenannte Zurechnungszeit erweitert. Das mag etwas kompliziert erscheinen: Zurechnungszeit bedeutet, dass der Rentenversicherer den Anspruch so ermittelt, als hätte der Verstorbene nicht nur bis zu seinem Tod gearbeitet und Beiträge gezahlt, sondern bis etwa Mitte 60. Dadurch fällt die Witwenrente etwas höher aus. 2022 wird die Zurechnungszeit bis zum Alter von 65 Jahren und 11 Monaten ermittelt.

Waren Verstorbene allerdings noch keine 63 Jahre alt, werden vor der Auszahlung der Witwen- oder Waisenrente noch 0,3 Prozent pro Monat des vorzeitigen Rentenbeginns abgezogen – höchstens 10,8 Prozent.

Steht der Rentenanspruch fest, den Verstorbene erreicht hatten oder dank der Zurechnungszeit erreicht hätten, sind zwei weitere Fragen für die Ermittlung der Rentenhöhe wichtig:

HÄTTEN SIE'S GEWUSST?

Hat Ihr verstorbener Partner bereits seine Alters- oder eine Erwerbsminderungsrente bezogen, können Sie innerhalb von 30 Tagen nach seinem Tod einen **Vorschuss auf die Witwenrente** beantragen.

Diesen Antrag stellen Sie beim **Rentenservice der Post**: Das funktioniert online über die Seite deutschepost.de/rentenservice, telefonisch erreichbar unter 02 21/5 69 24 44.

Als Vorschuss für die Hinterbliebenenrente erhalten Sie **das Dreifache** der für den Sterbemonat gezahlten Rente. Der Vorschuss wird auf spätere Leistungen des Rentenversicherers angerechnet.

HÄTTEN SIE'S GEWUSST?

Eine Witwenrente gibt es nicht für jedes Paar:

Die Heirat muss im Regelfall **mindestens ein Jahr** zurückliegen, sonst gibt es keine Rente. Ausnahmen sind möglich, etwa wenn der Partner überraschend bei einem Unfall verstorben ist.

Der Verstorbene muss den Anspruch für eine eigene Rente erfüllt haben. Dafür muss er mindestens fünf Versicherungsjahre vorweisen. Nur in Ausnahmefällen, beispielsweise nach einem Arbeitsunfall, besteht der Rentenanspruch auch bei einer kürzeren Versicherungszeit.

Eigenes Einkommen wird auf die Witwenrente angerechnet. Es gibt einen Freibetrag von rund **903 Euro** monatlich in West- und **884 Euro** in Ostdeutschland, für Kinder gibt es einen Zuschlag. Wird der Freibetrag überschritten, wird die Witwenrente anteilig gekürzt.

▶ Hat der hinterbliebene Partner Anspruch auf die große oder die kleine Witwenrente?
▶ Gilt das alte oder das neue Rentenrecht?

Die Antworten auf diese Fragen können finanziell eine Menge ausmachen:

Beispiel: Für den verstorbenen Hannes wird ein Rentenanspruch in Höhe von 1400 Euro ermittelt. Würde seine Frau eine große Witwenrente nach altem Recht bekommen, erhielte sie brutto 840 Euro im Monat. Die kleine Witwenrente nach neuem Recht würde gerade einmal 350 Euro brutto im Monat bringen.

Wer bekommt die große Rente?

Anspruch auf die große Witwenrente haben Sie, wenn Sie in dem Jahr, in dem Ihr Ehepartner stirbt, eine bestimmte Altersgrenze (siehe Tabelle „Große Witwenrente", S. 67) bereits erreicht haben, also mindestens zwischen 45 und 47 Jahre alt sind.

Auch wenn Sie selbst erwerbsgemindert oder nach dem bis Ende 2000 geltenden Recht berufs- oder erwerbsunfähig sind, steht Ihnen die große Rente zu. Das gilt – unabhängig vom Alter – auch, solange Sie ein eigenes Kind oder ein Kind des verstorbenen Ehepartners erziehen, das noch keine 18 Jahre alt ist. Kümmern Sie sich um ein behindertes Kind, spielt das Alter für die Zuordnung keine Rolle (siehe Grafik rechts).

Erfüllen Sie eine der Voraussetzungen, stehen Ihnen als Witwe oder Witwer 55 oder

Welche Witwenrente erhalten Sie?

Bekommen Sie 60, 55 oder 25 Prozent der Rente Ihres Partners? Das hängt unter anderem vom Alter oder vom Heirats- und Todesjahr ab. Ein weiteres Kriterium ist, ob Sie Kinder erziehen oder nicht.

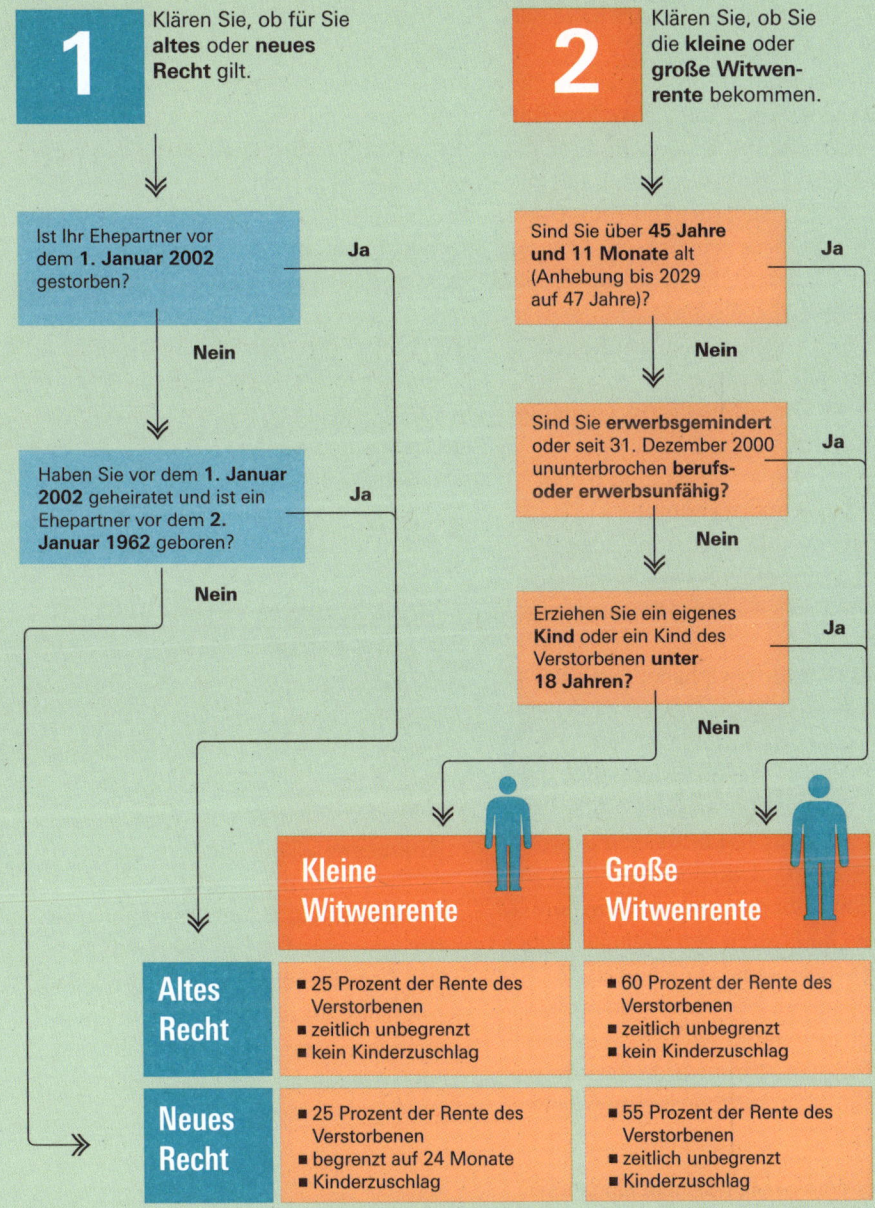

60 Prozent der Rente zu, auf die Ihr verstorbener Partner Anspruch gehabt hätte oder die er bereits bezogen hat.

Der Unterschied – ob 55 oder 60 Prozent – basiert darauf, dass es Anfang 2002 eine Gesetzesreform bei der Hinterbliebenenversorgung gab. Wer unter das alte Recht fällt, hat Anspruch auf 60 Prozent, wer unter das neue Rentenrecht fällt, nur noch auf 55 Prozent der Rentenansprüche des Partners.

Doch für wen gilt das alte, wann das neue Recht? Das alte Recht gilt,
▸ wenn der Ehepartner bereits vor dem 1. Januar 2002 gestorben ist, oder
▸ wenn der Ehepartner zwar nach dem 31. Dezember 2001 gestorben ist, das Paar aber vor dem 1. Januar 2002 geheiratet hat und einer der beiden Ehepartner vor dem 2. Januar 1962 geboren ist.

Beispiel: Ricardo – wir haben ihn auf S. 22 vorgestellt – wurde am 31. März 1960 geboren. Er hat seine Frau Stefania am 15. Juni 1996 geheiratet. Stefania ist kürzlich nach längerer Krankheit gestorben.

Auch wenn ihr Tod nicht allzu lange zurückliegt, fällt Ricardo noch unter das alte Recht. Ihm steht die große Witwerrente in Höhe von 60 Prozent von Stefanias bisher erworbenen Rentenansprüchen zu.

Zum Vergleich: Hätten die beiden erst im Jahr 2009 geheiratet, würde das neue Rentenrecht gelten. Dann würde Ricardo nur 55 Prozent als große Witwenrente beziehen.

Immerhin erhalten Witwen und Witwer nach neuem Recht aber noch einen Kinderzuschlag zur Hinterbliebenenrente. Wenn für sie Zeiten der Kindererziehung bis zum vollendeten dritten Lebensjahr eines Kindes anerkannt wurden, erhalten sie in Westdeutschland bis Ende Juni 2022 bei der großen Witwenrente monatlich 68,37 Euro Zuschlag für das erste Kind, für jedes weitere 34,19 Euro. Bei der kleinen Witwenrente sind es 31,08 Euro für das erste und 15,40 Euro für jedes weitere Kind. In Ostdeutschland gelten folgende Zuschläge: bei der großen Witwenrente 66,93 Euro monatlich für das erste Kind und 33,47 Euro für jedes weitere Kind. Bei der kleinen Witwenrente sind es 30,42 Euro monatlich für das erste und 15,21 Euro im Monat für jedes weitere Kind.

→ **Mehr im ersten Vierteljahr**

In den ersten drei Monaten nach dem Monat, in dem der Versicherte gestorben ist, erhalten Hinterbliebene grundsätzlich 100 Prozent der Rente, auf die der Verstorbene bis zu dem Zeitpunkt Anspruch hatte. In diesem „Sterbevierteljahr" spielt es auch keine Rolle, ob und in welcher Höhe Hinterbliebene eigene Rentenansprüche oder eigenes Einkommen haben. Das Einkommen wird in dieser ersten Zeit nicht auf die Hinterbliebenenrente angerechnet. Das ändert sich erst nach Ablauf des Sterbevierteljahrs.

Die Altersgrenzen für die „große Witwenrente"

Bis Ende 2011 konnten Hinterbliebene die „große Witwenrente" bekommen, wenn sie beim Tod des Ehepartners mindestens 45 Jahre alt waren. Seit 2012 steigt diese Grenze stufenweise auf 47 Jahre an, 2022 liegt sie bei 45 Jahren und elf Monaten.

Todesjahr des Versicherten	Neue Altersgrenze	Todesjahr des Versicherten	Neue Altersgrenze
2012	45 Jahre und 1 Monat	2021	45 Jahre und 10 Monate
2013	45 Jahre und 2 Monate	2022	45 Jahre und 11 Monate
2014	45 Jahre und 3 Monate	2023	46 Jahre
2015	45 Jahre und 4 Monate	2024	46 Jahre und 2 Monate
2016	45 Jahre und 5 Monate	2025	46 Jahre und 4 Monate
2017	45 Jahre und 6 Monate	2026	46 Jahre und 6 Monate
2018	45 Jahre und 7 Monate	2027	46 Jahre und 8 Monate
2019	45 Jahre und 8 Monate	2028	46 Jahre und 10 Monate
2020	45 Jahre und 9 Monate	ab 2029	47 Jahre

Quelle: Deutsche Rentenversicherung

Einkommen kann Rente drücken

Die große Witwenrente wird unbefristet bezahlt – egal, ob das alte oder das neue Recht gilt. Nach Ablauf des Sterbevierteljahrs kann jedoch eigenes Einkommen wie auch bei der kleinen Witwenrente dazu führen, dass die Leistung gekürzt wird.

Das Einkommen wird zwar nicht komplett angerechnet, aber zum Teil: Ist ein Witwer oder eine Witwe selbst berufstätig, wird beispielsweise das Gehalt aus einer angestellten Beschäftigung nach Abzug eines Freibetrags zu 40 Prozent angerechnet. Der Freibetrag liegt Anfang 2022 bei 902,62 Euro in Westdeutschland und bei 883,61 Euro in Ostdeutschland.

Haben Sie Kinder, die einen Anspruch auf Waisenrente haben, steigt der Freibetrag noch etwas an: um 191,46 Euro monatlich in Westdeutschland und 187,43 Euro monatlich in Ostdeutschland.

Wenn Sie Einkommen oberhalb der jeweiligen Freibeträge erzielen, rechnet die Rentenkasse in mehreren Schritten, um die tatsächliche Höhe der Witwenrente zu ermitteln. Sie benötigt im ersten Schritt die Bruttowerte Ihrer Einkommen. Davon zieht sie dann pauschale Prozentsätze ab, um ein Nettoeinkommen zu bestimmen, das dem tatsächlichen nahe kommt:

Beispiel: Mila hat keine Kinder und wohnt in Hannover. Sie erhält im Monat

Wer kennt sich aus?

Ihre Hinterbliebenenrente müssen Sie beantragen. Den Antrag müssen Sie nicht allein ausfüllen: Holen Sie sich Unterstützung in einer Beratungsstelle der Deutschen Rentenversicherung. Die Beratung ist kostenlos. Termine vereinbaren Sie unter deutsche-rentenversicherung.de oder telefonisch (08 00/10 00 48 00). Hier können Sie auch klären, welche Auswirkungen beispielsweise Ihr Einkommen aus angestellter oder selbstständiger Tätigkeit auf die Höhe der Rente hat und wie Sie es gegenüber dem Rentenversicherungsträger anzeigen müssen. Nutzen Sie das Beratungsangebot auch bei Fragen zu Ihrer eigenen Alters- oder Erwerbsminderungsrente haben. Weitere Unterstützung erhalten Sie in Ratgebern der Stiftung Warentest, zum Beispiel im „Finanzplaner 60+" sowie in „Meine Rente", beide erhältlich unter test.de/shop.

700 Euro Witwenrente und verdient 2 500 Euro brutto. Da sie in den westlichen Bundesländern lebt, steht ihr – Stand Anfang 2022 – ein Freibetrag von knapp 903 Euro im Monat zu. Einkommen in dieser Höhe wird nicht auf die Witwenrente angerechnet. Um die tatsächliche Rentenhöhe zu ermitteln, kürzt der Rentenversicherer ihren Bruttoverdienst zunächst pauschal um 40 Prozent für Steuern und Sozialabgaben. Es ergibt sich ein „nettoisiertes" Einkommen von 1 500 Euro. Davon wird der aktuell geltende Freibetrag abgezogen (1 500 Euro minus 903 Euro). Übrig bleiben 597 Euro. 40 Prozent von diesem Betrag rechnet der Rentenversicherer auf die Hinterbliebenenrente an, sodass Milas Rente um rund 239 Euro gekürzt wird. Von der Witwenrente bleiben ihr letztlich nur rund 461 Euro im Monat.

Hätte sie nur ein Monatsbrutto von 1 600 Euro, würde der Rentenversicherer ebenfalls zunächst 40 Prozent davon abziehen. Übrig blieben im ersten Schritt 960 Euro nettoisiertes Einkommen. Nach Abzug des Freibetrags von 903 Euro blieben 57 Euro. 40 Prozent von diesem Wert – knapp 23 Euro – zöge der Rentenversicherer von der Witwenrente ab, sodass Mila am Ende rund 677 Euro Witwenrente monatlich erhielte.

Wäre Mila bereits älter und bezöge zum Beispiel seit 2015 eine eigene Altersrente in Höhe von 1 400 Euro, müsste sie auch dann eine Kürzung der Witwenrente hinnehmen. In dem Fall würde die Rentenkasse pauschal 14 Prozent von ihrer Bruttorente abziehen, um ihr Nettoeinkommen zu bestimmen. Die so ermittelten 1 204 Euro übersteigen den monatlichen Freibetrag von 903 Euro um 301 Euro. 40 Prozent davon – das wären etwa 120 Euro – zöge der Rentenversicherer dann von Milas Witwenrente ab.

Stiftung Warentest | Sichere Einnahmen

Selbst ein Minijob kann sich auswirken

Eventuell überlegen Sie nun, dass Sie mit einem Minijob neben der Witwenrente auf der sicheren Seite stehen – schließlich liegen die Freibeträge für eigenes Einkommen deutlich über 450 Euro im Monat, sodass der Verdienst im Minijob kein Problem sein sollte. Das stimmt auch – jedoch nur unter der Voraussetzung, dass Sie kein weiteres Einkommen, etwa in Form einer eigenen Altersrente, haben. Wenn Sie hingegen bereits eine eigene Altersrente beziehen, werden diese Rente und der Verdienst aus dem Minijob addiert. Liegt die Summe dann über dem aktuell geltenden Freibetrag von rund 903 Euro beziehungsweise 883 Euro im Monat, wird Ihre Witwenrente gekürzt.

> ❝ **Nach altem Recht werden Betriebsrenten, Kapital- und Mieteinkünfte nicht auf den Freibetrag für die Witwenrente angerechnet, nach neuem Recht schon.**

Neben einer eigenen Altersrente und eigenem Verdienst werden auch weitere Posten auf die Hinterbliebenenrente angerechnet, zum Beispiel Arbeitslosengeld I und Elterngeld. Welche Einnahmen genau berücksichtigt werden, hängt wiederum davon ab, ob Sie unter das alte oder unter das neue Recht fallen. Nach altem Recht werden zum Beispiel Betriebsrenten, Kapital- und Mieteinkünfte nicht angerechnet, nach neuem Recht schon. Andere Posten wie Arbeitslosengeld II, Sozialhilfe oder Wohngeld sind aber auch nach neuem Recht außen vor.

„Kleine" Rente kann besonders klein werden

Eigenes Einkommen wird sowohl auf eine große als auch auf eine kleine Witwenrente angerechnet. Gut möglich, dass dann gerade von einer kleinen Rente sehr wenig übrig bleibt. Andererseits wird es kaum ohne eigenes Einkommen gehen, denn wie erwähnt, fällt die kleine Rente mit nur 25 Prozent abgeleitetem Rentenanspruch viel niedriger aus als die große. Die kleine Rente erhalten hinterbliebene Ehepartner, wenn sie die Altersgrenze für die große Witwenrente nicht erreichen, nicht erwerbsgemindert sind und kein Kind erziehen.

Beispiel: Sabrina ist 39 Jahre alt und hat keine Kinder. Ihr Mann ist 2021 im Alter von 47 Jahren gestorben. Der Rentenversicherungsträger ermittelt inklusive der Zurechnungszeit einen Rentenanspruch von 1 200 Euro für ihren Mann. Da er jedoch so jung gestorben ist, werden davon 10,8 Prozent abgezogen. Aus den verbleibenden 1 070,40 Euro wird der Rentenanspruch abgeleitet. Nach Ablauf des Sterbevierteljahres erhält Sabrina somit gerade einmal 267,60 Euro (25 Prozent von 1 070,40 Euro) Rente im Monat. Ermittelt der Rentenversicherer für sie ein Nettoeinkommen oberhalb des Freibetrags von rund 900 Euro monatlich, fällt die Rente noch niedriger aus.

Die kleine Witwenrente wird inklusive der drei Monate des Sterbevierteljahrs für maximal 24 Monate gezahlt, wenn das neue Rentenrecht gilt. Fallen Sie, beispielsweise weil der Termin Ihrer Hochzeit schon länger zurückliegt, noch unter das alte Recht, haben Sie den Vorteil, dass Sie auch die kleine Witwenrente unbefristet erhalten.

Bei der kleinen Rente muss es aber nicht auf Dauer bleiben: Haben Sie wegen Ihres Alters zunächst nur Anspruch auf die kleine Witwenrente, erreichen im Laufe der Rentenbezugszeit aber die Altersgrenze für die große Witwenrente (siehe Tabelle auf S. 67), können Sie diese noch nachträglich bekommen. Dafür müssen Sie bei der Deutschen Rentenversicherung den Antrag auf die große Witwenrente stellen. Behalten Sie den Zeitpunkt für den Wechsel im Auge, Die Zahlung wird nicht automatisch umgestellt.

→ **Sie wollen wieder heiraten?**
Wenn Sie nach dem Tod Ihres Partners erneut heiraten, endet der Anspruch auf eine Witwenrente. Sie können jedoch einmalig eine Abfindung auf die Rentenansprüche bekommen (siehe auch „Ein Blick nach vorn", S. 163). Informieren Sie sich in einer solchen Situation am besten bei einem Experten über Ihre Ansprüche, entweder kostenlos in einer Beratungsstelle der Deutschen Rentenversicherung oder bei einem freien Rentenberater.

Rentensplitting: Mögliche Alternative zur Witwenrente
Bleibt etwa durch den eigenen Verdienst kaum Witwenrente übrig, kann es im Einzelfall interessant sein, sich gegen die Witwenrente zu entscheiden und stattdessen das sogenannte „Rentensplitting" zu wählen (siehe auch Interview auf S. 60). Renten-

---

ⓘ **War Ihr Partner mehrmals verheiratet,** müssen Sie beachten, dass auch die Ex-Ehepartner Anspruch auf eine Hinterbliebenenversorgung haben können. In so einem Fall wird die Rente unter allen Anspruchsberechtigten aufgeteilt. Sie erhalten dann lediglich einen Anteil, der auf Grundlage der Dauer Ihrer Ehe ermittelt wird. Sind Sie in dieser Situation, kann es sinnvoll sein, wenn Sie sich etwa von einem Rentenberater fachliche Unterstützung holen.

splitting bedeutet vereinfacht gesagt, dass Ihnen keine monatliche Witwenrente ausgezahlt wird, sondern dass Ihrem eigenen Rentenkonto stattdessen ein Teil der von Ihrem Partner im Lauf der Ehe erworbenen Entgeltpunkte gutgeschrieben wird.

Entscheiden Sie sich für das Verfahren, werden Sie also im Ruhestand eine höhere Altersrente bekommen, haben aber automatisch keinen Anspruch mehr auf die Witwenrente.

Das Rentensplitting können Sie beim Rentenversicherer beantragen, wenn die Ehe erst nach dem 31. Dezember 2001 begonnen hat, oder bei früherer Trauung, wenn beide Partner nach dem 1. Januar 1962 geboren sind. Allerdings müssen einige weitere Bedingungen erfüllt sein. Denn normalerweise müssen beide Partner eine gemeinsame Erklärung abgeben, um das Rentensplitting – also die Aufteilung der in der Ehe erworbenen Entgeltpunkte – herbeizuführen. Diese Erklärung kann das Paar in der Regel aber erst abgeben, wenn beide Partner Anspruch auf eine Vollrente wegen Alters haben, also unter anderem die geforderte Wartezeit erfüllen und das Rentenalter erreicht haben.

Hat nur ein Partner Anspruch auf eine Vollrente wegen Alters, muss der andere zumindest die Altersgrenze für die Regelaltersrente erreicht haben. Außerdem müssen beide Partner zum Zeitpunkt der Erklärung 25 Jahre an rentenrechtlichen Zeiten auf ihrem Versicherungskonto haben.

Stirbt ein Partner früher, kann der Hinterbliebene versuchen, das Rentensplitting allein herbeizuführen, wenn bisher die Voraussetzungen für das Splitting noch nicht bestanden haben. Somit können also auch jüngere Versicherte von dieser Aufteilung der Ansprüche profitieren. Dafür müssen aber weitere Bedingungen erfüllt sein, etwa dass eine bestimmte Anzahl an „rentenrechtlichen Zeiten" vorliegen muss. Wie diese berechnet werden, ist etwas komplexer, es kommt auf den jeweiligen Einzelfall an. Trotzdem sollten Sie, wenn Sie sich das Verfahren vorstellen können und noch nicht allzu lange in die Rentenkasse eingezahlt haben, klären, ob das Splitting für Sie möglich ist.

> **Das Rentensplitting kann zum Beispiel für berufstätige Hinterbliebene mit einem eher hohen Einkommen interessant sein.**

Zeigt sich am Ende dieses Prüfverfahrens, dass es infrage kommt, stellt sich die Frage: Was ist auf Dauer günstiger – die Witwenrente und damit die sichere regelmäßige Einnahmequelle von jetzt an? Oder das Rentensplitting und damit die Sicherheit, im Alter die Hälfte der von Ihrem Partner in der Ehe erworbenen Entgeltpunkte zu bekommen? Die Entscheidung kann je nach individueller Situation unterschiedlich ausfallen. Das Rentensplitting kann beispielsweise für eine berufstätige Hinterbliebene mit einem eher hohen eigenen Einkommen interessant sein.

Die Entscheidung, was Ihnen letztlich mehr bringt, kann eine knifflige Rechenaufgabe werden – dafür sollten Sie sich ausreichend Zeit nehmen. Sind Sie unsicher, können Sie auch zunächst die Witwenrente wählen. Für das Splittingverfahren müssen Sie sich erst im Laufe des ersten Jahres nach dem Tod des Partners entscheiden. Haben Sie sich aber einmal für das Splitting entschieden, können Sie nicht rückwirkend wieder zur Witwenrente wechseln.

→ Splitting plus Erziehungsrente

Auch wenn Sie Kinder haben, kann das Rentensplitting interessant sein: Verzichten Sie als überlebender Partner mit Kindern zugunsten des Splittings auf die Witwenrente, können Sie eine Erziehungsrente beziehen, bis der Nachwuchs volljährig ist. Die Erziehungsrente wird auf Basis Ihrer eigenen Rentenansprüche ermittelt, wie die folgende Abschnitt zeigt.

Erziehungsrente für Geschiedene

Die Erziehungsrente, die beim Splittingverfahren ins Spiel gekommen ist, kann auch für Sie infrage kommen, wenn Sie geschieden sind, Ihr Ex-Ehepartner gestorben ist und Sie noch ein gemeinsames Kind unter 18 erziehen. Für Kinder mit einer Behinderung gibt es keine Altersgrenze.

Die Erziehungsrente ist eine Art Ersatz für den Unterhalt des Ex-Partners. Sie soll Geschiedenen ermöglichen, sich nach dem Tod des früheren Partners verstärkt um die Erziehung der Kinder zu kümmern. Sie dürfen trotzdem weiterhin arbeiten, müssen aber je nach Einkommen mit Kürzungen der Erziehungsrente rechnen. Hier gelten die gleichen Freibeträge für einen Nebenverdienst wie für die Witwenrente.

Die Höhe der Erziehungsrente ergibt sich aus den eigenen bisher gesammelten Rentenansprüchen. Deshalb gilt zum Beispiel auch: Stirbt der Ex-Mann, muss die geschiedene Frau einen eigenen Rentenanspruch haben, wenn sie eine Erziehungsrente für die gemeinsamen Kinder bekommen will. Sie muss also bis zum Tod ihres Ex-Partners die allgemeine Wartezeit von fünf Jahren erfüllt haben. Die Höhe der Erziehungsrente für die Frau ist so hoch, wie ihre Rente wegen voller Erwerbsminderung ausfallen würde. Es ist unerheblich, ob ein Kind zur Familie gehört oder mehrere Kinder.

Wichtig noch: Liegt die Scheidung schon sehr lange zurück – war sie vor dem 1. Juli 1977 –, können Sie wiederum Anspruch auf eine Witwenrente haben. Könnte das für Sie infrage kommen, erkundigen Sie sich bei der Deutschen Rentenversicherung nach möglichen Ansprüchen.

Witwen- und Waisengeld: Für Angehörige von Beamten

Ehe- und Lebenspartnern von Beamten steht mit dem Witwengeld ebenfalls eine Hinterbliebenenversorgung zu. Die Bedingungen dafür ähneln denen der Witwenrente.

Ob Lehrer, Polizistin oder Beamtin in der Kommunalverwaltung: Der Dienstherr hat für seine Beamten eine Fürsorgepflicht. Das bedeutet, dass er nicht nur für die angemessene Besoldung im aktiven Dienst sorgen muss, sondern auch für die finanzielle Absicherung im Ruhestand in Form des Ruhegeldes, eher bekannt unter dem Namen Pension.

Sterben Beamte – egal ob im aktiven Dienst oder im Ruhestand –, geht der Versorgungsauftrag grundsätzlich mit auf die Familie über. Den Kindern und dem Ehebeziehungsweise eingetragenen Lebenspartner stehen dann verschiedene Leistungen zu. An erster Stelle ist das Witwen- beziehungsweise Witwergeld zu nennen. Als Ehe- oder eingetragener Lebenspartner haben Sie Anspruch darauf, wenn die oder der Verstorbene eine Dienstzeit von mindestens fünf Jahren erfüllt hatte und die Ehe mindestens ein Jahr bestanden hat.

Als Empfänger von Witwengeld erwerben Sie zudem den Anspruch auf Beihilfe zu Gesundheitsleistungen (siehe auch „Wichtig für Privatpatienten", S. 143).

Wie hoch ist das Witwengeld?

Geht es um die Höhe des Anspruchs, zeigen sich Parallelen zur Hinterbliebenenrente aus der gesetzlichen Rentenversicherung. Denn die Höhe des Witwengeldes hängt unter anderem vom Alter der Partner und vom Zeitpunkt der Eheschließung ab: Falls die Ehe nach dem 31. Dezember 2001 geschlossen wurde oder falls beide Partner ab dem 2. Januar 1962 geboren wurden, beläuft es sich auf 55 Prozent des Ruhegehalts, das der Verstorbene bereits erhalten hat oder hätte erhalten können, wenn er am Todestag in den Ruhestand gegangen wäre. Für Kindererziehung können Sie eventuell noch einen Zuschlag erhalten.

Wurde die Ehe früher geschlossen oder wurde einer der Partner bis einschließlich 1. Januar 1962 geboren, sind es 60 Prozent. Einen Kinderzuschlag gibt es dann nicht.

Waren Verstorbene bereits in Pension, lässt sich das Witwengeld leicht anhand des bereits gezahlten Ruhegehalts ableiten. Aufwendiger ist die Rechnung, wenn sie noch aktiv im Dienst standen. Dann muss zunächst eine fiktive Pension für die Verstorbenen ermittelt werden. Beim Tod in jüngeren Jahren berücksichtigt das Versorgungsamt dabei – ähnlich wie die gesetzliche Rentenversicherung bei der Witwenrente – eine Zurechnungszeit. Durch sie wird der Pensionsanspruch hochgerechnet.

Für das Witwengeld gibt es eine Untergrenze, weniger dürfen Hinterbliebene nicht bekommen. Die Bestimmungen, wie diese Untergrenze ermittelt wird, sind für Bundesbeamte und auch in den meisten Bundesländern gleich. Doch es gibt einzelne Ausnahmen, sodass Sie sich im Zweifelsfall direkt bei der für Sie zuständigen Stelle erkundigen sollten. Bis zur Untergrenze kann das Witwengeld unter bestimmten Voraussetzungen gekürzt werden, zum Beispiel, wenn die Ehe noch keine fünf Jahre gedauert hat oder wenn zwischen Hinterbliebenen und Verstorbenen ein Altersunterschied von mehr als 20 Jahren bestand und aus der Ehe kein Kind hervorgegangen ist.

Auf das Witwengeld wird eigenes Einkommen angerechnet, mit Ausnahme einer eigenen Rente aus der gesetzlichen Rentenversicherung. Das Ergebnis wird je nach Einzelfall ermittelt, sodass Ihnen die Versorgungsleistungen eventuell gekürzt werden. Sicher ist aber, dass etwa eine Ehefrau nach dem Tod des Partners trotz eigenen Einkommens oder trotz eigener Pension mindestens 20 Prozent des Witwengeldes behält. Unter diesen sogenannten Mindestbelassungsbetrag darf das Witwengeld nicht rutschen.

Keine „Versorgungsehe"

Die Zahlung des Witwengeldes ist an einige Voraussetzungen geknüpft, zum Beispiel daran, dass die Ehe mindestens ein Jahr bestanden hat. Lag die Hochzeit noch nicht so lange zurück, sind die Hinterbliebenen in der Beweispflicht zu verdeutlichen, dass es sich nicht um eine „Versorgungsehe" handelte, sondern dass der Tod des Partners tatsächlich nicht vorauszusehen war.

Ausgeschlossen ist das Witwengeld auch, wenn die Ehe erst geschlossen wurde, nachdem der Beamte in den Ruhestand gegangen ist und zu dem Zeitpunkt 65 Jahre oder älter war. In diesem zweiten Fall kann Ihnen aber ein Unterhaltsbeitrag gewährt werden.

Ihnen wird Witwengeld verweigert, obwohl Sie es erwartet hatten? Oder das Witwengeld wurde gekürzt? Wenn Sie unsicher sind, ob diese Entscheidung rechtens ist, sollten Sie sich Expertenhilfe suchen, etwa über eine Rechtsanwältin oder einen Anwalt mit Erfahrung im Versorgungsrecht oder den Deutschen Beamtenbund.

Zum Glück nicht allein
Ablenkung kann helfen – ganz gleich, ob Schach mit dem Enkel, der Besuch des besten Freundes oder Engagement im Ehrenamt.

Dieser hat zwar die Höhe des Witwengeldes, doch darauf wird eigenes Erwerbseinkommen angerechnet.

Damit Sie Ihr Geld bekommen, wenden Sie sich an das zuständige Versorgungsamt. Dort erfahren Sie genau, welche Unterlagen Sie einreichen müssen und welches Formular auszufüllen ist. Sie werden zum Beispiel die Heiratsurkunde sowie gegebenenfalls Unterlagen über Ihr eigenes Einkommen und über mögliche Hinterbliebenenrenten einreichen müssen, damit die Höhe der Versorgungsbezüge ermittelt werden kann.

Weitere Leistungen zur Unterstützung der Familie

Auch minderjährige Kinder haben nach dem Tod von Vater oder Mutter Anspruch auf Hinterbliebenenversorgung. Halbwaisen erhalten 12 Prozent, Vollwaisen 20 Prozent des Ruhegehalts, das Eltern bereits erhalten haben oder das sie hätten erhalten können.

Im Normalfall fließt das Waisengeld bis zum 18. Geburtstag, doch es kann auf Antrag länger fließen – bis zum Abschluss der Berufsausbildung, höchstens aber bis zum 27. Geburtstag.

Ist der überlebende Elternteil einer Halbwaise nicht witwengeld- oder witwergeldberechtigt, wird den Kindern ein Vollwaisengeld gezahlt. Wichtig dabei: Insgesamt dürfen Witwen- und Waisengeld nicht höher sein als die Pension des verstorbenen Partners beziehungsweise Elternteils. Sind die Zahlungen höher, werden die Leistungen für die Hinterbliebenen anteilig gekürzt.

Hinterbliebene von Beamten erhalten dazu noch eine weitere Unterstützung: das sogenannte Sterbegeld. Das bedeutet, dass Angehörige eine Einmalzahlung in Höhe des Doppelten der monatlichen Dienstbezüge oder der Pension bekommen, wenn ein Beamter oder Pensionär stirbt. Außerdem können sie die vollen Dienstbezüge beziehungsweise die Pension im Sterbemonat behalten.

Zusätzliche Vorsorge: Weitere Renten im Überblick

Private Vorsorgeverträge wie Riester- oder Betriebsrente dienten vermutlich in erster Linie der finanziellen Absicherung im Alter. Doch auch für Hinterbliebene können sie eine Hilfe sein.

→ **Alternativ oder ergänzend** zur gesetzlichen Rente oder dem Witwengeld können Ihnen eventuell weitere regelmäßige Einnahmen zustehen. Wenn der verstorbene Ehe- oder Lebenspartner etwa als Apotheker, Arzt, Steuerberater oder Rechtsanwalt gearbeitet hat, hat er Vorsorgebeiträge an ein berufsständisches Versorgungswerk gezahlt. Mehr als eine Million Angehörige der sogenannten kammerfähigen freien Berufe sorgen über ein solches Versorgungswerk für das Alter oder den Fall der Erwerbsminderung vor. Sollten sie sterben, haben ihre Hinterbliebenen ebenfalls Anspruch auf eine Versorgung. Die jeweiligen Bedingungen für und die Höhe der Leistung legen die einzelnen Versorgungswerke in ihren Satzungen fest.

Für Angehörige von Angestellten, von Beamten oder auch von Selbstständigen können zudem Leistungen aus privaten Vorsorgeverträgen fließen. Das gilt sowohl für Verträge mit staatlicher Förderung wie Betriebs- oder Riester-Renten als auch für solche Verträge ohne Förderung. Ob Ehe- oder Lebenspartner oder auch Kinder aber tatsächlich Leistungen erhalten, hängt vor allem von der Vertragsart ab und von besonderen Vereinbarungen je nach Einzelfall. Grundsätzlich gilt, dass Ersparnisse, die etwa in der staatlich geförderten betrieblichen oder Riester-Vorsorge stecken, meist zumindest zum Teil Familienangehörigen zugute kommen können.

Betriebliche Vorsorge

In der betrieblichen Vorsorge ist oft ein Hinterbliebenenschutz eingeschlossen, von dem nächste Angehörige profitieren. So ist etwa in der Zusatzversorgung für Beschäftigte im Öffentlichen Dienst eine Hinterbliebenenrente für Ehe- oder Lebenspartner und für Kinder vorgesehen. Eine hinterbliebene Ehefrau hat so lange Anspruch auf die Zusatzversorgung, wie sie auch Anspruch auf die gesetzliche Witwenrente hat.

Die Höhe der Zusatzleistungen orientiert sich an den Regelungen zur gesetzlichen Rente, sodass es beispielsweise eine Rente nach altem und nach neuem Recht gibt und eine große und eine kleine Witwenrente – unter anderem abhängig vom Alter und vom Termin der Hochzeit. So könnte zum Beispiel die Ehefrau einer Verstorbenen, die noch im Berufsleben stand, eine große Witwenrente nach neuem Recht bekommen, wenn das Paar 2018 geheiratet hat und eine gemeinsame Tochter hatte.

Der Witwe stehen dann 55 Prozent der Betriebsrente zu, die ihrer Partnerin zugestanden hätte, wenn sie wegen voller Erwerbsminderung vorzeitig aus dem Berufsleben ausgeschieden wäre. Der gemeinsamen Tochter steht eine Halbwaisenrente in Höhe von 10 Prozent zu. In Summe dürfen die Hinterbliebenenrenten aber nicht höher sein als die Betriebsrente, die sich für die verstorbene Person ergeben hätte.

Wäre die verstorbene Partnerin schon im Ruhestand gewesen, würde der Rentenanspruch von der ausgezahlten Betriebsrente abgeleitet. Je nach Vorsorgevertrag bieten Pensionskassen, Versicherer oder Pensionsfonds weitere Varianten für den Hinterbliebenenschutz an. So kann sich je nach Ausgestaltung der Vereinbarungen aus der betrieblichen Vorsorge eine einigermaßen ordentliche Zusatzeinnahme für Sie als Angehörige ergeben.

Alternativ zu einer Hinterbliebenenrente kann beispielsweise eine Beitragsrückgewähr für den Tod vor Auszahlungsbeginn vereinbart sein, durch die die nächsten Angehörigen zumindest einen Teil der geleisteten Beiträge erhalten.

Bezog der verstorbene Partner bereits eine Betriebsrente, können Sie weiter Zahlungen erhalten, wenn eine entsprechende Rentengarantiezeit vereinbart wurde und diese noch nicht abgelaufen ist.

Informieren Sie auch den Anbieter der betrieblichen Vorsorge zeitnah über den Tod Ihres Partners. Schauen Sie in die jeweiligen Vertragsbedingungen, um wichtige Fristen nicht zu verpassen, und warten Sie dann auf weitere Anweisungen, etwa dazu, welche Unterlagen einzureichen sind.

Geld aus Riester-Vorsorge

Grundsätzlich gilt beim Riester-Vertrag, dass der Ehe- oder eingetragene Lebenspartner beim Tod des Sparers vor Rentenbeginn – also in der Ansparphase – das Ersparte bekommen kann, ohne die Förderung zurückzuzahlen. Dazu müssen Sie aber die bisherigen Ersparnisse auf einen eigenen Riester-Vertrag übertragen. Diesen Vertrag können Sie speziell zu diesem Zweck abschließen. Für die Übertragung des Riester-Vermögens spielt es übrigens keine Rolle, ob Sie selbst überhaupt einen Anspruch auf die staatliche Riester-Förderung haben oder nicht.

Sind Sie bereits im Rentenalter, bekommen Sie aus diesem übertragenen Riester-Vermögen sofort eine lebenslange, steuerpflichtige Rente. Sind Sie noch nicht alt genug, beginnt die Auszahlung erst mit Ihrem eigenen Rentenbeginn.

Haben Sie bereits einen eigenen Riester-Vertrag, ist es zwar grundsätzlich möglich, dass Sie das Vermögen der Verstorbenen dorthin übertragen. Allerdings haben sich immer wieder Leser und Leserinnen bei Finanztest gemeldet, die von Schwierigkeiten mit der Übertragung berichteten. Kommt Ihnen der Anbieter hier nicht entgegen, kann es sein, dass Ihnen nur die Möglichkeit bleibt, einen neuen Vertrag abzuschließen. Auch hier kann es aber zu Problemen kommen, etwa wenn der Anbieter gar keine Riester-Neuverträge mehr abschließt.

> **Entscheiden Sie sich für die Auszahlung des Riester-Ersparten, ist der ausgezahlte Wert erbschaftsteuerpflichtig.**

Wollen Sie keine Riester-Rente, sondern die Ersparnisse Ihres Partners oder Ihrer Partnerin lieber direkt zurück? Dann können Sie sich das Geld auf einen Schlag auszahlen lassen. Allerdings erhalten Sie dann nicht das gesamte Ersparte, sondern nur das, was nach Abzug der staatlichen Förderung von der Auszahlung übrig bleibt. Die Zulagen und Steuervorteile, die der Sparer in Anspruch nehmen konnte, fallen also weg. Überlegen Sie gut, ob Sie darauf tatsächlich verzichten wollen.

Entscheiden Sie sich für die Auszahlung, ist der ausgezahlte Wert erbschaftsteuerpflichtig, Steuern können also fällig werden, sobald Ihr Steuerfreibetrag – 500 000 Euro für Ehe- und Lebenspartner – ausgeschöpft ist. Kapitalertragsteuer fällt aber nicht an.

Hatte der Verstorbene vor seinem Tod bereits die Auszahlphase erreicht – floss also schon die Riester-Rente –, kann eventuell ebenfalls für Sie etwas von den Ersparnissen übrig sein: Läuft noch eine Rentengarantiefrist, zahlt der Versicherer bis zu deren Ende weiter an die Erben aus. Auch eine Einmalzahlung ist möglich. Die Förderung muss aber anteilig zurückgezahlt werden, es sei denn, der Ehepartner verwendet das Kapital für eine eigene Riester-Rente. Dafür muss das geförderte Altersvorsorgevermögen des verstorbenen Zulagenberechtigten direkt – also ohne Auszahlung und Wiedereinzahlung – auf einen zertifizierten Altersvorsorgevertrag des überlebenden Ehegatten oder Lebenspartners übertragen werden.

Hatte der Verstorbene eine Rentengarantie vertraglich vereinbart und fließen die Garantieleistungen nun unmittelbar in den zertifizierten Vertrag des Ehepartners, muss die Förderung nicht erstattet werden.

Bei Riester-Fondssparplänen und Riester-Banksparplänen läuft die Auszahlung ab Rentenbeginn manchmal über einen Auszahlplan. Das ist bis zum 85. Lebensjahr zulässig, ab dann ist eine lebenslange Rente vorgeschrieben. Ist nach dem Tod des Riester-Sparers im Auszahlplan noch Vermögen vorhanden, wird es unter den Erben aufgeteilt. Auch hier bekommen Ehepartner das Geld ohne Abzüge, sofern sie es für ihren Riester-Vertrag verwenden.

Hatte sich Ihr Partner für einen Wohn-Riester-Vertrag entschieden? Dann kommt es ebenfalls darauf an, ob er vor oder nach Rentenbeginn verstorben ist. Sie können beim Tod Ihres Ehepartners in der Ansparphase das Vermögen auf einem Wohnförderkonto übernehmen. Nach Rentenbeginn ist entscheidend, ob der Sparer die volle Steuer schon beglichen hatte. Falls nicht, müssen Erben ausstehende Steuerzahlungen ans Finanzamt überweisen.

Rürup-Vertrag: Erben gehen oft leer aus
Verglichen mit den Möglichkeiten bei Betriebs- und Riester-Rente sieht es für Hinterbliebene bei einer staatlich geförderten Rürup-Rente schlechter aus: Stirbt der Sparer in der Ansparphase, fällt das Kapital der Versichertengemeinschaft zu. Es sei denn, der Verstorbene hatte eine zusätzliche Hinterbliebenenrente vereinbart. Das ist allerdings eher teuer. Ohne Zusatzschutz endet der Vertrag mit dem Tod des Rürup-Sparers, die Erben gehen leer aus.

Ungünstig kann es für Sie ebenfalls sein, wenn Ihr verstorbener Partner bereits eine Rente aus dem Rürup-Vertrag bezog. Grundsätzlich ist dann für Sie keine Rentenzahlung aus dem Restvermögen vorgesehen, es sei denn, es lief noch eine vorab vereinbarte Rentengarantiezeit.

Private Rentenversicherung
Sehen Sie nach: Wie sieht der Vertrag genau aus? Auch bei privaten Rentenversicherungen ohne staatliche Förderung richtet es sich nach den jeweiligen Vertragsbedingungen, ob Angehörige nach dem Tod der Versicherten Geld bekommen oder nicht. Hier ist ebenfalls zu unterscheiden, ob Versicherte während der Ansparphase verstorben sind oder erst nach Beginn der Auszahlung.

Häufig wird bei Vertragsabschluss vereinbart, dass im Fall des Todes in der Ansparphase die eingezahlten Beiträge zurückgezahlt werden. Es kann auch sein, dass stattdessen das angesparte Kapital ausgezahlt wird.

Anders als etwa beim Riester-Vertrag dürfen bei einer Rentenversicherung ohne staatliche Förderung nicht nur Erben, sondern alle Personen, die im Vertrag als Bezugsberechtigte genannt sind, von der vereinbarten Leistung profitieren.

Auch ab Rentenbeginn kann noch Geld für die Hinterbliebenen ausgezahlt werden, wenn nämlich eine Garantiezeit vereinbart wurde und diese noch nicht abgelaufen ist.

→ **Geld aus Partnerpolice**
Sie und Ihr Partner hatten eine gemeinsame Rentenversicherung (Partnerversicherung) abgeschlossen? Dann kann vereinbart sein, dass die Rente bis zum Tod des länger Lebenden gezahlt wird. Schauen Sie sich alle laufenden Verträge an und prüfen Sie, was für Sie gilt. Fragen Sie im Zweifel bei der Versicherungsgesellschaft nach.

Lebensversicherung: Finanzpolster für Ihre Zukunft

Die Auszahlung aus einer Lebensversicherung hilft, finanziellen Druck zu mindern. Sie können das Geld auch so anlegen, dass Sie daraus dauerhaft eine Zusatzrente beziehen.

Eine einmalige Zahlung aus einer Lebensversicherung passt auf den ersten Blick nicht ganz in die Reihe der „regelmäßigen Leistungen", die wir in diesem Kapitel vorstellen. Doch die auf einen Schlag ausgezahlte Summe können Sie zum Beispiel nutzen, um sie in eine regelmäßige Zusatzeinnahme umzuwandeln.

Wenn Sie diesen Ratgeber in der Hand halten, haben Sie sich vermutlich bereits um die Auszahlung einer Risiko- oder Kapitallebensversicherung gekümmert – im besten Fall ist das Geld schon auf Ihrem Konto. Dann können Sie die Informationen auf den nächsten Seiten, auf denen es um das Beantragen der Leistungen geht, überspringen. Steigen Sie aber auf S. 83 wieder ein, wenn wir darüber informieren, wie Sie die ausgezahlte Summe über einen längeren Zeitraum nutzen können und wie lange das Geld in etwa reichen kann.

So erhalten Sie das Geld aus der Versicherung

Für alle Angehörigen, die noch keinen Kontakt zum Versicherer aufgenommen haben: Um an das Geld aus einer Risiko- oder Kapitallebensversicherung zu kommen, spielt der Faktor Zeit eine wichtige Rolle. Stirbt die über eine Lebensversicherung abgesicherte Person, müssen Sie den Versicherer unverzüglich, also ohne schuldhaftes Zögern informieren (siehe Interview „Nicht unnötig Zeit verlieren", S. 144). Dazu reicht im ersten Schritt zum Beispiel eine E-Mail. Wichtig ist, dass Sie nachweisen können, dass Sie die Nachricht abgeschickt haben. Es ist aber nicht nötig, diese erste Meldung per Einschreiben zu schicken.

Anschließend werden Sie im Normalfall vom Versicherungsunternehmen eine Rückmeldung erhalten, in der es Ihnen mitteilt, wie es nun weitergeht und welche Unterlagen Sie einreichen müssen, damit die vertraglich vereinbarte Versicherungssumme ausgezahlt werden kann. Meldet sich die Versicherungsgesellschaft nicht innerhalb weniger Tage zurück, haken Sie dort unbedingt nach.

Sie wissen gar nicht, ob Ihr Partner eine Lebensversicherung abgeschlossen hatte, und stellen es erst beim Sichten seiner Unterlagen fest? Dann melden Sie sich nach dem Fund der Papiere so schnell wie möglich beim Versicherer. Vermuten Sie, dass es eine Versicherung geben könnte, finden aber keine Unterlagen? Dann hilft es, wenn Sie sich die Kontounterlagen aus den letzten zwölf Monaten ansehen und nach Überweisungen an einen Versicherer suchen.

Die Versicherung wird das Geld an die Person oder die Personen auszahlen, die im Versicherungsschein als Bezugsberechtigte eingetragen sind. Das sind häufig Ehepartner, Lebensgefährten oder die Kinder der Verstorbenen. An die Angabe im Versicherungsschein müssen Versicherer sich auch dann halten, wenn die dort genannte Person gar nicht mehr zu den familiären Verhältnissen der Versicherten passte, erklärt Rechtsanwalt Arno Schubach im Interview auf S. 144.

Es kann auch sein, dass der Verstorbene gar keinen Bezugsberechtigten im Versicherungsschein angegeben hatte. Dann fällt die Versicherungssumme in die Erbmasse. Sie wird zusammen mit allen anderen Werten, die Verstorbene hinterlassen haben, entsprechend dem Erbanteil unter den Erben aufgeteilt.

Je nach Art der Versicherung und den vereinbarten Bedingungen fließt das Geld eventuell nicht an die Familie oder an nahe Angehörige. Hatte eine Verstorbene beispielsweise eine spezielle Risikolebensversicherung zur Absicherung eines Immobilienkredits – eine Restschuldversicherung – abgeschlossen, kann es sein, dass die Versicherung den restlichen Kredit direkt bei der Bank tilgt (siehe mehr dazu unter „Die Wohnungsfrage", S. 39).

Antrag und Unterlagen

Der Versicherer zahlt das Geld erst an den oder die Bezugsberechtigten aus, wenn diese die Auszahlung schriftlich beantragt haben. Zudem benötigt er einige Unterlagen, etwa eine beglaubigte Kopie der Sterbeurkunde und eine ärztliche oder amtliche Bescheinigung, aus der die Todesursache hervorgeht. Je nach Einzelfall verlangt der Ver-

Wer kennt sich aus?

Der Versicherer will nicht zahlen? Oder Sie sind unsicher, ob er überhaupt zahlen muss, etwa nach einem Suizid Ihres Partners? Da es bei den Lebensversicherungen häufig um größere Auszahlungen geht, suchen Sie sich bei Problemen unbedingt Unterstützung, etwa bei einem Fachanwalt für Versicherungsrecht, um Ihre Chancen auszuloten. Nutzen Sie zum Beispiel im Internet die Seite anwaltauskunft.de des Deutschen Anwaltvereins, um Experten für Ihr Anliegen zu finden.

Nur noch zu dritt
Fehlt ein Elternteil, kann die Auszahlung aus einer Risikolebensversicherung helfen, zumindest finanziell die Lücke zu schließen.

sicherer weitere Dokumente, etwa medizinische Unterlagen, wenn er Zweifel hat, dass beim Vertragsabschluss korrekte Angaben zum Gesundheitszustand gemacht wurden.

Die Hinterbliebenen müssen außerdem den Versicherungsschein – die Police – im Original einreichen. Finden sie sie nicht, füllen sie eine Verlustanzeige des Versicherers aus. Er wird ihnen dann den Verlust bestätigen, die ursprüngliche Police wird ungültig.

Im Normalfall sollte es möglich sein, dass das Geld innerhalb weniger Wochen nach dem Tod des Verstorbenen auf dem Konto der Bezugsberechtigten eingeht.

Wird Erbschaftsteuer fällig?

Haben Sie das Geld aus der Lebensversicherung erhalten, müssen Sie vermutlich nicht fürchten, dass Sie einen Teil der Summe als Erbschaftsteuer an das Finanzamt abgeben müssen.

Beispiel: Sabine ist im Alter von 50 Jahren gestorben. Ihr Mann André bekommt als Bezugsberechtigter 200 000 Euro aus der Risikolebensversicherung, die Sabine abgeschlossen hatte. Trotzdem muss André keine Erbschaftsteuer abführen. Denn für Ehepartner gilt bei Erbschaften ein Steuerfreibetrag von 500 000 Euro. Erst wenn also André mit zusätzlichen Werten, die er erbt, über diesen Freibetrag kommt, müsste er Erbschaftsteuer zahlen.

Auch Kinder haben übrigens gute Chancen, die ausgezahlte Lebensversicherung und andere Werte steuerfrei behalten zu können, denn für sie gilt bei Erbschaften und Schenkungen ein Freibetrag von 400 000 Euro. Mehr zu diesem Thema lesen Sie im Kapitel „Erbschaftsteuer" ab S. 88.

Ob die ausgezahlte Versicherungssumme überhaupt auf den Steuerfreibetrag angerechnet wird, richtet sich auch danach, wer den Vertrag abgeschlossen hat, wer die versicherte und wer die bezugsberechtigte Person ist.

Beispiel: Lisa hat einen Vertrag abgeschlossen, bei dem sie ihren Mann Marko als Bezugsberechtigten für den Fall ihres Todes eingesetzt hat. Damit ist Lisa versicherte Person und Versicherungsnehmerin in einem. Die Folge: Nach ihrem Tod rechnet das Finanzamt die ausgezahlte Summe auf Markos Freibetrag, der für die Erbschaftsteuer gilt, mit an.

Hätte hingegen Marko den Vertrag abgeschlossen und vereinbart, dass ihm im Fall von Lisas Tod eine bestimmte Summe ausgezahlt wird, ist er Versicherungsnehmer und Lisa die versicherte Person. Nach Lisas Tod bekommt Marko dann das Geld aus seinem eigenen Vertrag ausgezahlt, und es liegt kein Erbfall vor. Deshalb belastet die Auszahlung seinen Freibetrag nicht.

Die Auszahlung verbrauchen

Die gute Nachricht: So eine Auszahlung aus der Lebensversicherung kann über eine lange Zeit eine sehr große finanzielle Hilfe sein:

Beispiel: Nach Sabines Tod hat sich das Monatsbudget von Ehemann André und seinen zwei Kindern deutlich verändert. André arbeitet nur noch Teilzeit und verdient netto etwa 1400 Euro weniger als früher. Sabines Monatsnetto von 1200 Euro fehlt der Familie, allerdings fließen nun Witwer- und Waisenrente, insgesamt 800 Euro. Dem Witwer und seinen Kindern fehlen insgesamt etwa 1800 Euro im Monat im Vergleich zu früher.

Diese Lücke will der Familienvater – zumindest in den nächsten Jahren, bis er wieder Vollzeit arbeitet – mithilfe der 200 000 Euro aus der Risikolebensversicherung schließen, die er nach Sabines Tod ausgezahlt bekommen hat. Legt er die volle Summe zu einem Zinssatz von 1,5 Prozent an, könnte er immerhin 10 Jahre lang 1795 Euro monatlich entnehmen, ehe das Geld verbraucht ist (siehe Tabelle S. 85). Bei einem Zinssatz von 1 Prozent würden die 200 000 Euro für 9 Jahre und 8 Monate für monatliche Entnahmen von 1800 Euro reichen.

Steuerliche Aspekte sind bei dieser Berechnung nicht berücksichtigt, und auch keine kurzfristigen Notfälle oder Veränderungen der Entnahmeraten, etwa weil die Klassenfahrt der Kinder finanziert werden muss. Dennoch gibt das Beispiel zumindest eine grobe Orientierung davon, für welchen Zeitraum eine größere Summe beim Überbrücken helfen kann.

Wenn Sie wie im Beispiel das Geld aus der Versicherung für regelmäßige Ausgaben benötigen, etwa um die Monatsmiete zu zahlen oder die Raten für das Immobiliendarlehen zu tilgen, legen Sie das Geld oder zumindest einen Teil der ausgezahlten Summe so an, dass Sie regelmäßig und problemlos darauf zugreifen können. Möglich wäre, dass Sie zum Beispiel einen Teil auf das Tagesgeldkonto legen und darauf zugreifen, wenn Sie das Geld für Darlehen oder Miete benötigen.

Wollen Sie Risiken rund um die Geldanlage vermeiden, können Sie den Rest zum Beispiel auf einem Festgeldkonto parken. Endet die jeweilige Laufzeit, zum Beispiel nach einem Jahr, legen Sie wiederum einen Teil der frei werdenden Summe auf das Tagesgeldkonto, um wenn nötig kurzfristig

60 000 Euro für regelmäßige Zusatzeinnahme

Stehen Ihnen aus der Lebensversicherung 60 000 Euro zur Verfügung, können Sie 20 Jahre lang monatlich 289 Euro entnehmen, wenn Sie das Geld zu 1,5 Prozent anlegen.

Jahre	Monatlich zur Verfügung stehende Auszahlung (Euro) vor Steuern bei einem Zins (Prozent) von …								
	0,0	1,0	1,5	2,0	2,5	3,0	4,0	5,0	6,0
5	1000	1026	1038	1051	1064	1077	1103	1129	1156
10	500	526	538	552	565	578	605	633	661
15	333	359	372	386	399	413	442	471	501
20	250	276	289	303	317	332	361	392	424
25	200	226	240	254	268	283	314	347	381
30	167	193	207	221	236	252	284	318	354
35	143	169	183	198	214	230	263	299	336
40	125	152	166	181	197	213	248	285	324
Ewig	–	50	74	99	124	148	196	244	292

darüber verfügen zu können. Wie Sie gut verzinste Konten finden, fassen wir ab S. 124 im Abschnitt „Anlegen mit dem Wunsch nach absoluter Sicherheit" zusammen.

Sie benötigen einen Teil des Geldes jetzt für regelmäßige Alltagsausgaben, einen anderen Teil aber zum Beispiel voraussichtlich erst in zehn Jahren, etwa als Polster, um die Ausbildung der Kinder zu finanzieren? Dann kommen für die weitere Anlage verschiedene Wege infrage. Sichere Geldanlagen wie Tages- oder Festgeldkonto allein sind dann, besonders in Zeiten magerer Zinsen, nicht unbedingt der beste Weg. Gerade wenn das Geld sehr lange nicht benötigt wird – mindestens zehn, besser noch 15 Jah-

200 000 Euro für regelmäßige Zusatzeinnahme

Stehen Ihnen aus einer Lebensversicherung 200 000 Euro zur Verfügung, können Sie 20 Jahre lang 1 010 Euro entnehmen, wenn Sie das Geld mit 2 Prozent Zinsen anlegen.

Jahre	Monatlich zur Verfügung stehende Auszahlung (Euro) vor Steuern bei einem Zins (Prozent) von …								
	0,0	1,0	1,5	2,0	2,5	3,0	4,0	5,0	6,0
5	3 333	3 418	3 461	3 504	3 547	3 590	3 677	3 764	3 852
10	1 667	1 752	1 795	1 839	1 883	1 927	2 018	2 110	2 204
15	1 111	1 197	1 241	1 285	1 331	1 377	1 472	1 570	1 671
20	833	919	964	1 010	1 057	1 105	1 204	1 308	1 415
25	667	753	799	846	894	944	1 048	1 156	1 269
30	556	643	689	737	787	839	947	1 060	1 179
35	476	564	611	661	712	765	877	995	1 119
40	417	505	553	604	656	711	827	950	1 078
Ewig	-	166	248	330	412	493	655	815	974

re –, kann beispielsweise eine Investition in Fonds interessant sein. Hier eignen sich besonders börsengehandelte Indexfonds, sogenannte ETF („Exchange Traded Funds").

Die Stiftung Warentest hat mit den sogenannten Pantoffel-Portfolios Depot-Vorschläge entwickelt, wie Anleger sichere Geldanlagen mit renditestärkeren Fondsinvestments kombinieren können, ohne dabei ein allzu großes Risiko einzugehen. Mit diesen Vorschlägen können Sie größere Summen auf lange Sicht anlegen und wenn nötig auch wieder verbrauchen. Wie das funktioniert, stellen wir ausführlich im Kapitel „ETF und mehr: Anlegen mit etwas Risiko" ab S. 127 vor.

Mit dem Finanzamt rechnen

„Kommt eine große Steuerforderung auf mich zu?", fragen Sie sich vielleicht. Viele Ehepartner müssen keine Angst vor der Erbschaftsteuer haben. Trotzdem müssen Sie mit dem Finanzamt abrechnen. Wir helfen Ihnen dabei und zeigen, wie Sie auch in Zukunft Steuern sparen können.

Neben allen anderen organisatorischen Aufgaben wird Sie in der nächsten Zeit das Thema Steuern beschäftigen – und das gleich doppelt. Zum einen geht es um eine mögliche Erbschaftsteuer. Je nach Wert des Nachlasses kann das Finanzamt einen Teil davon einfordern. Erben Ehe- und Lebenspartner sowie Kinder, stehen allerdings oft die Chancen gut, das Erbe steuerfrei zu bekommen. Dafür sorgen diverse Steuerfreibeträge, durch die selbst größere Werte von Abzügen verschont bleiben.

Ein weiterer Punkt auf der To-do-Liste ist die Einkommensteuererklärung. Wenn Sie bisher immer gemeinsam als Paar die Steuererklärung eingereicht haben, wissen Sie in etwa, was auf Sie zukommt. Allerdings gelten gerade im Sterbejahr einige Besonderheiten. Von einigen dieser Regeln können Hinterbliebene profitieren, sodass die erste Abrechnung beim Finanzamt häufig sogar eine Erstattung bringen kann. Deshalb wird sich oftmals eine freiwillige Einkommensteuererklärung lohnen.

Mussten Sie bisher, zum Beispiel als Rentnerehepaar, keine Steuererklärung machen, sollten Sie im Blick haben, dass die Erklärung für Sie nun (erstmals) zur Pflicht werden kann. Das ist häufig der Fall, wenn etwa zum bisherigen Einkommen aus Erwerbstätigkeit Einkünfte aus einer Hinterbliebenenrente hinzukommen.

Auch die vor dem Tod erzielten Einkünfte des Verstorbenen können dafür sorgen, dass die Abrechnung beim Finanzamt Pflicht ist. Die Steuerpflicht endet zwar grundsätzlich mit dem Tod, doch wenn Verstorbene vorher beispielsweise Einkünfte aus Vermietung und Verpachtung erzielt haben und diese noch nicht besteuert wurden, muss dies noch gemacht werden: Erben sind per Gesetz verpflichtet, noch offene Einkommensteuererklärungen einzureichen, mindestens für den Zeitraum zwischen Jahresbeginn und dem Todestag, eventuell auch für Vorjahre. Alleinerben müssen sich als Rechtsnachfolger um die Steuererklärung kümmern. Bei Erbengemeinschaft bestimmen alle Erben ein Mitglied, das die Abgabe übernimmt.

Erbschaftsteuer: In der Familie oft keine Abzüge

Dank hoher Freibeträge entgehen Kinder, Ehe- und Lebenspartner oft der Erbschaftsteuer. Dennoch ist es Pflicht, dem Finanzamt eine Erbschaft zu melden.

→ **Das Auto, Ersparnisse,** ein Wertpapierdepot, das gemeinsame Haus: Stirbt der Partner, wechseln meist einige Vermögenswerte den Besitzer. Eine mögliche Sorge, die damit verbunden ist: Verlangt das Finanzamt für diese Vermögenswerte Erbschaftsteuer? Und im nächsten Schritt: Ist die Steuerforderung eventuell so groß, dass ich sie nicht ohne Weiteres begleichen kann? Muss ich dafür etwas verkaufen, obwohl ich das gar nicht will?

Wenn Sie verheiratet waren, sind diese Sorgen in sehr vielen Fällen unbegründet. Denn Ihnen stehen gegenüber dem Finanzamt große Steuerfreibeträge zu – nicht nur für Geld und Ersparnisse, sondern zusätzlich für Einrichtungsgegenstände oder auch das Auto.

An erster Stelle ist der Allgemeine Freibetrag zu nennen. Dieser liegt für Ehepartner bei 500 000 Euro. Mit anderen Worten: Selbst wenn Sie Ersparnisse und andere Güter im Wert von einer halben Million Euro erben, geht das Finanzamt leer aus.

> **Oft gehen zahlreiche Vermögenswerte an den Partner über, ohne dass das Finanzamt etwas davon verlangt.**

Hinzu kommt, dass der Wert einer Immobilie, die Sie vor dem Tod gemeinsam bewohnt haben, nicht auf diesen allgemeinen Freibetrag angerechnet wird – vorausgesetzt, Sie bewohnen das Haus noch mindestens zehn Jahre.

Ziehen Sie aber innerhalb der zehn Jahre aus und zum Beispiel in eine kleinere Wohnung, wird der Immobilienwert doch auf den allgemeinen Freibetrag von 500 000 Euro angerechnet, sodass eventuell noch Erbschaftsteuer fällig werden kann: eben dann, wenn der Wert des geerbten Immobilienanteils dafür sorgt, dass der allgemeine Freibetrag in Höhe von 500 000 Euro überschritten wird. Aber auch hier gibt es wiederum eine Ausnahme: Ziehen Sie innerhalb von zehn Jahren aus der Immobilie aus, etwa weil Sie pflegebedürftig werden, ist ein vorzeitiger Auszug doch ohne steuerliche Folgen möglich.

Weitere Freibeträge nutzen
Neben dem allgemeinen Freibetrag steht Ehepartnern der sogenannte Versorgungsfreibetrag für Erbschaften zu. Er liegt bei 256 000 Euro, mindert sich aber um den Kapitalwert von Hinterbliebenenrenten, zum Beispiel um den Wert Ihrer Witwenrente.

Ein weiterer Freibetrag in Höhe von 41 000 steht Ihnen für Hausrat zu, und noch einmal 12 000 Euro für weitere bewegliche Güter wie ein Auto oder ein Motorrad (siehe Tabelle S. 90).

Beachten Sie noch: Alles, was Ihnen gemeinsam gehört hat, zählt nicht voll gegenüber dem Finanzamt mit, sondern jeweils nur mit dem Anteil, der Ihrem verstorbenen Partner gehört hat. Auch deshalb stehen die Chancen gut, innerhalb der jeweiligen Freibeträge zu bleiben und ohne Erbschaftsteuer auszukommen.

Hatte der Verstorbene Schulden, die nach seinem Tod auf die Erben übergehen, werden diese voll vom Erbe abgezogen. Dabei kann es sich um Mietrückstände, unbezahlte Rechnungen oder Steuerschulden handeln. Voraussetzung ist, dass der Erbe durch die Verbindlichkeiten tatsächlich wirtschaftlich belastet wird. Ist hingegen zum Beispiel noch eine Grundschuld auf das geerbte Haus eingetragen, ist diese aber bereits voll zurückgezahlt, wird nichts vom Erbe abgezogen.

Letztlich gehen oft zahlreiche Vermögenswerte an den Partner über, ohne dass das Finanzamt etwas davon verlangt.

Freibeträge für Erbschaften und Schenkungen

Die Höhe des Steuerfreibetrags hängt vom Verwandtschaftsgrad ab.

Verwandtschaftsgrad	Allgemeiner Freibetrag (Euro)	Versorgungsfreibetrag [1] (Euro)	Freibetrag für Hausrat (Euro)	Freibetrag für andere Güter [2] (Euro)
Steuerklasse I				
Ehegatten, gesetzliche Lebenspartner	500 000	256 000	41 000	12 000
Kinder, Stiefkinder, Adoptivkinder, Kinder verstorbener Kinder	400 000	10 300 bis 52 000 [3]	41 000	12 000
Andere Enkel und Stiefenkel	200 000	0	41 000	12 000
Urenkel	100 000	0	41 000	12 000
Eltern, Groß- und Urgroßeltern [4]	100 000	0	41 000	12 000
Steuerklasse II				
Geschwister, Nichten und Neffen, Schwiegerkinder und -eltern, Stiefeltern, geschiedene Ehegatten, Partner einer aufgehobenen Lebenspartnerschaft	20 000	0	0	12 000 [5]
Steuerklasse III				
Onkel, Tanten, Lebensgefährten, Nachbarn, Freunde und andere	20 000	0	0	12 000 [5]

1) Gilt nur für Erbschaften, allerdings mindert sich der Versorgungsfreibetrag um den Kapitalwert von Hinterbliebenenrenten.
2) Zum Beispiel für Autos, Wohnmobile oder Boote; nicht für Goldbarren, Münzen, Briefmarken etc.
3) Kinder bis 5 Jahre 52 000 Euro, bis 10 Jahre 41 000 Euro, bis 15 Jahre 30 700 Euro, bis 20 Jahre 20 500 Euro, bis 27 Jahre 10 300 Euro.
4) Nur bei Erbschaften Steuerklasse I, bei Schenkungen Steuerklasse II mit den dort geltenden Freibeträgen.
5) Zusammengefasster Freibetrag für Hausrat, Wäsche, Bekleidung und andere bewegliche Güter.

Beispiel: Simona und Alex haben in ihrem gemeinsamen Haus gelebt, ehe Ehemann Alex bei einem Unfall gestorben ist. Sie hatten sich gegenseitig zu Alleinerben eingesetzt. Kinder haben sie bisher nicht. Das Haus hat einen Wert von 600 000 Euro, ein Darlehen von 300 000 Euro muss allerdings noch abgezahlt werden. Der gemeinsame Hausrat hat einen Wert von 80 000 Euro, das Auto von Alex einen aktuellen Wert von 8 000 Euro. Selbst wenn Simona nicht im Haus wohnen bleibt und der Anteil der Immobilie doch mit auf den allgemeinen Freibetrag angerechnet wird, bleibt sie insgesamt deutlich unter den Steuerfreibeträgen, das Finanzamt geht leer aus.

Erst wenn die Freibeträge ausgeschöpft sind, müssen Sie Erbschaftsteuer zahlen. Der Steuersatz richtet sich danach, um welchen Wert die Freibeträge überschritten werden. Für Ehe- und Lebenspartner ergeben sich je nach Wert Steuersätze zwischen 7 und 30 Prozent (siehe Tabelle „Steuersätze" links).

Hohe Freibeträge auch für Kinder

Kinder haben ebenfalls gute Chancen, der Erbschaftsteuer zu entgehen. Ein Grund dafür: Auch für sie gilt ein hoher allgemeiner Freibetrag – immerhin bleiben Vermögenswerte bis 400 000 Euro steuerfrei, wenn sie etwas von einem Elternteil erben. Sollten beide Elternteile sterben, sind es somit bis zu 800 000 Euro. Auch für sie kommen weitere Freibeträge für Versorgungsleistungen, Hausrat und andere Güter hinzu.

Für Erben, die nicht so eng oder gar nicht mit Verstorbenen verwandt waren, bleibt deutlich weniger steuerfrei. Sie gehören bei Erbschaften und Schenkungen zur Steuerklasse III und müssen deshalb für Werte oberhalb der Freibeträge Steuersätze bis 50 Prozent einplanen (siehe Tabelle „Steuersätze" links).

Steuersätze

Ehepartner, gesetzliche Lebenspartner und Kinder zahlen in der Steuerklasse I für Erbschaft und Schenkung nur 7 bis 30 Prozent Steuern, Geschwister in Klasse II schon 15 bis 43 Prozent.

Steuerpflichtiges Erbe oder Geschenk bis … Euro	Steuern in Prozent bei Steuerklasse		
	I	II	III
75 000	7	15	30
300 000	11	20	30
600 000	15	25	30
6 000 000	19	30	30
13 000 000	23	35	50
26 000 000	27	40	50
Über 26 000 000	30	43	50

HÄTTEN SIE'S GEWUSST?

Wert: Bei geerbtem Hausrat, Schmuck und Kunst ist für das Finanzamt entscheidend, welchen Preis Sie aktuell beim Verkauf erzielen könnten. Das gilt auch für Immobilien.

Spielraum: Für Aktien und andere börsennotierte Wertpapiere gilt der Kurswert am Tag des Todes oder einer Schenkung. Die Erben dürfen den niedrigsten Kurs ansetzen, zu dem die Papiere an diesem Tag an einer deutschen Börse gehandelt wurden. Es muss nicht der Schlusskurs sein.

Zinsen: Bargeld und Ersparnisse schlagen mit dem Nominalwert am Todestag zu Buche – zusammen mit den bis dahin aufgelaufenen Zinsen.

Erbschaft dem Finanzamt zeitnah melden

Auch wenn sich abzeichnet, dass für Sie keine Erbschaftsteuer fällig wird, müssen Sie das Finanzamt über eine Erbschaft informieren. Sie sind verpflichtet, dem Amt Ihre Erbschaft (oder auch eine Schenkung zu Lebzeiten) innerhalb von drei Monaten formlos zu melden. Es wird Ihnen dann die Formulare für die Erbschaft- oder Schenkungsteuererklärung zukommen lassen.

In der Erklärung machen Sie unter anderem Angaben zu den hinterlassenen Vermögenswerten, zum Beispiel zu Spar- oder Wertpapierguthaben und zu Hausrat, Schmuck und Fahrzeugen.

Im Kasten „Hätten Sie es gewusst" links finden Sie eine Übersicht, mit welchen Werten die einzelnen Posten in die Rechnung einfließen.

→ Hilfe vom Experten

Sie fühlen sich mit den Fragen rund um die Erbschaftsteuer und auch zu den künftigen Einkommensteuererklärungen allein überfordert? Scheuen Sie sich nicht, sich in der Situation Unterstützung von einem Steuerexperten zu holen. Beachten Sie aber, dass Lohnsteuerhilfevereine nicht zur Erbschaftsteuer beraten, bei ungeklärten Fragen in dem Bereich kommt somit der Besuch beim Steuerberater infrage.

Die Steuererklärung

Die erste Einkommensteuererklärung ohne Partner mag als lästige Aufgabe erscheinen. Für viele Verwitwete bietet sie aber die Chance, etwas Geld vom Finanzamt zurückzuholen.

→ **Bei der Steuererklärung** für das Jahr, in dem Ihr Partner gestorben ist, werden Sie vieles wiederfinden, was Sie aus den früheren Jahren kennen. Denn das Finanzamt rechnet vorerst weiterhin mit Ihnen als „Paar". Doch es gibt auch einige Besonderheiten zu beachten. So ergeben sich manche Änderungen im Vergleich zu früher aufgrund der Posten, die Sie infolge des Verlustes und der damit verbundenen Ausgaben beim Finanzamt abrechnen können.

Es ist zum Beispiel möglich, dass Sie Ausgaben für die Beerdigung als Außergewöhnliche Belastung steuerlich abrechnen können. Hat das Erbe nicht für die Finanzierung der Beisetzung gereicht, können Sie Ausgaben bis zu 7 500 Euro geltend machen. Als Nachweis dienen die entsprechenden Rechnungen für die Beisetzung sowie der Erbschein. Ausgaben für die Trauerfeier und -kleidung wird das Finanzamt allerdings nicht anerkennen.

Als Außergewöhnliche Belastung können Sie eventuell weitere Posten abrechnen, die vor dem Tod des Partners angefallen sind, etwa Zuzahlungen zu Medikamenten oder zu Krankenhausaufenthalten. Vergessen Sie beim Ausfüllen der Steuererklärung nicht diese Ausgaben, die vielleicht erstmals angefallen sind. Solche Ausgaben berücksichtigt das Finanzamt jedoch nicht ab dem ersten Euro, sondern erst wenn die finanzielle Belastung dadurch nicht mehr als „zumutbar", sondern als „außergewöhnlich hoch" zu erachten ist.

Ab welcher Ausgabenhöhe das Finanzamt von einer Außergewöhnlichen Belastung ausgeht, richtet sich nach der familiären Situation (zum Beispiel nach der Anzahl der Kinder, für die Kindergeldanspruch besteht) und danach, wie hoch die Gesamteinkünfte innerhalb des Steuerjahres waren.

Auf test.de finden Sie einen kostenlosen Rechner, mit dem Sie selbst ermitteln können, ob Ihre Ausgaben für die medizinische Versorgung, Medikamente und andere Posten so hoch waren, dass Sie Ihnen eine Steuerersparnis bringen. Geben Sie in das Suchfeld „Außergewöhnliche Belastung" ein, um zu dem Rechner zu gelangen.

Es gibt allerdings auch einzelne Außergewöhnliche Belastungen, für die das Finanzamt keinen Eigenanteil berücksichtigt. Dazu gehört unter anderem der Hinterbliebenenpauschbetrag. Er beträgt pauschal 370 Euro im Jahr und steht Ihnen zu, wenn Sie

Oft lohnt die Mühe.
Belege sichten, Ausgaben abrechnen, auf Erstattung hoffen: Hinterbliebene profitieren von einigen steuerlichen Besonderheiten.

Hinterbliebenenbezüge nach dem Bundes- oder Soldatenversorgungsgesetz oder einer entsprechenden Regelung beziehen.

Weitere Pauschbeträge nutzen

Unter bestimmten Voraussetzungen können Sie für sich beziehungsweise Ihren verstorbenen Partner von weiteren Pauschalen und Freibeträgen profitieren.

Beispiel: Ricardo (siehe auch S. 22) hat seine Frau Stefania bis zu deren Tod zu Hause gepflegt. Da sie Pflegegrad 4 hatte, kann er den Pflegepauschbetrag in Höhe von 1 800 Euro im Jahr in Anspruch nehmen. Der Pauschbetrag steht Ihnen zu, wenn Sie einen Angehörigen unentgeltlich pflegen oder gepflegt haben. Die Höhe richtet sich nach dem von der gesetzlichen Pflegeversicherung zugewiesenen Pflegegrad – bei Pflegegrad 2 sind es 600 Euro, bei Pflegegrad 3 sind es 1 100 Euro, und bei Pflegegrad 4 und 5 sind es 1 800 Euro im Jahr.

Der Pflegepauschbetrag senkt Ihre Steuerlast und wird komplett berücksichtigt ohne den vorherigen Abzug der zumutbaren Belastung. Ihnen steht der volle Jahresbetrag zu – ganz gleich, wie lange Sie im Laufe des Jahres Ihre Partnerin oder Ihren Partner gepflegt haben.

Hatte Ihr verstorbener Partner einen Grad der Behinderung von mindestens 20? Dann können Sie für ihn in der Steuererklärung im Todesjahr einen Behindertenpauschbetrag beantragen. Je nach Grad der Behinderung liegt diese Pauschale zwischen 384 und 7 400 Euro. Die Werte sind 2021 deutlich erhöht worden. Zudem ist die Hürde, um den Steuerfreibetrag zu nutzen, leicht gesunken. Seit der Gesetzesänderung wird er ab dem Grad der Behinderung von 20 gewährt, vorher war das erst ab einem Grad von 25 möglich.

Alternativ zum Behindertenpauschbetrag können Sie angefallene Ausgaben für Pflege und Versorgung Ihres Partners auch einzeln abrechnen – dann berücksichtigt das Finanzamt aber wiederum nur den Teil der Kosten, der oberhalb der zumutbaren Belastung liegt und damit als außergewöhnlich hoch gilt.

Chancen auf Steuererstattung

In der Steuererklärung im Todesjahr können sich weitere Steuerregeln zu Ihren Gunsten auswirken. Denn es steht Ihnen zunächst weiterhin der günstige Splittingtarif für Ehepartner zu. Das heißt, auch als Witwe oder Witwer können Sie für das Todesjahr noch die gemeinsame Veranlagung wählen. Beachten Sie aber: Gibt es außer Ihnen weitere Erben, treten Sie gemeinsam an die Stelle des Verstorbenen und müssen alle der Zusammenveranlagung für das Todesjahr zustimmen.

Voraussetzung für den Splittingvorteil ist, dass Sie zum Todeszeitpunkt miteinander verheiratet waren, dass Sie beide unbeschränkt steuerpflichtig waren und nicht dauernd getrennt voneinander lebten.

Entscheiden Sie sich für die gemeinsame Veranlagung, wendet das Finanzamt für Sie das Splittingverfahren an. Ehegattensplitting bedeutet, dass das Finanzamt das gesamte zu versteuernde Einkommen eines Paares so teilt, als hätten beide Partner jeweils die Hälfte davon erwirtschaftet. Nur für eine Hälfte legt das Finanzamt dann den Steuersatz an und verdoppelt anschließend die so errechnete Steuerlast.

So fällt der Steuersatz insgesamt niedriger aus, als wenn jeder seine Steuern einzeln beim Finanzamt erklärt. Dadurch sinkt die gemeinsame Steuerlast. Der Vorteil fällt umso höher aus, je größer die Einkommensunterschiede zwischen den beiden Partnern sind.

Ein weiterer Vorteil ist, dass das Finanzamt im Todesjahr noch diverse Steuerfreibeträge für beide Partner berücksichtigt, also zum Beispiel den Grundfreibetrag für beide Partner – er liegt für 2022 bei 9 984 Euro. So bleiben bis zu 19 968 Euro (2 x 9 984) im Jahr steuerfrei.

> **Weitere Posten, die einen Steuervorteil bringen, sind zum Beispiel Ausgaben für Unterstützung im Haushalt oder für einen Handwerker.**

Auch aus anderen Gründen stehen die Chancen auf eine Steuererstattung gut: Stand etwa Ihre verstorbene Ehefrau noch im Arbeitsleben, wird der Lohnsteuerabzug in den bisherigen Monaten des laufenden Jahres zu hoch ausgefallen sein, sodass die zu viel einbehaltene Steuer erstattet wird.

Auch Ausgaben für den Arbeitsweg, berufliche Fortbildungen, Fachliteratur oder Berufskleidung können als Werbungskosten einen Vorteil bringen. Sobald die Ausgaben für den Job bei über 1 000 Euro im Jahr liegen, drücken die Werbungskosten die Steuerbelastung. Hat Ihre Frau im laufenden Jahr bereits Geld gespendet, Kirchensteuer oder Beiträge an eine Partei gezahlt, können Sie diese Ausgaben ebenfalls geltend machen und so oft Geld zurückholen.

Gesetzliche Renten: So viel ist davon steuerpflichtig

Der steuerpflichtige Anteil gesetzlicher Altersrenten und gleichgestellter Renten erhöht sich nach derzeitiger Gesetzeslage bis zum Jahr 2040 auf 100 Prozent. Die Bundesregierung plant hier allerdings auf Dauer Änderungen.

Jahr des Rentenbeginns	steuerpflichtiger Anteil in Prozent
vor 2006	50
2006	52
2007	54
2008	56
2009	58
...	...
2019	78
2020	80
2021	81
2022	82
2023	83
2024	84
2025	85
2026	86
2027	87

Ausgewählte Werte, siehe § 22 EStG, Stand: 31. Januar 2022

Weitere Posten, die einen Steuervorteil bringen, sind zum Beispiel Ausgaben für Unterstützung im Haushalt oder für einen Handwerker. 20 Prozent der von ihm in Rechnung gestellten Arbeits- und Fahrtkosten – keine Materialkosten – werden direkt von einer möglichen Steuerlast abgezogen.

Die Hinterbliebenenversorgung abrechnen

Aus den früheren Steuererklärungen werden Sie viele Posten, die Sie absetzen können, und Einnahmen, die Sie abrechnen müssen, bereits kennen. Nach dem Tod des Partners kommen mit den verschiedenen Leistungen aus Hinterbliebenenversorgung weitere Einnahmen hinzu, die das Finanzamt berücksichtigen wird.

Allerdings zählt auch nicht alles für die Steuer mit, was Sie vielleicht befürchten: Haben Sie zum Beispiel aus einer Risikolebensversicherung als Bezugsberechtigter Geld erhalten, ist diese Leistung – ganz gleich, wie hoch sie ausfällt – nicht einkommensteuerpflichtig. Das Finanzamt berücksichtigt sie zwar, wenn es ermittelt, ob Sie Erbschaftsteuer zahlen müssen (siehe „In der Familie oft keine Abzüge", S. 88), aber nicht bei der Einkommensteuererklärung.

Andere Leistungen für Hinterbliebene haben hingegen ihren Platz in den Steuerformularen und können auch dafür sorgen, dass Einkommensteuer fällig wird. Beziehen Sie nun beispielsweise erstmals eine Witwenrente – entweder neben Ihrem Verdienst als Arbeitnehmer oder neben Ihrer eigenen Altersrente –, ist diese Leistung zu einem Großteil steuerpflichtig. Nur ein Teil bleibt steuerfrei.

Für die Höhe des steuerpflichtigen Anteils ist das Jahr des Rentenbeginns entscheidend, denn für jeden jüngeren Rentnerjahrgang steigt der steuerpflichtige Anteil an. War der verstorbene Partner noch nicht in Rente, richtet sich der steuerpflichtige Anteil nach dem Beginn der Auszahlung der Witwenrente. Im Jahr 2022 beträgt er 82 Prozent (siehe Tabelle links).

Die in der Tabelle genannten Werte galten zumindest bis zum Redaktionsschluss für diesen Ratgeber. Die im Herbst 2021 gewählte Ampel-Regierung plant allerdings Änderungen in der Form, dass die steuerpflichtigen Anteile der Renten ab 2023 langsamer steigen sollen.

War der Verstorbene hingegen schon selbst Rentner, steht Ihnen ein höherer Steuerfreibetrag zu: Sie erben quasi den Steuerfreibetrag Ihres verstorbenen Partners oder Ihrer Partnerin. Bezog Ihre verstorbene Frau beispielsweise schon seit 2005 eine Altersrente, ist eine erstmals im Jahr 2022 ausgezahlte Witwerrente nur zu 50 Prozent steuerpflichtig.

Ähnlich sind die Regeln, wenn Sie als Angehöriger einer Beamtin Witwergeld erhalten. Auch diese Leistung ist steuerpflichtig, doch dafür stehen Ihnen ein Versorgungsfreibetrag und ein Zuschlag zu. Deren Höhe richtet sich ebenfalls nach dem Jahr der ersten Auszahlung – entweder des Witwergeldes oder bei bestehendem Ruhestand der ersten Auszahlung der Pension an die verstorbene Partnerin (siehe Tabelle „Versorgungsfreibetrag", S. 98).

→ **Eventuell jetzt in der Pflicht**
Beziehen Sie eine Hinterbliebenenrente, sollten Sie einplanen, dass Sie auch in den Folgejahren wahrscheinlich in der Pflicht stehen, eine Steuererklärung abzugeben. Denn wenn Sie etwa als Angestellte in einem Jahr nebenbei mehr als 410 Euro Einkünfte aus einer Rente haben, müssen Sie eine Steuererklärung machen. Auch wenn Sie schon selbst im Ruhestand sind und eine Rente beziehen, kann Ihre zusätzliche Witwenrente dazu führen, dass Ihre Gesamteinkünfte insgesamt so hoch sind, dass Sie als Alleinstehende eine Steuererklärung machen müssen.

Beziehen Sie eine Riester-Rente, ist diese voll steuerpflichtig. Eventuell können Sie dafür aber einen weiteren Steuerfreibetrag, den sogenannten Altersentlastungsbetrag, in Anspruch nehmen. Das ist möglich, wenn Sie selbst zu Beginn des Steuerjahres bereits mindestens 64 Jahre alt waren. Wer 2021 diese Altersgrenze erreicht hat, kann dank dieses Freibetrags im Jahr 2022 14,4 Prozent seiner Nebeneinkünfte, maximal 684 Euro, steuerfrei behalten.

Versorgungsfreibetrag mit Zuschlag

Beamten- und Werkspensionen werden neben der Werbungskostenpauschale von 102 Euro mit dem Versorgungsfreibetrag und einem Zuschlag zum Versorgungsfreibetrag begünstigt. Je nach Jahr des Beginns der Auszahlung sinken beide Steuervorteile.

Jahr	Versorgungsfreibetrag in Prozent	bis Euro	Zuschlag in Euro
2005	40,0	3 000	900
2006	38,4	2 880	864
2007	36,8	2 760	828
2008	35,2	2 640	792
2009	33,6	2 520	756
...	...	...	...
2021	15,2	1 140	342
2022	14,4	1 080	324
2023	13,6	1 020	306
2024	12,8	960	288
2025	12,0	900	270
2026	11,2	840	252
2027	10,4	780	234
2028	9,6	720	216
2029	8,8	660	198
2030	8,0	600	180
2031	7,2	540	162
2032	6,4	480	144
2033	5,6	420	126
2034	4,8	360	108

Ausgewählte Werte, mehr EStG, § 19

Stiftung Warentest | Mit dem Finanzamt rechnen

Niedriger ist die steuerliche Belastung, wenn Sie nun eine regelmäßige Rente aus einer privaten Rentenversicherung erhalten. Diese private Rente ist nur zu einem geringen Anteil steuerpflichtig. Dessen Höhe richtet sich danach, wie alt etwa die hinterbliebene Ehefrau ist, wenn sie erstmals eine private Hinterbliebenenrente bezieht. Startet die Auszahlung etwa im Alter von 63 Jahren, schlagen 21 Prozent der ausgezahlten Summe beim Finanzamt zu Buche.

Diese günstigen Regeln zur Besteuerung gelten zum Teil auch für Auszahlungen aus einer Betriebsrente. Andere Auszahlungen aus betrieblicher Vorsorge sind wiederum komplett steuerpflichtig.

Der Überblick zeigt, dass es zwischen den Renten und Pensionen einige Unterschiede hinsichtlich der steuerlichen Berücksichtigung gibt. Umso hilfreicher kann es sein, wenn Sie zumindest für die Steuererklärung im Todesjahr einen Experten oder eine Expertin hinzuziehen (siehe Kasten „Wer kennt sich aus?", rechts).

Kapitalerträge abrechnen

Zum Nachlass gehören häufig auch Geld- und Sparvermögen. Legen Sie das Geld an und erzielen Sie zum Beispiel mit Aktien, ETF oder auch aus Tagesgeld- oder Sparkonten Kapitalerträge, sind diese grundsätzlich steuerpflichtig. Meist kümmert sich die Bank darum, dass die dafür fällige Abgeltungsteuer (25 Prozent) sowie der Solidaritätszuschlag (5,5 Prozent der Abgeltungsteuer) bereits im Laufe des Jahres an das Finanzamt abgeführt werden. Allerdings gilt die Steuerpflicht für die Erträge noch nicht ab dem ersten Euro, denn Sie können Kapitalerträge bis 801 Euro im Jahr – Ehepaare bis zu 1 602 Euro – von der Steuer freistellen. Für das Todesjahr stehen Ihnen noch 1 602 Euro zu. Die Freistellung können Sie bei Ih-

---

Wer kennt sich aus?

Um gegenüber dem Finanzamt alles richtig zu machen, kann es sich gerade nach dem Tod des Partners lohnen, eine Steuerberaterin zur Hilfe zu nehmen oder sich an einen Lohnsteuerhilfeverein zu wenden. Dann haben Sie zunächst Unterstützung und können die Abrechnung vielleicht schon in den kommenden Jahren wieder allein schaffen. Kontaktdaten finden Sie zum Beispiel über den Suchdienst der Bundessteuerberaterkammer auf bstbk.de und über den Deutschen Steuerberaterverband (dstv.de). Adressen von Lohnsteuerhilfevereinen finden Sie über die Seite beratungsstellensuche.de. Anders als Steuerberater dürfen Lohnsteuerhilfevereine allerdings nur in Fragen der Einkommensteuer beraten, nicht bei Fragen zur Erbschaftsteuer.

ren Banken so verteilen, wie Sie möchten. Haben Sie nach dem Tod des Partners Ersparnisse umgeschichtet, Wertpapiere verkauft, ein Depot aufgelöst oder die dortigen Wertpapiere in Ihr Depot bei einer anderen Bank übernommen, kann es passiert sein, dass Sie den Freistellungsrahmen nicht bestmöglich ausgeschöpft haben, etwa, weil die Freistellungsaufträge nicht optimal zur Höhe der jeweiligen Erträge passten.

Haben die Banken Abgeltungsteuer einbehalten, obwohl Sie insgesamt Kapitalerträge innerhalb des Freibetrags von 1 602 Euro hatten, sollten Sie Ihre Zinsen, Dividenden oder auch Verkaufsgewinne über die Anlage KAP selbst beim Finanzamt abrechnen. Auf diesem Weg holen Sie sich die zu viel gezahlte Steuer zurück.

Pünktlich abgeben

Für die Einkommensteuererklärung im Todesjahr des Partners gelten die Fristen, die für Ihre sonstigen Einkommensteuererklärungen gelten. Sind Sie zur Abgabe für das Jahr 2022 verpflichtet, muss die Erklärung voraussichtlich bis zum 31. Juli 2023 beim Finanzamt vorliegen. Infolge der Corona-Pandemie könnte sich die Frist noch ändern. Beauftragen Sie einen Steuerberater oder einen Lohnsteuerhilfeverein, haben Sie voraussichtlich bis zum 29. Februar 2024 Zeit.

Für eine freiwillige Steuererklärung bleiben Ihnen bis zu vier Jahre. Die Erklärung für 2022 müsste also bis zum 31. Dezember 2026 vorliegen.

Stellen Sie sich darauf ein, dass das Finanzamt auch von sich aus eine Erklärung für den Verstorbenen verlangen kann und dafür eine Frist setzt, selbst wenn gar keine Abgabepflicht besteht. Das passiert allerdings in der Regel nur, wenn die Höhe oder Art der elektronisch übermittelten Einkünfte eine Pflichtveranlagung nahelegen. Geben Sie die Pflichterklärung zu spät ab, erhebt das Finanzamt einen Zuschlag von mindestens 25 Euro pro angefangenem Verspätungsmonat.

→ Bitten Sie um Aufschub!

Jetzt auch noch an Steuern denken, das überfordert Sie? Wenn Sie eine Expertin oder einen Experten einschalten, gewinnen Sie Zeit und haben selbst mehr Luft für andere Dinge. Wollen Sie die Steuererklärung allein angehen, besteht die Möglichkeit, beim Finanzamt schriftlich und vor Ablauf der Abgabefrist eine Fristverlängerung zu beantragen. Ein solcher Antrag kann sinnvoll sein, wenn etwa die Erbfolge nicht geklärt ist, der Erbschein noch fehlt oder es schwierig ist, alle nötigen Belege für die Erklärung zu finden. Der Aufschub wird aber nur in Ausnahmefällen gewährt und muss gut begründet sein, etwa aus gesundheitlichem Anlass oder wenn es Probleme gab, nötige Unterlagen zu beschaffen.

In der Pflicht?
Sind Sie unsicher, ob Sie eine Steuererklärung machen müssen, kann ein erster Anruf im Finanzamt Klarheit bringen.

Steuern in Zukunft: So halten Sie die Belastung in Grenzen

Zunächst gilt für Sie noch der günstige Splittingtarif – später nicht mehr. Nutzen Sie daher mögliche Steuersparchancen!

Im Jahr, das auf das Todesjahr folgt, zeigen sich steuerlich die nächsten Veränderungen. Sie werden dann einzeln wie ein Single veranlagt. Doch einen Vorteil gibt es noch für Sie: Im ersten Jahr nach dem Todesjahr ermittelt das Finanzamt die Steuer noch einmal nach dem günstigen Splittingtarif. Dadurch ist die Belastung weiterhin etwas niedriger, als sie es sonst für Alleinstehende, die nach dem Grundtarif besteuert werden, ist.

Dass der Splittingvorteil noch berücksichtigt wird, zeigt sich auch beim monatlichen Lohnsteuerabzug, wenn Sie im Berufsleben stehen. Sind Sie angestellt beschäftigt, werden Sie im Todesjahr Ihres Partners und im darauffolgenden Jahr automatisch in die Steuerklasse III eingeordnet. Das gilt ab dem ersten Tag des auf den Todestag folgenden Monats. In Steuerklasse III sind die monatlichen Lohnsteuerabzüge am niedrigsten, sodass netto mehr übrig bleibt als in anderen Steuerklassen.

Haben Sie Kinder, können Sie für diese Zeit beantragen, dass das Finanzamt Ihnen einen zusätzlichen Steuerfreibetrag, den Entlastungsbetrag für Alleinerziehende, in Ihre Lohnsteuerdaten einträgt. Dieser Freibetrag liegt immerhin bei 4 008 Euro im Jahr für das erste Kind und 240 Euro für jedes weitere Kind und bringt Ihnen gleich ein höheres Monatsnetto. Ab dem zweiten Kalenderjahr, das auf das Todesjahr folgt, rutschen Sie automatisch aus Steuerklasse III in Klasse I. In dieser Steuerklasse für Alleinstehende werden weniger Steuerfreibeträge berücksichtigt als in Steuerklasse III. Ihr Arbeitgeber wird somit mehr Lohnsteuer von Ihrem Bruttoverdienst abziehen, Ihr Monatsnetto sinkt.

Sind Sie alleinerziehend, können Sie aber etwas gegensteuern: Sie können beim Finanzamt beantragen, dass Sie in die günstigere Steuerklasse II für Alleinerziehende wechseln wollen. Dann berücksichtigt der Betrieb beim monatlichen Lohnsteuerabzug gleich den bereits genannten „Entlastungsbetrag für Alleinerziehende", sodass Ihnen am Monatsende mehr bleibt als in Klasse I. Das macht einiges aus, wie das folgende Beispiel zeigt:

Beispiel: Lea arbeitet nach dem Tod ihres Mannes zunächst in Teilzeit und verdient 2 800 Euro brutto im Monat. In Steuerklasse III bekommt sie nach aktuellen Werten am Monatsende 2 143 Euro netto ausgezahlt. Durch den Wechsel in Steuerklasse I rutscht sie auf 1 903 Euro netto. Wäre sie alleinerziehende Mutter eines Kindes und würde in Steuerklasse II wechseln, bekäme sie 1 996 Euro.

Behalten Sie diese Unterschiede im Hinterkopf, wenn Sie sich über Ihre weitere Finanzplanung Gedanken machen und zum Beispiel überlegen, ob Sie mit dem aktuellen Arbeitspensum und dem Einkommen daraus finanziell hinkommen. Ein höheres Monatsnetto zahlt sich auf Dauer zum Beispiel auch bei Lohnersatzleistungen wie Kranken- und Arbeitslosengeld aus.

Wechseln im Laufe des Jahres

Ein Wechsel der Steuerklasse ist mehrmals im Jahr möglich, für das laufende Kalenderjahr bis spätestens 30. November. Das Antragsformular finden Sie online auf der Seite formulare-bfinv.de. Wechseln Sie im Laufe des Jahres nicht in Steuerklasse II, obwohl

---

Für Kapitalerträge steht Ihnen im Jahr nach dem Tod des Partners Ihr persönlicher Sparerpauschbetrag von 801 Euro zu. Passen Sie die Freistellungsaufträge an die neue Situation an und planen Sie ein, dass für höhere Kapitalerträge Steuern fällig werden können, die Sie vielleicht früher als Paar mit einem Sparerpauschbetrag von 1 602 Euro noch nicht zahlen mussten. Mehr zur Geldanlage und den steuerlichen Rahmenbedingungen finden Sie im Kapitel „Geldanlage neu gestalten" ab S. 107.

Wer kennt sich aus?

Welche Ausgaben senken die Steuerlast? Wie sparen junge Familien Steuern, wie Rentner und Pensionäre? Was trage ich wo in der Einkommensteuererklärung ein? Die Ratgeber „Steuererklärung für Arbeitnehmer und Beamte" sowie „Steuererklärung für Rentner und Pensionäre" fassen zahlreiche Tipps zur Steuererklärung zusammen und führen Schritt für Schritt durch die Formulare für die Einkommensteuererklärung. Die Bücher, die jährlich aktualisiert werden, sind erhältlich unter test.de/shop.

Sie alleinerziehend sind, beantragen Sie mit der nächsten Steuererklärung den Entlastungsbetrag, sodass Sie spätestens dann von diesem Freibetrag profitieren können.

Ob es auf Dauer bei allen vorgestellten Informationen zu den Steuerklassen bleibt, muss abgewartet werden. Die 2021 gewählte Bundesregierung plant laut Koalitionsvertrag, die Steuerklassen III und V abzuschaffen und in die bereits bestehende Steuerklasse IV plus Faktor zu überführen. Bis Redaktionsschluss für diesen Ratgeber war aber nicht klar, wann die Pläne gesetzlich umgesetzt werden und was genau das für Hinterbliebene bedeuten kann.

Weitere Sparchancen nutzen

Die jährliche Abrechnung beim Finanzamt kann Ihnen weitere Vorteile bringen. Wenn Sie Kinder haben, rechnen Sie zum Beispiel sämtliche Ausgaben für Kinderbetreuung ab, die Ihnen entstehen. Von Ausgaben bis zu 6 000 Euro im Jahr berücksichtigt das Finanzamt zwei Drittel – also bis zu 4 000 Euro – als Sonderausgaben. Zu den abzugsfähigen Kosten gehören nicht nur die für Hort, Kita oder Tagesmutter, sondern zum Beispiel auch die Ausgaben für eine Hausaufgaben- oder Ganztagsbetreuung.

Auch wenn Sie zum Beispiel nach dem Tod Ihres Mannes jemanden engagieren, der zu Hause Ihre Kinder betreut, können Sie die Ausgaben geltend machen. Steuerersparnis ist auch möglich, wenn Sie zum Beispiel Oma und Opa mehr in die Betreuung mit einbeziehen.

Springen die Großeltern unentgeltlich ein, können Sie ihnen die Fahrtkosten mit einer einfachen Quittung erstatten und beim Finanzamt abrechnen. Zahlen Sie den Verwandten etwas für ihren Einsatz, können Sie die Ausgaben absetzen, wenn Sie einen Vertrag „wie mit Dritten" abschließen und den Lohn überweisen und nicht in bar auszahlen. Der Betreuer darf nicht dauernd in Ihrem Haushalt leben.

Weitere wichtige Sparchancen werden Sie aus den früheren Jahren der gemeinsamen Steuererklärung kennen. Stehen Sie noch im Berufsleben, sind die Ausgaben für Ihren Job – also etwa für den Arbeitsweg, ein

Arbeitszimmer zu Hause oder neue Arbeitsmittel – wichtige Steuersenker. Sobald Sie im Laufe des Jahres auf mehr als 1 000 Euro an Werbungskosten kommen, drückt das Ihre Steuerlast.

Werbungskosten können Sie auch für Ihre Rente oder Ihre Renten geltend machen. Für all Ihre Renten zusammen berücksichtigt das Finanzamt von sich aus nur eine Pauschale von 102 Euro im Jahr. Können Sie höhere Ausgaben nachweisen, etwa für den Besuch bei einer freien Rentenberaterin, drückt das Ihre Steuerlast.

Unabhängig vom Alter können Ausgaben für die eigene medizinische Versorgung, für den Einsatz einer Haushaltshilfe oder Handwerkerarbeiten die Steuerbelastung weiter senken. Auch Spenden zu Weihnachten oder gezahlte Kirchensteuer zahlen sich zu Ihren Gunsten aus, denn das Finanzamt berücksichtigt sie als Sonderausgaben.

Aufpassen bei Nebenjobs

Stellen Sie im Laufe der Zeit fest, dass es trotz Witwenrente oder anderer Leistungen aus einer Hinterbliebenenversorgung finanziell eng ist, mag der nächste Schritt sein, dass Sie sich einen Nebenjob suchen. Hier empfiehlt es sich, dass Sie vorher genau überlegen, wie viel Sie zusätzlich arbeiten wollen. Denn gerade wenn Rente und Nebenjob zusammentreffen oder sogar noch ein Hauptarbeitseinkommen dazukommt, kann es passieren, dass ein anfänglich attraktiver Bruttoverdienst am Monatsende gar nicht so viel zusätzlichen finanziellen Spielraum bringt, wie Sie sich zunächst erhofft haben.

Dafür sorgen zum einen die Hinzuverdienstgrenzen, die je nach Rentenart gelten. So gilt etwa für Zuverdienste zur gesetzlichen Witwenrente ein Freibetrag von rund 900 Euro im Monat. (siehe „Sichere Einnahmen", S. 59). Wenn Sie unsicher sind, ob Ihnen eine Kürzung der Witwenrente droht, lassen Sie sich bei der Deutschen Rentenversicherung kostenlos zu Ihren Zuverdienstmöglichkeiten beraten.

> **Lassen Sie sich nicht von einem attraktiven Bruttoverdienst nebenbei blenden, sondern schauen Sie auf das, was der Job am Monatsende netto aufs Konto bringt.**

Zum anderen empfiehlt es sich, bei der Jobwahl auch die für den Verdienst fälligen Steuern und Sozialabgaben zu berücksichtigen. Mit anderen Worten: Lassen Sie sich nicht von einem attraktiven Bruttoverdienst nebenbei blenden, sondern schauen Sie auf das, was der Job am Monatsende tatsächlich netto aufs Konto bringt. Dann kann sich ein anfangs interessanter Nebenverdienst auf den zweiten Blick deutlich unattraktiver darstellen.

Minijob nebenbei netto oft attraktiv

Mit Blick auf den Brutto-Netto-Vergleich ist eine geringfügige Beschäftigung für eine Nebenbeschäftigung häufig lohnenswert. Minijob bedeutet derzeit, dass Sie bis zu 450 Euro im Monat brutto wie netto verdienen können. Wenn Sie diese Verdienstgrenze einhalten, übernimmt der Arbeitgeber im Regelfall nicht nur die fälligen Sozialabgaben, sondern überweist auch die fällige Lohnsteuer in Höhe von 2 Prozent an die Minijob-Zentrale, sodass Sie Ihren Verdienst brutto wie netto erhalten (siehe „Mehr rausholen mit Zusatzjob", S. 46). Künftig soll diese Grenze nach den Plänen der Bundesregierung von 450 auf 520 Euro angehoben werden.

Für Maria – die Witwe, die wir auf S. 20 erstmals vorgestellt haben – lohnt es sich, diese Verdienstgrenze einzuhalten.

Beispiel: Maria bezieht eine Altersrente in Höhe von 540 Euro im Monat und dazu eine Witwenrente von 800 Euro. Sie kommt zwar finanziell irgendwie über die Runden, aber sie hätte doch gern etwas höhere regelmäßige Einnahmen zur Verfügung. Die 40 000 Euro aus einer Kapitallebensversicherung möchte sie vorerst nicht anfassen, sondern als Reserve für künftige Notfälle behalten. Deshalb hat sie sich einen Nebenjob gesucht und arbeitet regelmäßig an einem Stand auf dem Wochenmarkt mit.

Für ihren Monatslohn von monatlich 300 Euro muss sie keine Steuern und Sozialabgaben zahlen, da die Obstbäuerin, die sie angestellt hat, die fälligen Abzüge für sie übernimmt. Eigentlich muss Maria für ihren Verdienst zwar einen Teil der Beiträge zur Rentenversicherung übernehmen, doch von dieser Pflicht hat sie sich befreien lassen. Dadurch erhält sie jeden Monat die 300 Euro aufs Konto. Aus ihrer eigenen Altersrente und dem Job kommt sie auf 840 Euro brutto im Monat. Damit bleibt sie zudem unter dem Freibetrag, der für Zuverdienste zur Witwenrente gilt, sodass sie keine Rentenkürzungen fürchten muss.

Ihre monatliche Abrechnung sähe ganz anders aus, wenn sie regelmäßig über 450 Euro monatlich verdienen würde. Angenommen, sie käme in einem Nebenjob regelmäßig auf 650 Euro Monatsbrutto. Dann würden für diesen Verdienst Sozialabgaben fällig, und sie müsste ihn auch in der Steuererklärung angeben.

→ Selbst rechnen im Internet

Auf der Seite test.de finden Sie einen kostenlosen Rechner, mit dem Sie ermitteln können, was Ihnen je nach Bruttoverdienst netto bleibt. Sie finden ihn auf test.de mit dem Suchwort „Brutto-Netto-Rechner". Ähnliche Rechner bieten beispielsweise mehrere Krankenkassen auf ihren Internetseiten an.

Geldanlage neu gestalten

Der Tod von Partner oder Partnerin kann die gesamte bisherige Finanzplanung auf den Kopf stellen – weil ein Einkommen wegfällt, andere Einnahmen dazukommen, Ersparnisse kurzfristig benötigt werden oder auch eine größere Summe zur Verfügung steht. Der erste Schritt ist deshalb ein umfassender Finanzcheck.

Der Tod der Partnerin oder des Partners kann Menschen in ganz unterschiedlichen Situationen treffen. Wie ist das bei Ihnen?

▸ Stehen Sie im Berufsleben, oder sind Sie bereits im Ruhestand?
▸ Haben Sie keine Kinder, noch kleine Kinder, ältere Kinder in der Ausbildung, oder stehen Ihre Kinder bereits finanziell auf eigenen Beinen?
▸ Sind Sie finanziell unabhängig, oder hatten Sie sich vor allem auf das Einkommen Ihrer Partnerin verlassen?

Je nachdem, wie die Antworten auf diese Fragen ausfallen, haben Sie andere finanzielle Spielräume. Denn von Ihren Antworten hängt nicht nur ab, mit welchem Budget Sie im Alltag kalkulieren können, sondern auch, wie Sie die weitere Geldanlage angehen können oder sollten. Je nach persönlicher Situation müssen Sie zum Beispiel das Thema „Vorsorge für den Ruhestand" noch in Ihre Planungen einbeziehen, oder Sie können dieses Sparziel außer Acht lassen. Nehmen Sie sich deshalb vor den weiteren Entscheidungen rund um Vorsorgever-

Ihr eigener Plan
Wie stehen Sie im Moment finanziell da? Wenn Sie das wissen, entscheiden Sie anschließend über Ihre künftige Anlagestrategie.

träge, Börseninvestments und Sparanlagen die nötige Zeit für einen Überblick über die aktuelle Finanzsituation, bestehende Geldanlagen und anstehende Sparziele. Oder wie es Finanzberaterin Stefanie Kühn rät: „Bei der Geldanlage nicht hektisch entscheiden" (siehe Interview, S. 109/110).

Mit niedrigen Zinsen rechnen

Mit dem Wissen über Ihren aktuellen finanziellen Spielraum können Sie weiter planen. Allerdings müssen Sie Ihre Anlageentscheidungen weiterhin in einer Situation mit sehr niedrigen Zinsen treffen, sodass Sie allein mit sicheren Anlagen kaum mehr als das herausholen können, was Sie angelegt haben. Wollen Sie mehr aus Ihrem Geld machen, kommen Sie nicht darum herum, ein gewisses Risiko bei Ihrer Geldanlage einzugehen.

Das liegt jedoch längst nicht jedem oder jeder, sodass Sie für sich klären sollten, wie es mit Ihrer Risikobereitschaft aussieht.

Je nachdem, für welche weiteren Geldanlagen Sie sich entscheiden, können Sie Kapitalerträge in völlig unterschiedlicher Höhe erzielen, wie folgende Berechnung zeigt.

Beispiel: Maria (siehe auch S. 20) hat nach dem Tod ihres Mannes 40 000 Euro aus einer Kapitallebensversicherung übrig. Angenommen, sie entscheidet sich in nächster Zeit doch dafür, dieses Geld Schritt für Schritt zu verbrauchen: Lässt sie das Geld unverzinst auf dem Girokonto liegen, kann sie 11 Jahre und einen Monat lang monatlich 300 Euro abheben, ehe es weg ist. Gelingt es ihr, das Geld zu einem Zinssatz von 1,5 Prozent anzulegen, reicht es immerhin ein Jahr länger. Würde sie diese Summe dagegen in Wertpapiere investieren und damit eine durchschnittliche Rendite von 6 Prozent erzielen, könnte sie sich knapp 18 Jahre 300 Euro monatlich als Zusatzeinnahme gönnen.

Dieser Vergleich zeigt, dass es gerade auf lange Sicht eine Menge ausmachen kann, ob Sie sich auf absolut sichere Geldanlagen beschränken oder ob Sie bereit und auch finanziell dazu in der Lage sind, Geld mit etwas mehr Risiko anzulegen.

„Bei der Geldanlage nicht hektisch entscheiden"

Nach dem Tod des Partners kann die Geldanlage meistens etwas warten, sagt **Stefanie Kühn**, Finanzberaterin und Buchautorin aus Grafing bei München. Wichtig sei dann, dass die Witwen oder Witwer ihre künftige Anlagestrategie so gestalten, dass sie zu ihnen passt.

Frau Kühn, der Partner oder die Partnerin ist gestorben. Was mache ich als Erstes im Umgang mit der Bank oder den Banken?
Als Erstes prüft der oder die Hinterbliebene, welche Berechtigungen vorliegen, um auf Konten und Depots zuzugreifen. Handelt es sich um Gemeinschaftskonten, ist das kein Problem. Und wenn es das Konto oder Depot des Partners war, haben sich die Partner hoffentlich vorab Gedanken über eine Vollmacht gemacht, sodass der Hinterbliebene problemlos handeln kann.

Und wenn eine Vollmacht fehlt?
Ohne Vollmacht ist der Hinterbliebene zum Warten verpflichtet – selbst wenn etwa die Börsenkurse in den Keller rutschen oder der Partner aus anderen Gründen dringend Wertpapiere verkaufen will, kommt er im ungünstigen Fall nicht an Konto und Depot heran, bis der Erbschein da ist. Deshalb ist es so wichtig, dass sich Familien frühzeitig mit dem Thema Vollmachten beschäftigen. Fehlt die Vollmacht, sprechen Sie trotzdem kurzfristig mit der Bank: Welche Unterlagen benötigt sie? Will sie zum Beispiel eine Sterbeurkunde mit Beglaubigung, oder reicht sie auch ohne Beglaubigung? Lassen Sie sich am besten eine genaue Liste geben, mit den Unterlagen, die Sie einreichen müssen. Arbeiten Sie diese Liste dann Stück für Stück ab, sonst kann es lange dauern.

Was machen Hinterbliebene, wenn sie dann den Zugriff auf die Konten haben und feststellen, dass sie das Ganze überfordert, zum Beispiel weil sie sich nie oder kaum um Geldanlagen gekümmert haben?
Die erste Frage wäre, ob es in der Familie jemanden gibt, der sich auskennt und dem Sie auch so vertrauen, dass er sich um die weitere Geldanlage kümmert. Aber häufig mache ich auch die Erfahrung, dass beispielsweise die erwachsenen Kinder gar nicht die komplette Verantwortung übernehmen wollen, sondern lieber einen Experten einschalten, wenn es um größere Summen oder beispielsweise um Unternehmensbeteiligungen geht. Häufig ist dann einfach der Wunsch da, Entscheidungen darüber nicht allein treffen zu müssen.

Wie schnell müssen Hinterbliebene denn handeln und entscheiden, was aus den Geldanlagen wird?
Natürlich kann es im Einzelfall notwendig sein, Wertpapiere schnell zu verkaufen oder andere Anlagen aufzulösen, etwa weil finanzieller Druck da ist, Rechnungen zu bezahlen oder andere Erben auszuzahlen sind. Doch grundsätzlich ist es falsch, in Hektik zu verfallen. Verschaffen Sie sich zunächst den kompletten Überblick über den Status quo und lassen Sie sich wenn möglich die Zeit, die Sie brauchen, um Entscheidungen über die Finanzen zu treffen. Es sollte allerdings sichergestellt sein, dass genügend Mittel verfügbar sind, um etwa alltägliche Zahlungen wie für Miete oder Darlehen regelmäßig leisten zu können. Ansonsten kann Geldanlage meist erst einmal warten.

Wenn Hinterbliebene letztlich den Überblick haben: Wie findet er oder sie die passende Anlagestrategie?
Dann gilt für Witwen und Witwer genau das, was für Anleger in anderen Lebenssituationen gilt. Klären Sie für sich einige Fragen: Welchen finanziellen Spielraum habe ich? Für welchen Zeitraum will ich das Geld anlegen, welches Risiko bin ich bereit einzugehen? Häufig erlebe ich, dass Hinterbliebene dann sagen: Ich möchte so investieren, wie es der Partner gemacht hat. Das ist jedoch nicht unbedingt der beste Weg. Entscheidend ist, dass die Hinterbliebenen die Strategie finden, die zu ihnen und ihrer Situation passt, und sich nicht nur deshalb für Anlagen entscheiden, weil der Partner das genauso gemacht hätte. Sie müssen auch in der Geldanlage ihren eigenen Weg finden.

Finanzcheck: Wo stehe ich?

Nutzen Sie die aktuelle Situation der Veränderung und arbeiten Sie sich durch vorhandene Konto- und Depotunterlagen.

Die Entscheidung darüber, ob und wie Sie in Zukunft Geld anlegen können und wollen, hängt von den Antworten auf einige Fragen ab, zum Beispiel:
▶ Lassen Ihnen Ihre regelmäßigen, sicheren Einnahmen den Spielraum, um regelmäßig Geld auf die Seite zu legen oder einmalig eine größere Summe anzulegen?
▶ Wie groß ist dieser Spielraum?
▶ Kann es sein, dass Sie Geld, das Sie zur Seite legen wollen, kurzfristig doch be-

nötigen könnten, oder haben Sie ein anderes Notfallpolster, auf das Sie auf die Schnelle zugreifen können?
- Bis wann und mit welchem Ziel wollen Sie Geld anlegen, wann werden Sie es wieder benötigen?
- Wie haben Sie und Ihr verstorbener Partner bisher Geld angelegt, und wann können Sie darauf zugreifen?
- Sind Sie der Typ dafür, bei Ihren Geldgeschäften ein gewisses Risiko einzugehen, oder ist Ihnen absolute Sicherheit wichtig?

Manche dieser Fragen werden Sie vielleicht nicht auf die Schnelle beantworten können, zum Beispiel die nach dem Wert Ihrer bisherigen Ersparnisse, wenn diese bei mehreren Banken verteilt sind und sich bisher Ihre Partnerin, Ihr Partner um die Geldgeschäfte gekümmert hat. Dann kann es einige Mühe machen, Bank- und Kontounterlagen oder auch Vorsorgeverträge zu sichten.

Auch die Frage, welchen Spielraum Sie für weitere Geldanlagen haben, erfordert meist einige Rechenschritte. Dazu gehört, dass Sie unter anderem bei den regelmäßigen Einnahmen nicht mit den Bruttowerten kalkulieren, sondern die Summen zugrunde legen, die Ihnen nach Abzug von möglichen Steuern und Sozialabgaben tatsächlich zur Verfügung stehen.

Planen Sie zudem, wenn Sie Einnahmen und Ausgaben gegenüberstellen, neben regelmäßig wiederkehrenden Posten Ausgaben ein, die außer der Reihe und unerwartet anfallen können, etwa ein Notfallpolster für Autoreparatur oder plötzlich anstehende Arbeiten am Haus.

Eine individuelle Lösung

Welche Strategie passend für Sie ist und welche Anlagen für Sie infrage kommen, hängt vor allem von Ihren persönlichen Lebensumständen ab. Eine Mutter mit zwei Kindern, die ihre Ausbildung noch vor sich hat, muss anders kalkulieren als etwa eine Rentnerin, die stets ihr eigenes Einkommen hatte und nach dem Tod des Partners auf zwei sichere Renten bauen kann.

Für den Aufbau der eigenen Anlagestrategie sind auch die unterschiedlichen Eigenschaften entscheidend, die die einzelnen Geldanlagen haben: Sind sie sicher oder mit etwas Risiko verbunden? Welche Flexibilität bieten sie oder anders ausgedrückt: Wie kurzfristig können Sie über angelegtes Geld verfügen? Und welche Renditechancen bieten sie jeweils?

Stellen Sie sich darauf ein, dass Sie nicht alle möglichen Vorteile in einem Produkt finden werden. So ist etwa Geld, das auf einem Tagesgeldkonto geparkt ist, kurzfristig verfügbar, aber bringt etwas weniger Zinsen als Festgeld, das Sie zum Beispiel für ein Jahr oder länger anlegen. Höhere Renditechancen haben Sie mit Aktien oder anderen Wertpapieren, dafür haben Sie aber anders als beim Tages- oder Festgeld keine absolute Sicherheit für Ihre Investition.

Auf Basis dieser Merkmale ergeben sich ganz unterschiedliche Wege für die weitere Geldanlage und gegebenenfalls Altersvorsorge. Einige davon zeigen die folgenden Beispiele. Wir haben die Fälle schon einige Male im Buch vorgestellt und an ihnen unter anderem zu Beginn des Ratgebers gezeigt, welche Aufgaben Witwen und Witwer nach dem Tod des Partners erledigen müssen und welche sinnvoll sind. Im folgenden Abschnitt gehen wir noch einen Schritt weiter ins Detail zur künftigen Geldanlage.

Anlegen für sich und die Familie

Eine junge Mutter mit begrenzten finanziellen Möglichkeiten sollte trotz allem die eigene Altersvorsorge mit im Blick behalten.

Beispiel: Die 40-jährige Annika hatte sich für einen Teilzeitjob entschieden, um genug Zeit für ihre zwei Kinder zu haben. Ihr mittlerweile verstorbener Mann Benno war Hauptverdiener der Familie. Bis auf ein kleines Notfallpolster floss fast jeder Euro, der übrig war, in die vor wenigen Jahren erworbene Doppelhaushälfte. Annikas einzige zusätzliche Vorsorge: Sie zahlt seit Jahren Beiträge in einen Riester-Vertrag ein.

Nachdem Benno bei einem Autounfall ums Leben gekommen ist, muss Annika zunächst schauen, ob und wie sie das Immobiliendarlehen weiter bedienen kann. Die Witwenrente und das Geld aus einer Lebensversicherung sind ihr dabei eine große Hilfe, aber auf Dauer wird sie nicht darum herumkommen, ihr Einkommen zu erhöhen. Entsprechend knapp ist zumindest derzeit ihr Budget, sodass für weitere Geldanlagen kaum Raum bleibt.

Wenn doch, empfiehlt es sich, dass sie zunächst auf Sicherheit setzt. Wichtig ist, dass das Notfallpolster weiter hoch genug ist. Am besten parkt sie das Geld auf einem Tagesgeldkonto. So kommt sie jederzeit heran. Sollte das Polster zum Beispiel nach Abrechnung aller Kosten für die Beerdigung geschrumpft sein, wäre das erste Ziel, dieses wieder aufzustocken. Wichtig ist, dass sie etwa durch unvorhergesehene Ausgaben fürs Haus nicht Gefahr läuft, nicht mehr flüssig zu sein und das Immobiliendarlehen nicht weiter bedienen zu können.

Ihre eigene Altersvorsorge sollte Annika dennoch nicht aus dem Blick verlieren. Mit ihrem Riester-Vertrag macht sie bereits ein wenig dafür. Trotz aller Nachteile und Kritik an der Riester-Rente empfiehlt es sich für sie als Mutter von zwei Kindern, diesen Vertrag fortzuführen, denn immerhin bringt er ihr jährlich bis zu 775 Euro Zulagen vom Staat. Die Riester-Ersparnisse kann sie dann zum Beispiel auch nutzen, um eine Sondertilgung ihres Immobiliendarlehens zu leisten. Sobald sie mehr finanziellen Spielraum hat als derzeit, sollte sie aber auch schauen, ob weitere Anlagen infrage kommen.

Will sie auf lange Sicht Geld für ihre Kinder anlegen, eignen sich dafür zum Beispiel Indexfonds. Das damit verbundene Risiko kann sie mit sicheren Zinsanlagen abfedern (siehe „ETF und mehr", S. 127).

Finanziell unabhängig

Deutlich mehr finanziellen Freiraum als Zweifachmutter Annika hat Patrick, der immer Vollzeit gearbeitet hat und dies auch weiterhin macht.

Beispiel: Der 55-jährige Patrick hat seinen Mann Bernd wenige Jahre nach der Hochzeit verloren. Die beiden wohnten zur Miete in einem Altbau in der Innenstadt. Sie waren vor ihrer Hochzeit finanziell unabhängig voneinander und sind es auch danach geblieben. So hat Patrick, beschäftigt im Öffentlichen Dienst, unter anderem Wertpapiere im Wert von 30 000 Euro in seinem Depot. Durch Bernds Tod kann er weitere Papiere übernehmen. Für das Alter sorgt Patrick über seinen Arbeitgeber vor.

Patricks finanzielle Situation ist somit nach Bernds Tod komfortabel. Die Wohnung ist ihm zwar eigentlich zu groß und allein auch etwas zu teuer, doch mit dem Umzug macht er sich keinen Druck, sondern er will in Ruhe nach etwas Passendem suchen.

Insgesamt kann er seine regelmäßigen Ausgaben sicher stemmen, sodass er den nötigen Freiraum hat, weiterhin einen Teil seines Geldes in Wertpapiere zu investieren. Da er von Bernd ebenfalls Wertpapiere geerbt hat, ist die Gelegenheit günstig zu prüfen, ob und wie er umschichtet, um weiterhin eine passende Mischung aus Risiko und sicheren Anlagen zu erreichen. Er plant zudem, bei seinen Investments mehr Wert auf Nachhaltigkeit zu legen. Bei der Zusammensetzung seines Depots kann er sich an den Pantoffel-Portfolios orientieren – konkreten Depotvorschlägen von Finanztest (siehe „ETF und mehr", S. 127).

Im Ruhestand weiter gut leben

Sind Hinterbliebene bereits im Ruhestand, stellt sich häufig unter anderem die Frage, ob und wie vorhandene Ersparnisse in eine regelmäßige Zusatzeinnahme umgewandelt werden können.

Beispiel: Maria ist 66 und bezieht nur eine geringe Altersrente von 540 Euro brutto. Nach dem Tod ihres Mannes Peter erhält sie monatlich zusätzlich 800 Euro Witwenrente. Weitere Rentenversicherungen hatte das Paar nicht abgeschlossen. Aber immerhin stehen Maria aus der Auszahlung aus einer Kapitallebensversicherung noch rund 40 000 Euro zur Verfügung. Einen Teil des Geldes hatte Peter in aktiv gemanagte Aktienfonds investiert, der Rest liegt verteilt auf Festgeld- und Tagesgeldkonten.

Da Maria sich aus den zwei Renten keine größeren Sprünge leisten kann, wird sie vermutlich irgendwann an das Geld aus der Versicherung herangehen müssen. An den Teil des Geldes, der auf dem Tagesgeldkonto liegt, kommt sie jederzeit heran. Beim Festgeld sollte sie im Blick haben, wann die jeweiligen Laufzeiten enden, um neu zu entscheiden was aus den Ersparnissen wird.

Will sie auf Dauer auf absolute Sicherheit bei der Geldanlage setzen, bliebe ihr nichts anderes übrig, als die Fondsanteile zu verkaufen, denn mit dem Fondsinvestment ist

Zeit für Hobbys
Ihnen geht es bei der Geldanlage um eine möglichst bequeme Lösung? Dafür können zum Beispiel die „Pantoffel-Portfolios" infrage kommen.

ein gewisses Risiko verbunden. Doch sie sollte nicht überstürzt verkaufen, sondern die Märkte vorher beobachten, um einen möglichst guten Zeitpunkt zu erwischen.

Wenn sie verkauft hat, könnte sie das Geld zum Beispiel auf Festgeldkonten mit unterschiedlichen Laufzeiten verteilen, sodass in bestimmten Abständen, zum Beispiel alle drei Monate, ein Teil des Geldes frei wird, und sie entscheidet dann, ob sie das Geld für den Alltag benötigt oder wieder anlegen will.

Es ist auch eine Typfrage, ob sie mit dieser sicheren Variante zufrieden ist. Ist sie bereit, etwas mehr Risiko einzugehen, wäre die Alternative, dass sie nur einen Teil in sichere Zinspapiere anlegt und einen anderen weiter in Wertpapiere investiert.

Die aktiv gemanagten Fonds, in die ihr Mann investiert hatte, sind für sie gerade als Börsenneuling jedoch nicht unbedingt die beste Wahl. Im Vergleich zu den aktiv gemanagten Fonds sind ETF – das sind börsennotierte Indexfonds („Exchange Traded Funds") – etwas bequemer und auch günstiger (siehe „ETF und mehr", S. 127).

Mit dem Fondsinvestment sind zwar Verluste möglich, doch wenn Maria die Investition mit sicheren Zinsanlagen kombiniert, lässt sich das Risiko begrenzen. Um von vorhandenen Ersparnissen zu zehren, hat Finanztest die „Pantoffel-Rente" entwickelt: ein Anlage-Konzept, bei dem ein Teil des Geldes in sicheres Tages- oder Festgeld fließt und der andere Anteil in ETF. Wie genau die Pantoffel-Rente funktioniert, lesen Sie im Abschnitt „Vorhandenes Vermögen verbrauchen" ab S. 133.

Richtig reagieren
Ganz gleich, ob Sie sich in einer ähnlichen Situation befinden wie die drei Witwen und Witwer in den genannten Beispielen oder ob Ihre Ausgangsposition davon deutlich abweicht: Einige Grundsätze für die Anlageentscheidung gelten immer, zum Beispiel, dass Sie Ihr Geld auf verschiedene Anlageformen verteilen sollten. Setzen Sie nicht alles auf eine Karte, sondern mischen Sie Anlagen, etwa sichere und etwas riskantere Anlagen oder auch Anlagen, auf die Sie zu unterschiedlichen Zeiten zugreifen können.

Jetzt ist eine gute Gelegenheit, hier neu anzusetzen und auch mögliche Versäumnisse aus der Vergangenheit geradezurücken. Es wäre nicht optimal, wenn Sie etwa aus Bequemlichkeit oder weil Sie meinen, sich nicht gut genug auszukennen, einfach alles in Sachen Geldanlage und Altersvorsorge weiterlaufen lassen wie bisher – besser ist, dass Sie Ihren eigenen Weg zur Geldanlage finden (siehe auch Interview S. 109).

Ein weiterer Punkt: Überlegen Sie sich nicht nur, welche Produktarten für Sie passen, sondern auch, wo Sie Ihr Geld anlegen. Das kann Ihre Hausbank sein, aber meist lohnt sich ein Blick auf die Angebote anderer Banken. Legen Sie Ihr Geld zum Beispiel bei einer Direktbank an, erhalten Sie in der Regel bessere Konditionen als bei einer Filialbank, weil kein teures Filialnetz unterhalten werden muss. Zudem ist die Auswahl bei manchen Produkten größer. Dafür erhalten Sie keine direkte Beratung vor Ort. Das liegt wiederum nicht jedem – vielleicht ziehen Sie deshalb doch eine Bank mit Filialnetz vor?

Auch dann sollten Sie allerdings nicht unvorbereitet in das Gespräch mit den Beratern vor Ort gehen. Nehmen Sie sich Zeit und führen Sie sich Ihre finanzielle Situation vor Augen, bevor Sie Ihre Bank aufsuchen. Achten Sie dann im Gespräch zum Beispiel darauf, dass die Berater vor Ort Ihnen für die weitere Geldanlage etwas empfehlen, das zu Ihren Zielen und Wünschen passt. Verlassen Sie sich nicht unüberlegt auf die Anlagevorschläge, sondern haken Sie nach, wenn Sie etwas nicht verstehen oder Ihnen etwas komisch vorkommt. Schalten Sie Ihren gesunden Menschenverstand ein, bevor Sie sich für eine Geldanlage entscheiden. Unterschreiben Sie nicht gleich, überschlafen Sie Ihre Entscheidung.

Wenn Sie im privaten Umfeld jemanden haben, der Sie bei diesen Fragen und Gesprächen unterstützen kann, ist das umso besser. Und sei es nur, dass er Sie als „Zeuge" zum Beratungsgespräch begleitet.

Für den ersten Überblick

Im weiteren Verlauf dieses Kapitels werden wir die wichtigsten Geldanlagen und Möglichkeiten für die weitere finanzielle Vorsorge vorstellen. Je nach Lebenssituation werden nicht alle genannten Produkte für Sie interessant sein. Wir starten mit einem kurzen Überblick zu Verträgen zur (geförderten) Altersvorsorge (siehe „Für Hinterbliebene im Beruf", S. 117), gehen dann auf die sicheren Zinsprodukte ein („Anlegen mit dem Wunsch nach absoluter Sicherheit", S. 124) und schließen das Kapitel mit einer Übersicht zu Fonds und anderen Wertpapieren ab. Vielleicht werden Sie Informationen über manche Geldanlagen vermissen, die Ihnen schon einmal angeboten wurden, doch wir beschränken uns hier auf die wichtigsten Anlagen, die wir auch empfehlen – einen noch umfassenderen Überblick bietet etwa das „Handbuch Geldanlage", das Sie unter test.de/shop bestellen können.

Wer kennt sich aus?

Auf test.de finden Sie regelmäßig aktualisierte Übersichten zu den besten Zinsangeboten wie Tages- und Festgeld sowie Fondsbewertungen. Auch aktuelle Untersuchungen zu Depotkosten und Tipps für den Aufbau eines neuen Wertpapierdepots können Sie hier bekommen. Wenn Sie sich allein überfordert fühlen mit dem Thema Geldanlage, kann es eventuell helfen, sich an einen Honorarberater zu wenden, der Sie neutral – unabhängig von Provisionen für bestimmte Produkte – berät. Eine weitere Möglichkeit wäre, dass Sie die Beratungsangebote der Verbraucherzentralen nutzen.

Corona wirkt noch nach

Wenn Sie nun überlegen, wie etwa das Geld aus der Risikolebensversicherung angelegt werden soll oder ob Sie an vorhandenen Wertpapieren festhalten wollen, sind Sie vielleicht noch leicht verunsichert aus den Erfahrungen der letzten Jahre. Sie fragen sich, ob etwa eine Investition in ETF und andere Börsengeschäfte eine gute Idee sind. Immerhin hat sich zu Beginn der Corona-Krise gezeigt, wie schnell es an den Börsen bergab gehen kann, wenn eine neue Krise aufzieht. Ist das Risiko eventuell zu groß?

Fest steht, dass mit Börseninvestments immer ein gewisses Risiko verbunden ist, Verluste lassen sich nicht ausschließen. Die Corona-Pandemie hat aber auch gezeigt, dass sich die Kurse vergleichsweise schnell wieder erholen können.

Um sich gegen mögliche Turbulenzen zu wappnen, ist es deshalb wichtig, dass Sie das in Wertpapiere investierte Geld nicht zu einem bestimmten, unwiderruflichen Termin benötigen, sondern es flexibel und auf längere Sicht liegen lassen und zwischenzeitliche Verluste aussitzen können. Mehr dazu lesen Sie unter „Die Risiken lassen sich begrenzen", S. 129.

→ **Mögliche Steuern einplanen**

Kalkulieren Sie mit ein, dass das Finanzamt von Kapitalerträgen wie Zinsen, Dividenden und Gewinnen aus Wertpapierverkäufen einen Teil abbekommt. Steuern zahlen Sie aber nicht gleich für den ersten erwirtschafteten Euro, denn für jeden Anleger sind Erträge bis 801 Euro im Jahr steuerfrei. Meist zieht Ihre Bank oder Sparkasse die Steuer direkt von den Erträgen ab und überweist sie an das Finanzamt, nur den Rest erhalten Sie. Häufig wird es sich jedoch lohnen, dass Sie es nicht dabei belassen, sondern Ihre Kapitalerträge selbst über die Einkommensteuererklärung abrechnen (siehe „Die Steuererklärung", S. 93).

Für Hinterbliebene im Beruf: Anlegen und an später denken

Eigene Altersrente plus Witwenrente – reicht das für den Ruhestand aus? Wenn Sie noch im Berufsleben stehen, verlassen Sie sich nicht darauf – zusätzliche Vorsorge ist meist nötig.

Auch wenn Ihr Budget gerade jetzt in Ihrer neuen Lebenssituation knapp sein sollte: Wenn Sie noch nicht im Ruhestand sind, empfiehlt es sich unbedingt, die finanzielle Absicherung im Alter im Blick zu behalten. Eine Hinterbliebenenrente wird zwar auch im Ruhestand weitergezahlt, dennoch kann es finanziell eng werden – zum Beispiel, wenn Sie im Berufsleben längere Teilzeitphasen hatten oder sich etwa für die Erziehung Ihrer Kinder mehrere Jahre aus der Arbeitswelt verabschiedet hatten. Deshalb sollten Sie sich ergänzend um eine private Altersvorsorge kümmern, solange Sie erwerbstätig sind.

Für die private Altersvorsorge gibt es verschiedene Angebote. Sinnvoll ist zunächst ein Blick auf die Vorsorgeverträge, bei denen der Staat Sie finanziell unterstützt, etwa bei der Riester- und der Betriebsrente. Allerdings haben auch solche Verträge ihre Schwächen.

Je nach Ihren finanziellen Spielräumen eignen sich aber auch andere Geldanlagen, um ein Polster für den Ruhestand anzulegen (siehe „ETF und mehr", S. 127).

Riester-Vertrag: Immer weniger Angebote für Neuabschluss

Die Riester-Rente steht immer wieder in der Kritik, und Reformen sind angedacht. Mehrfach wurden auch Forderungen laut, die Riester-Rente ganz abzuschaffen. Derzeit gibt es sie aber noch, allerdings sind immer weniger Angebote für einen neuen Vertragsabschluss erhältlich. Dennoch stellen wir die Vorsorgemöglichkeit kurz mit ihren Vor- und Nachteilen vor, auch weil viele Leser vielleicht überlegen, was aus einem laufenden Vertrag wird.

Für berufstätige Hinterbliebene, die wie Annika im Beispiel auf S. 26 Kinder haben, kann ein Riester-Vertrag für die private Altersvorsorge tatsächlich interessant sein. Der Vertragsabschluss lohnt sich in der aktuellen Niedrigzins-Phase aber nur noch, wenn der Staat den Großteil der Beiträge übernimmt. Riester-Sparer profitieren von staatlichen Zulagen und je nach Einkommen eventuell auch noch von einem Steuervorteil. Als zweifache Mutter kann Annika jährlich bis zu 775 Euro Zulagen vom Staat erhalten. Denn ihr selbst steht eine Grundzulage von bis zu 175 Euro im Jahr zu. Pro Kind, das ab 2008 geboren wurde, sind bis zu 300 Euro Zulage jährlich möglich, für ältere Kinder bis zu 185 Euro im Jahr. Die Kinderzulagen fließen, solange der Sparer Anspruch auf Kindergeld hat. Die vollen Zulagen erhalten Sparer, wenn aus Zulagen und eigenen Beiträgen mindestens 4 Prozent des Bruttoverdienstes aus dem Vorjahr in den Riester-Vertrag fließen. Der Mindestbeitrag liegt bei 60 Euro pro Jahr.

Wichtig für die Rechnung: Eine Hinterbliebenenrente wird nicht berücksichtigt, wenn die Höhe der Zulagen ermittelt wird.

Beispiel: Annika verdient neben der Witwenrente 26 000 Euro brutto im Jahr. Dieser Bruttoverdienst ist die Berechnungsgrundlage für die Riester-Zulagen. Die zweifache Mutter müsste also insgesamt 1 040 Euro (4 Prozent von 26 000 Euro) in ihren Riester-Vertrag einzahlen, um die vollen Zulagen zu erhalten. Bei 775 Euro Zulagen vom Staat für sich und ihre zwei Kinder müsste sie also 265 Euro im Jahr aus eigener Tasche beisteuern – umgerechnet rund 22 Euro pro Monat. Sie kann auch weniger einzahlen, erhält dann aber nicht die vollen Zulagen.

Auf Basis der eingezahlten Beiträge und Zulagen erhalten Riester-Sparer im Ruhestand eine regelmäßige Auszahlung. Bei niedrigen Eigenbeiträgen wie im Fall von Annika wird die Rente nicht überragend ausfallen. Andererseits ist eine jährliche Förderung von bis zu 775 Euro immerhin eine wertvolle Hilfe bei der Altersvorsorge.

Neben den staatlichen Zulagen ist für Riester-Sparer in der Ansparphase ein Steuervorteil möglich. Denn sie dürfen ihre eigenen Beiträge und auch die Zulagen als Sonderausgaben in der Steuererklärung abrechnen. Zahlungen bis zu 2 100 Euro im Jahr berücksichtigt das Finanzamt, sodass die Steuerbelastung sinken kann. Diese Steuerersparnis wird allerdings mit den bereits gezahlten Zulagen verrechnet, sodass es zum Beispiel in Annikas Fall neben den Zulagen keinen weiteren Vorteil gibt.

Haben Sie Interesse an einem neuen Riester-Vertrag, hätten Sie in früheren Jahren aus einem breiten Angebot wählen können, doch dieses ist deutlich geschrumpft. Anfang 2022 hat Finanztest festgestellt, dass es zu dem Zeitpunkt nur noch einen Fondssparplan-Anbieter, keinen Anbieter für einen Banksparplan, sechs Anbieter für Wohn-Riester und 35 Versicherer gab, die Riester-Tarife für Neukunden anbieten.

In der Vergangenheit wurden am häufigsten Riester-Rentenversicherungen abgeschlossen. Allerdings ist die garantierte Verzinsung in den vergangenen Jahren immer weiter zurückgegangen. Zudem bringt der Vertragsabschluss enorme Kosten mit sich.

Günstiger ist es, wenn Sie sich für einen Riester-Fondssparplan entscheiden. Fondsinvestments bergen zwar ein gewisses Verlustrisiko, doch als Riester-Sparer haben Sie immerhin die Sicherheit, dass Ihre eigenen Einzahlungen und die staatlichen Zulagen Ihnen auch bei Verlusten sicher sind und bei Rentenbeginn zur Verfügung stehen. Eine weitere lohnende Alternative kann das Riestern für Eigenheimbesitzer oder all diejenigen sein, die sich noch eine Immobilie zulegen wollen. Sie können zum Beispiel einen Riester-Bausparvertrag abschließen. Eine weitere Alternative wäre noch, dass man bereits angespartes Riester-Vermögen, das zum Beispiel in einer Rentenversicherung oder in einem Banksparplan steckt, als Eigenkapital für den Immobilienerwerb nutzt oder für eine Sondertilgung eines laufenden Darlehens. Wie Sie dabei vorgehen müssen, lesen Sie online auf test.de/thema/eigenheimfoerderung.

→ Wenn nur der Partner einen Förderanspruch hatte

Sie haben schon geriestert, hatten allerdings selbst keinen unmittelbaren Anspruch auf die staatliche Förderung, sondern nur über Ihren Partner? In dem Fall können Sie Ihren bestehenden Riester-Vertrag zwar weiter besparen, erhalten aber ohne Ihren Partner keine Förderung mehr. Überlegen Sie sich gut, ob sich das für Sie lohnt oder ob es günstiger ist, den bisherigen Vertrag ruhen zu lassen und anderweitig für später vorzusorgen. Staatliche Unterstützung, die Sie bisher für Ihren Riester-Vertrag erhalten haben, müssen Sie aber nicht zurückerstatten.

Vorsorgen über den Arbeitgeber

Witwer Patrick aus dem Beispiel auf S. 24 sorgt als Beschäftigter im Öffentlichen Dienst über seinen Arbeitgeber fürs Alter vor. Das bedeutet, dass sein Arbeitgeber einen Teil des monatlichen Bruttoeinkommens abzweigt und dieses Geld in die Altersvorsorge fließt. Für diesen Beitrag wird dann keine Lohnsteuer fällig, und auch Sozialabgaben fallen dafür nicht an, wenn Sie bestimmte Grenzen einhalten: 2022 bleiben Einzahlungen bis 6 768 Euro steuerfrei. Für Zahlungen bis 3 384 Euro fallen immerhin keine Sozialabgaben an.

Ein weiterer Vorteil der betrieblichen Altersvorsorge: Ihr Arbeitgeber muss Sie beim Sparen unterstützen und Ihren eigenen Beitrag um mindestens 15 Prozent aufstocken. In den vergangenen Jahren galt diese Pflicht zunächst nur für Neuverträge, seit Anfang 2022 auch für Altverträge. Gefördert werden Verträge für Direktversicherungen, bei Pensionskassen und Pensionsfonds.

Es gibt weitere Durchführungswege der betrieblichen Altersvorsorge – Unterstützungskasse und Direktzusage.

Der Arbeitgeber wählt das jeweilige Modell und den Anbieter aus. Auch deshalb kann ein Jobwechsel problematisch werden: Wechseln Sie den Arbeitgeber, haben Sie zwar einen Rechtsanspruch darauf, dass Sie Ihr angespartes Guthaben mitnehmen dürfen, nicht aber darauf, dass Sie Ihren bisherigen Vertrag fortführen können. Ein neuer Arbeitgeber ist nur verpflichtet, Ihr

Guthaben in eines seiner Versorgungssysteme einzuzahlen. Wenn Sie vorher attraktive Konditionen hatten, können Sie also nicht sicher sein, diese nach dem Jobwechsel zu behalten. Die betriebliche Altersvorsorge empfiehlt sich daher vor allem für diejenigen, die einen sicheren Job haben und ihn auch eher nicht wechseln möchten. Besonders attraktiv wird eine Betriebsrente, wenn die Firma zum Vertrag mehr beisteuert als die 15 Prozent, um die sie den Vertrag ohnehin aufstocken muss.

Rürup-Vertrag mit Steuervorteil

Die dritte Form der staatlich geförderten Altersvorsorge ist die sogenannte Rürup- oder auch „Basisrente". Hier besteht die Förderung darin, dass Sie durch die Zahlung der Vorsorgebeiträge Steuern sparen können. Der Steuervorteil fällt umso größer aus, je höher Ihr Einkommen ist.

Für Hinterbliebene, die finanziell eher knapp sind, ist ein solcher Vertrag meist keine gute Wahl. Denn eine Rürup-Rente ist unflexibel, und bei Abschluss fallen in der Regel hohe Kosten an. Eine vorzeitige Kündigung ist nicht möglich. Ein Rückkauf, bei dem Sie zumindest einen Teil der Beiträge zurückbekommen würden, ist hier nicht vorgesehen.

Wenn Sie sich aufgrund des Steuervorteils doch den Abschluss eines solchen Vertrags vorstellen können, finden Sie auf test.de/ruerup weitere Informationen und die jeweils aktuellsten Testergebnisse.

Vorsorgen ohne die Förderung vom Staat

Um für das Alter vorzusorgen, gibt es weitere Angebote – allerdings ohne staatliche Förderung. Dazu gehören Rentenversicherungen, die Sie bei privaten Versicherern abschließen können. Das Prinzip auch hier: Sie zahlen regelmäßig einen festen Beitrag an den Versicherer, und er sichert Ihnen dafür eine lebenslange Rente zu.

Möglich ist je nach Vertrag auch eine Einmalzahlung, die dann in eine Rente umgewandelt wird (siehe „Private Sofortrente", S. 126). Je nach Art des Vertrags fließt Ihr Geld überwiegend in sichere Geldanlagen (klassische private Rentenversicherung) oder auch in Investmentfonds (fondsgebundene Rentenversicherung).

Gerade wenn es Ihnen um absolute Sicherheit geht, hat die klassische Versicherung in den vergangenen Jahren deutlich an Attraktivität verloren: Die Verzinsung, die Ihnen die Versicherer für Ihre Einzahlungen garantieren, liegt gerade noch bei 0,25 Prozent. Zum Vergleich: Um die Jahrtausendwende lag sie noch bei rund 4 Prozent. Seither ging der Garantiezins immer weiter nach unten.

Viele Versicherer sind mittlerweile sogar dazu übergegangen, dass sie den Kunden nur noch Verträge ohne garantierte Verzinsung offerieren. Dafür bieten sie an, die Versicherten stärker an ihren Überschüssen zu beteiligen. Die Höhe dieser Überschüsse ist aber nicht garantiert.

Schritte Richtung Ruhestand
Für die Altersvorsorge gibt es zahlreiche Angebote. Je nach den finanziellen Spielräumen kann ein vorzeitiger Rentenbeginn infrage kommen – mit mehr Zeit für den eigenen Garten.

Ein weiterer Nachteil: Eine solche Versicherung ist eher unflexibel. Können oder wollen Sie die vereinbarten Beiträge nicht mehr aufbringen und wollen Sie den Vertrag kündigen, machen Sie in aller Regel Verlust. Eine Alternative zur Kündigung könnte sein, dass Sie den Vertrag beitragsfrei stellen. Dann müssen Sie nichts mehr einzahlen, bekommen aber trotzdem erst zum Ende der Laufzeit Ihr Geld.

Die fehlende Flexibilität gilt auch für fondsgebundene Versicherungen. Hier sind allerdings die Chancen auf etwas höhere Renditen größer – gleichzeitig aber auch das Risiko. Denn wenn ein Teil der investierten Versicherungsbeiträge in Investmentfonds fließt, sind Verluste möglich. Dadurch kann es Ihnen passieren, dass Sie am Ende der Vertragslaufzeit weniger herausbekommen, als Sie eingezahlt haben.

Letztlich sind private Rentenversicherungen für die Altersvorsorge in jungen Jahren meist keine gute Lösung. Gerade wenn Sie finanziell flexibel bleiben wollen – etwa weil Sie noch nicht abschätzen können, wie groß Ihr finanzieller Spielraum auf lange Sicht sein wird –, empfiehlt es sich im Regelfall nicht, dass Sie sich an solche lang laufenden Verträge binden, die zudem keine überragenden Renditen bieten.

Wenn Sie langfristige Bindung vermeiden wollen
Wollen Sie Geld für später ansparen und sich nicht langfristig, eventuell sogar für mehrere Jahrzehnte, festlegen, wäre eine Möglichkeit, zunächst auf sichere Sparanlagen wie Tages- und Festgeld zu setzen (siehe „Anlegen mit dem Wunsch nach absoluter Sicherheit", S. 124). Allerdings sind die Zinsen wie bereits erwähnt, mager. So könnten Sie aber erst einmal Phasen mit schwankendem Einkommen überbrücken, um dann später zu entscheiden, ob etwa eine private Rentenversicherung doch noch infrage kommt, etwa, weil Sie sich dringend eine sichere Zusatzeinnahme im Alter wünschen.

Sind Sie finanziell etwas flexibler, können Sie mit Investments in Wertpapiere – zum Beispiel ETF – privat für das Alter vorsorgen. Wie Sie dabei vorgehen können, lesen Sie unter „ETF und mehr", S. 127.

Geld in die gesetzliche Rente investieren

Eine weitere, im Vergleich zu anderen Vorsorgeverträgen durchaus attraktive Alternative ist, dass Sie während des Berufslebens aus freien Stücken Geld in Ihre gesetzliche Rente investieren und sie so aufstocken. Das funktioniert mit freiwilligen Zahlungen an die gesetzliche Rentenversicherung. Der Spielraum dafür ist allerdings begrenzt.

Eine häufig genutzte Möglichkeit: Wenn Sie angestellt beschäftigt und mindestens 50 Jahre alt sind, dürfen Sie neben den Pflichtbeiträgen, die für Ihr Monatseinkommen zu zahlen sind, weitere Sonderzahlungen an die Rentenkasse leisten. Das Prinzip dahinter erscheint zunächst etwas kompliziert. Es hat etwas damit zu tun, dass der Gesetzgeber einen bestimmten Zeitpunkt für den regulären Beginn der Altersrente vorgesehen hat und dass Sie bei einem früheren Rentenbeginn häufig Abschläge von Ihrer Rente in Kauf nehmen müssen.

Je nach Geburtsjahr liegt der gesetzlich vorgesehene Zeitpunkt des Rentenbeginns zwischen 65 und 67 Jahren. Wollen Sie früher in Rente gehen, müssen Sie meist hinnehmen, dass Sie weniger Rente bekommen: Für jeden Monat der vorgezogenen Rentenzahlung werden Ihnen 0,3 Prozent der eigentlich erwirtschafteten Rentenansprüche abgezogen. Wer zum Beispiel nicht mit 66 Jahren in den Ruhestand gehen will, sondern – nach 35 Berufsjahren – bereits mit 63, muss mit einem Minus von 10,8 Prozent klarkommen. Haben Sie beispielsweise mit 63 Jahren eigentlich Anspruch auf 1 800 Euro Bruttorente, blieben nach diesen Abschlägen gerade noch rund 1 605 Euro brutto übrig. Um diesen Abzug für den vorzeitigen Rentenbeginn zu umgehen, dürfen Sie Sonderzahlungen leisten, wenn Sie mindestens 50 sind.

Erst rechnen lassen, dann zahlen

Die Sonderzahlungen funktionieren in mehreren Schritten: Auf Antrag rechnet die Rentenkasse Ihnen zunächst aus, wie viel Sie einzahlen müssten, um das Minus für die Frührente auf Dauer auszugleichen. Das Ergebnis der Rechnung wird eventuell erst einmal abschreckend erscheinen. Je nach Rentenhöhe und Höhe der auszugleichenden Abschläge kann sich ein Betrag von mehreren Zehntausend Euro ergeben.

Doch keine Angst: Sie müssen nicht die gesamte Summe aufbringen – möglich ist auch, nur einen Teil der Summe zu zahlen. Dann gleichen Sie den möglichen Rentenabschlag allerdings nicht komplett aus, aber immerhin verschaffen Sie sich etwas höhere Rentenansprüche. Außerdem müssen Sie das Geld nicht auf einen Schlag aufbringen, denn es sind mehrere Zahlungen pro Jahr möglich.

Entscheiden Sie sich für die Sonderzahlungen, haben Sie gleich mehrere Vorteile. Grundsätzlich dienen die Zahlungen zwar wie gerade beschrieben dazu, Abschläge für eine Frührente auszugleichen, doch das heißt nicht, dass Sie tatsächlich vorzeitig in Rente gehen müssen. Wenn Sie sich doch entschließen, bis zum gesetzlich vorgesehenen Alter weiterzuarbeiten, gehen die freiwillig gezahlten Summen nicht verloren, sondern erhöhen trotzdem Ihren Rentenanspruch.

Wenn Sie freiwillig an die Rentenkasse zahlen, können Sie also nicht nur eine vorgezogene Altersrente erhöhen, sondern sich auch mehr Leistungen sichern für den Fall, dass Sie doch nicht vorzeitig, sondern erst pünktlich zum gesetzlich vorgesehenen Zeitpunkt in Rente gehen.

Die Beiträge, die Sie außer der Reihe an die Rentenkasse zahlen, können Sie als Sonderausgaben in der Steuererklärung geltend machen. Das kann einen enormen Steuervorteil bringen. Am besten klären Sie mit einem Steuerberater oder im Lohnsteuerhilfeverein genau, mit welcher Einzahlung Sie den Steuervorteil bestmöglich ausschöpfen.

Die Renditen der gesetzlichen Rentenversicherung können sich durchaus sehen lassen. Die Deutsche Rentenversicherung geht nach Modellrechnungen davon aus, dass die Rendite längerfristig bei 2 bis 3 Prozent liegt. Wenn Sie sich für diese Möglichkeit der Vorsorge interessieren, sollten Sie allerdings einplanen, dass eine erhöhte eigene Altersrente im Ruhestand eventuell zu einer Kürzung der Witwenrente führen kann. Es gibt zwar einen Einkommensfreibetrag zur Hinterbliebenenrente, aber wenn dieser überschritten ist, wird die Witwenrente anteilig gekürzt (siehe „Einkommen kann Rente drücken", S. 67). Lassen Sie sich am besten direkt bei der Rentenversicherung beraten, welche Sonderzahlungen für Sie möglich sind und mit welchen Leistungen Sie dadurch rechnen können.

Wer kennt sich aus?

Sie haben eine größere Summe etwa aus der Risikolebensversicherung Ihrer Partnerin oder aus anderen Ersparnissen zur Verfügung? Lassen Sie sich bei der Deutschen Rentenversicherung kostenlos zu den freiwilligen Sonderzahlungen beraten: Zahlungen in welcher Höhe sind möglich und sinnvoll, und was bringen sie Ihnen letztlich im Ruhestand an zusätzlicher Rente? Einen Beratungstermin vereinbaren Sie zum Beispiel telefonisch über die Hotline 08 00/10 00 48 00. Um den vollen Steuervorteil für die Sonderzahlungen mitzunehmen, empfiehlt es sich meist, die Einzahlungen über mehrere Jahre zu verteilen. Auf test.de finden Sie über die Suche nach „Rente erhöhen" Beispiele und Tipps für die Zahlungen. Im Zweifel kann sich auch ein Besuch bei einem Steuerexperten, etwa im Lohnsteuerhilfeverein, lohnen.

Anlegen mit dem Wunsch nach absoluter Sicherheit

Die Zinsen auf sichere Sparanlagen sind mager. Gebraucht werden sie dennoch, zum Beispiel als Notfallpolster oder als Sicherheitspuffer für riskantere Anlageprodukte.

Für Tagesgeld zahlten die Banken Anfang 2022 im besten Fall bis zu 0,16 Prozent Zinsen, für Festgeld bei einer Laufzeit von einem Jahr 0,65 Prozent. Doch auch wenn der Ertrag weiterhin sehr mager ist, lohnt sich ein Blick auf die aktuellen Angebote am Markt. Im ersten Schritt ist ein Tagesgeldkonto sinnvoll, um hier eine Reserve für Notfälle kurzfristig verfügbar zu haben. Das Notfallpolster sollte etwa das Zwei- bis Dreifache Ihres Monatseinkommens betragen. Auf dieses Geld haben Sie täglich Zugriff, sodass Sie davon wenn nötig auf die Schnelle neue Winterreifen zahlen können oder ein Notebook für Ihren schulpflichtigen Sohn, weil das alte beschädigt ist.

→ **Polster wieder aufstocken**

Ihr Notfallpolster ist deutlich geschrumpft, zum Beispiel, weil Sie die Beerdigung zahlen mussten oder nicht gleich auf das Geld Ihres Partners zugreifen konnten? Dann sollte Ihr erstes kurzfristiges Sparziel sein, die Notreserve wieder aufzustocken.

Haben Sie bisher kein Notfallkonto, werden Sie bei Ihrer Filialbank meist kein Konto bekommen, bei dem es bedeutend mehr als 0 Prozent Zinsen für Ihr Geld gibt. Etwas besser sind die Aussichten, wenn Sie sich für ein Onlinekonto entscheiden, meist bei ausländischen Direktbanken.

Auf test.de/zinsen finden Sie regelmäßig aktualisierte Übersichten zu den besten Angeboten für Tages- und Festgeld sowie für Sparbriefe. In diese Produktübersicht werden übrigens nur Angebote von Geldinstituten aufgenommen, bei denen eine ausreichende Einlagensicherung gewährleistet ist für den Fall, dass die Bank pleitegeht. So berücksichtigen die Tester zum Beispiel nur Banken aus EU-Staaten, deren Einlagensicherung sich in Krisen bewährt hat oder nach den Erfahrungen der Vergangenheit für eine größere Krise gerüstet scheint. Eine Sicherung von 100 000 Euro Spargeld pro Kundin oder Kunde ist das Minimum.

Leider verlangen zahlreiche Banken inzwischen sogar Zinsen dafür, wenn Sie dort Geld parken. Auf solche „Negativzinsen" – viele sprechen auch von „Minuszinsen", während die Banken es „Verwahrentgelt" nennen – sollten Sie besonders dann achten, wenn Sie größere Beträge auf einem Tagesgeldkonto anlegen möchten. Manche Banken berechnen Minuszinsen bereits, wenn die Anlagesumme 5 000 Euro übersteigt. Negativzinsen können Sie einfach umgehen: Sorgen Sie dafür, dass Sie die jeweilige Anlagegrenze nicht überschreiten, oder sehen Sie sich gleich nach einem anderen Angebot um.

Konten kombinieren
Entscheiden Sie sich für ein Festgeldkonto, haben Sie keinen täglichen Zugriff auf Ihr Geld. Hier wird vorab festgelegt, zu welchem Zinssatz Sie Ihr Geld anlegen und für wie lange – zum Beispiel für ein halbes Jahr, ein Jahr oder auch drei Jahre. Die Zinsen sind dafür etwas höher als beim Tagesgeld, doch vor Ende der vereinbarten Laufzeit kommen Sie nicht an Ihr Geld heran.

Um auch mit Festgeldkonten einigermaßen flexibel zu bleiben, können Sie Ihr Geld auf mehrere Konten so verteilen, dass alle paar Monate oder jedes Jahr eine Auszahlung fällig wird. Steht eine Auszahlung an, können Sie jeweils entscheiden, wie viel Sie von der frei werdenden Summe kurzfristig benötigen und wie viel Sie direkt wieder anlegen möchten.

Sinnvoll ist, dass Sie im Blick behalten, wann das Festgeld jeweils wieder frei wird. Prüfen Sie schon bei Abschluss unbedingt, ob und wann Sie kündigen müssen. Verpassen Sie den Zeitpunkt, kann es Ihnen passieren, dass die Bank das Geld gleich wieder neu anlegt – zu den dann gültigen Konditionen. Womöglich ist der Zins dann niedriger als vorher, und Sie kommen für eine längere Zeit nicht an Ihre Ersparnisse.

Eine Alternative zu diesem selbst gebastelten Plan können feste Auszahlpläne der Banken sein. Das Prinzip dahinter: Sie zahlen eine größere Summe in einen solchen Auszahlplan ein, und die Bank zahlt Ihnen daraufhin regelmäßig eine bestimmte Summe aus. So verbrauchen Sie nach und nach das eingezahlte Kapital. Das Angebot an Auszahlplänen ist aber schmal. Schauen Sie vor Vertragsabschluss am besten auf test.de nach, ob es einen aktuellen Vergleich gibt.

Ein weiterer Nachteil: Mit einem Auszahlplan sind Sie eher unflexibel, Sie kommen während der vereinbarten Laufzeit nicht an Ihr Erspartes heran. Deshalb empfiehlt es sich, dass Sie höchstens so viel Geld in den Auszahlplan stecken, dass Sie die für den gewünschten Zeitraum angedachte „Zusatzrente" in der gewünschten Höhe erreichen können. Beachten Sie auch die Entwicklung der Zinsen: Je länger Sie sich an den Auszahlplan binden, desto höher sind zwar die Zinsen. Doch sollten die Zinsen in einigen Jahren wider Erwarten deutlich steigen, geht diese Entwicklung an Ihnen vorbei. Daher sollten Sie sich derzeit möglichst nicht länger als fünf Jahre binden, es sei denn, Sie werden für die längere Laufzeit mit einem ordentlichen Zinsplus belohnt.

Private Sofortrente mit Nachteilen

Beim Wunsch nach absoluter Sicherheit kann mit zunehmendem Alter eine Sofortrente von einem privaten Versicherer ein Thema werden: Wie schon bei den Produkten zur privaten Altersvorsorge kurz vorgestellt, zahlen Sie bei einer solchen „Privatrente gegen Einmalbeitrag" auf einen Schlag eine größere Summe an den Versicherer, und er zahlt Ihnen daraus eine regelmäßige Rente aus. Das kann für Sie interessant sein, wenn Sie zum Beispiel kurz vor dem Ruhestand oder bereits Rentner sind. Steht Ihnen dann etwa aus der Risikolebensversicherung oder aus dem Nachlass Ihrer Partnerin eine größere Summe zur Verfügung, können Sie sich dafür quasi eine private Rente gegen Einmalbeitrag kaufen.

Der Abschluss eines solchen klassischen Vertrags, bei dem der Versicherer Ihren Beitrag überwiegend in sichere Zinsanlagen investiert, kann zum Thema werden, wenn Ihr persönlicher Finanzcheck ergeben hat, dass Sie noch eine regelmäßige, sichere Zusatzeinnahme benötigen, um die Ausgaben im Alltag sicher bestreiten zu können.

Aber Achtung: Die absolute Sicherheit hat ihren Preis! Die Nachteile privater Rentenversicherungen haben wir bereits im Kapitel „private Altersvorsorge" ab S. 117 beschrieben: So sind etwa mit dem Vertragsabschluss meist enorme Kosten verbunden. Und die Erträge aus einer solchen Versicherung sind mager. Als garantierte Verzinsung bieten die Versicherer bei neu abgeschlossenen Verträgen gerade noch 0,25 Prozent. Dieser Satz ist zum Jahreswechsel 2022 von zuvor 0,9 Prozent gesenkt worden. Das macht einen Vertragsabschluss noch einmal unattraktiver (siehe „Vorsorgen ohne die Förderung vom Staat", S. 120). Viele Versicherer garantieren ihren Kunden gar keine sichere Rendite mehr, dafür bieten sie an, sie stärker an den Überschüssen zu beteiligen. Aber das bedeutet: Wenn ein Versicherer keine Überschüsse erwirtschaftet, kommt auch nichts bei den Kunden an.

Auf der anderen Seite haben Sie beim Vertragsabschluss eine feste Größe, mit der Sie bei Ihrer weiteren Finanzplanung kalkulieren können. Dazu haben Sie Gewissheit, dass der Versicherer die Rente bis zu Ihrem Lebensende zahlen wird. Sie müssen anders als etwa bei einem Bankauszahlplan, bei dem das Kapital verzehrt wird, nicht fürchten, dass das Geld irgendwann aufgebraucht sein wird und der private Versicherer daraufhin die Zahlung einstellt.

Insgesamt lohnt sich die Sofortrente daher vor allem, wenn Versicherte sehr alt werden. Ein wichtiger Punkt ist deshalb, dass Sie sich fit und gesund fühlen und Ihre Lebenserwartung positiv einschätzen. Rechnen Sie sich außerdem vor Vertragsabschluss möglichst genau aus, wie viel zusätzliche Rente für Ihren Lebensunterhalt notwendig ist. Zahlen Sie nur so viel in den Vertrag ein, dass Sie auf die nötige Rentenhöhe kommen. Ist dann Geld übrig, sollten Sie es in flexiblere Anlagen investieren.

ETF und mehr: Anlegen mit etwas Risiko

Je nach finanzieller Lage und Flexibilität sollten Sie überlegen, Geld an der Börse zu investieren – um weitere Erträge zu erwirtschaften oder sich eine Zusatzrente zu schaffen.

Witwer Patrick im Beispiel auf S. 24 muss bei seiner weiteren Geldanlage nicht auf absolute Sicherheit bauen. Da er ausreichend eigene Einnahmen hat, kann er bei seiner Geldanlage weiterhin auf Wertpapiere setzen. Auch die Rentnerin Maria muss nicht gleich ein vorhandenes Wertpapierdepot abstoßen, nur weil sie plötzlich ohne ihren Mann dasteht. Gerade in Zeiten niedriger Zinsen spricht sehr viel für Aktieninvestments.

Die Frage ist allerdings: Welches Investment passt zu den beiden? Wie können sie ein mögliches Risiko gering halten, und wie kommen sie an passende Lösungen?

Einmaleins für Börsenneulinge

Für alle, die bisher nichts oder wenig mit Geldanlagen zu tun hatten, erklären wir an dieser Stelle kurz einige wichtige Begriffe. Falls Sie schon Erfahrung mit Wertpapieren gesammelt haben, sind sie Ihnen sicher geläufig, sodass Sie den folgenden Abschnitt überspringen können.

Zu den Wertpapieren gehören zum Beispiel Aktien – Anteilsscheine an einem Unternehmen. Ist das Unternehmen erfolgreich, gewinnen die Anteilsscheine an Wert – Anleger können sie also zu einem besseren Preis wieder verkaufen, als sie selbst dafür zahlen mussten. Umgekehrt heißt das: Die Aktie verliert an Wert, wenn das Unternehmen nicht so abschneidet wie gedacht.

Auch Anleihen sind Wertpapiere: Sie werden zum Beispiel von Unternehmen oder Staaten herausgegeben, die auf diese Weise Geld einsammeln. Sie verschulden sich damit gegenüber den Menschen, die ihre Anleihen kaufen. Diese Schulden zahlen sie zu einem bestimmten vorher festgelegten Zeitpunkt zurück – zuzüglich vorab vereinbarter Zinsen. Wer die Anleihen nicht so lange behalten möchte, kann sie vor Ablauf dieser Frist wieder verkaufen. Je nach Lage an den Zinsmärkten kann es dann sein, dass Anleger weniger oder mehr Geld für ihre Anleihen bekommen, als sie selbst ausgegeben haben.

Ein weiterer Begriff, der häufig auftaucht, ist „Fonds" oder auch „Investmentfonds". Vereinfacht gesagt fließt in einen Fonds Geld von zahlreichen Anlegerinnen und

Anlegern, das dann wiederum in verschiedene Geldanlagen investiert wird. Bei Aktienfonds fließen die Anlegergelder überwiegend in Aktien verschiedener Unternehmen. Investiert der Fonds das Geld hingegen in Anleihen, auch Renten genannt, handelt es sich um einen Rentenfonds. Erwirbt der Fonds sowohl Aktien als auch Anleihen, ist von einem Mischfonds die Rede. Darüber hinaus gibt es beispielsweise noch offene Immobilienfonds. Sie investieren das Geld der Anleger in Bürogebäude, Hotels oder Shoppingcenter.

Anlegen in Aktienfonds
Vor allem mit Fonds, die in Aktien investieren, stehen die Chancen sehr gut, auf lange Sicht eine ordentliche Rendite zu erzielen. Auf lange Sicht heißt, der Anlagehorizont sollte bei mindestens zehn, besser noch 15 Jahren liegen. Aber auch hier kommt es darauf an, den richtigen Fonds zu erwischen. Denn je nach Ausrichtung des Fonds bedeutet die Geldanlage ein mehr oder weniger großes Risiko.

Weniger Risiko gehen Sie ein, wenn Sie einen Fonds wählen, der das Geld der Anleger breit über verschiedene Branchen, Regionen und Länder verteilt, also beispielsweise einen Aktienfonds Welt oder zumindest einen Aktienfonds Europa. Größer ist das Risiko hingegen mit einem Fonds, der ausschließlich in Aktien deutscher Unternehmen oder in Unternehmen eines anderen Landes wie die USA oder Großbritannien investiert oder sich auf einzelne Branchen wie Chemie oder Automobile konzentriert. Je begrenzter die Ausrichtung eines Fonds ist, desto höher ist auch in der Regel das Risiko.

Dazu gibt es ein weiteres Unterscheidungskriterium: Handelt es sich um einen aktiv gemanagten Fonds oder um einen Indexfonds?

Für die langfristige Geldanlage eignen sich börsengehandelte Indexfonds (ETF – „Exchange Traded Funds") besonders gut. Sie bilden einen Index ab, etwa den Dax, der die Wertentwicklung der 40 größten Aktiengesellschaften am deutschen Markt darstellt, oder den weltweiten Index MSCI World, der über 1 600 Firmen aus den Industrienationen beinhaltet. Ein Fonds, der sich auf einen solchen Index bezieht, entwickelt sich wie die Aktien im Index.

Insgesamt machen ETF Ihnen eher wenig Mühe und kosten zudem weniger jährliche Verwaltungsgebühren als ein aktiv gemanagter Fonds. Bei aktiv gemanagten Fonds wählt das Fondsmanagement aktiv die Anlagen aus, in die das Kundengeld fließt. Von den Auswahlentscheidungen des Managements hängt es also maßgeblich ab, ob der Fonds gut läuft oder nicht. Zudem muss das Management bezahlt werden.

Diese laufenden Kosten sind bei einem ETF deutlich geringer. ETF sind deshalb günstig und bequem, und sie liefern zuverlässiger gute Ergebnisse als aktiv gemanagte Fonds.

Möchten Sie einmalig eine größere Summe investieren, können Sie ETF über jede Bank kaufen. Sie können aber auch mit wenig Geld loslegen und sehr flexibel sparen: Bei vielen Banken können Sie Sparpläne ab 50 oder 25 Euro abschließen, bei manchen sogar ab 1 Euro. Sie können dann monatlich oder auch vierteljährlich einzahlen und die Raten jederzeit ändern oder ganz aussetzen.

Auch der umgekehrte Weg ist möglich: Sie entnehmen von dem Geld, das Sie in ETF investiert haben, regelmäßig Raten und basteln sich so quasi eine Zusatzrente.

Die Risiken lassen sich begrenzen
Vielleicht sind Sie kein Fan von Aktieninvestments aus Sorge vor Schwankungen an den Börsen. Umso wichtiger ist es dann, diese bestmöglich abzufedern: Das Verlustrisiko bei Fonds und ETF ist geringer, als wenn Sie nur Aktien einzelner Unternehmen kaufen. Ein Aktienfonds streut die eingesammelten Anlegergelder auf viele verschiedene Aktien. Falls eine davon Verlust macht, lässt sich das eher durch andere erfolgreiche Aktien ausgleichen.

Dennoch sind zwischenzeitliche Verluste je nach Entwicklung an den Börsen möglich. Geht es an den Börsen bergab, verlieren etwa Ihre Anteile an einem ETF an Wert. Das macht aber erst einmal nichts, solange Sie die Anteile nicht zu Geld machen. Ungünstig wäre es nur, wenn Sie sie genau während eines solchen Tiefs abstoßen müssen, weil Sie kurzfristig dringend Geld benötigen. Das sollten Sie bei Ihren Anlageentscheidungen unbedingt beachten. Planen Sie so, dass Sie das in Fonds investierte Geld nicht zu einem festen Termin benötigen, sondern ausreichend Zeit haben, um ein eventuelles Börsentief aussitzen zu können. Auch können Sie sich weiter absichern, indem Sie nicht alles in Aktienfonds investieren, sondern die Summe aufteilen. Wie das geht, erfahren Sie im folgenden Abschnitt.

Passende ETF im Depot
Welcher ETF soll es denn sein? Das mag für Sie der kniffligste Punkt sein. Denn die Auswahl ist riesig, und längst nicht jeder ETF eignet sich für jeden Anleger. Um die Auswahl zu erleichtern, bewertet die Stiftung Warentest regelmäßig aktiv gemanagte Fonds und ETF. Sie hat darüber hinaus mit den „Pantoffel-Portfolios" verschiedene konkrete Depotvorschläge entwickelt. Dieses Anlagekonzept mit ETF eignet sich auch, wenn Sie bisher gar nichts oder wenig mit Börsengeschäften zu tun hatten. Richten Sie sich danach, legen Sie einen Teil Ihres Geldes in Aktien-ETF an und puffern diese Investition mit sicheren Zinsanlagen wie Tages- oder Festgeld ab, sodass Sie das Anlagerisiko insgesamt in Grenzen halten können.

Für Börsenneulinge kommt insbesondere der „Welt-Pantoffel" infrage: Sie kaufen dann als Rendite-Baustein Anteile an einem Aktien-ETF Welt. So ist das Geld breit über viele Unternehmen weltweit gestreut. Welche ETF wir empfehlen, sehen Sie im Kasten

Der Welt-Pantoffel

Geeignet für alle Anlegertypen als Basisanlage, vor allem für Sparer, die wenig Fondserfahrung mitbringen oder nur eine geringe Summe investieren wollen.

Bestandteile	1. Aktienfonds Welt	2. Sicherheitsbaustein
Fonds zur Wahl	Es kommen Aktien-ETF Welt infrage, die es von diversen Anbietern gibt: Amundi (Isin*: LU 168 104 359 9) HSBC (IE 00B 4X9 L53 3) Invesco (IE 00B 60S X39 4) iShares (IE 00B 4L5Y98 3) Lyxor (FR 001 031 577 0) UBS (IE 00B 7KQ 7B6 6) Vanguard (IE 00B KX5 5T5 8) Xtrackers (IE 00B J0K DQ9 2)	Als Sicherheitsbaustein eignet sich am ehesten Tagesgeld. Eine mögliche Alternative wären Renten-ETF, die einen breiten Anleiheindex nachbilden. Damit sind jedoch Verlustrisiken verbunden, sie sind also weniger sicher als Tagesgeld.
Aufbau	Je nach Risikobereitschaft mit 25, 50 oder 75 % Aktienfonds.	

*„International Securities Identification Number", eine internationale Kennnummer für Wertpapiere. Stand: Ende 2021, regelmäßig aktualisierte Daten unter test.de/fonds und test.de/zinsen.

„Der Welt-Pantoffel" oben. Dazu mischen Sie als Sicherheitsbaustein Zinsanlagen, vorzugsweise Tagesgeld.

Die Depotvorschläge der Stiftung Warentest gibt es in sicherer, ausgewogener und riskanter Variante. Entscheiden Sie sich für die ausgewogene Variante, investieren Sie jeweils gleich viel Geld in einen Aktien-ETF und in Zinsanlagen. Wollen Sie einen sichereren Weg gehen, wählen Sie zu 75 Prozent Zinsanlagen und kaufen nur zu 25 Prozent Anteile am Aktien-ETF. Können und wollen Sie ein höheres Risiko eingehen, könnten Sie die Aufteilung in 75 Prozent Aktien-ETF und 25 Prozent Zinsanlagen wählen. Wie die unterschiedlichen Varianten in der Vergangenheit abgeschnitten haben, sehen Sie im Kasten „30 Sekunden Fakten" auf S. 135.

Haben Sie Ihre ETF erst einmal gekauft, haben Sie hinterher wenig Mühe damit. Ab und zu sollten Sie aber prüfen, ob die ursprüngliche Aufteilung von zum Beispiel 50 Prozent Aktienfonds und 50 Prozent Zinsanlage noch ungefähr stimmt. Macht ein

Der nachhaltige Pantoffel

Geeignet für Anleger, die auf der Suche nach einer bequem zu handhabenden Geldanlage sind und diese nach ethisch-ökologischen Kriterien ausrichten wollen.

Bestandteile	1. Aktienfonds Welt	2. Sicherheitsbaustein
Fonds zur Wahl	Es kommen nachhaltige Aktien-ETF Welt infrage, die es von diversen Anbietern gibt: Amundi (Isin*: LU 186 113 438 2) BNP (LU 129 110 864 2) iShares (IE 00B YX2 JD6 9) Lyxor (LU 179 211 777 9) UBS (IE 00B K72 HJ6 7)	Hier eignet sich am ehesten Tagesgeld. Wollen Sie das Konto bei einer Bank mit ethisch-ökologischem Anspruch eröffnen, ist dies bei folgenden Banken möglich: Bank für Kirche und Diakonie, Bank im Bistum Essen, Ethikbank, Evangelische Bank, GLS Bank, ProCredit Bank, Steyler Ethik Bank, Triodos Bank, Umweltbank. Eine mögliche Alternative wären Renten-ETF, die einen breiten Anleiheindex nachbilden. Damit sind jedoch Verlustrisiken verbunden.
Aufbau	Je nach Risikobereitschaft mit 25, 50 oder 75 % Aktienfonds.	

*„International Securities Identification Number", eine internationale Kennnummer für Wertpapiere.
Stand: Ende 2021, regelmäßig aktualisierte Daten unter test.de/fonds und test.de/zinsen.

Baustein mehr als 60 Prozent aus, schichten Sie Aktien- und Zinsanteil so um, dass das ursprünglich gewünschte Verhältnis wiederhergestellt wird.

Der Wunsch nach Nachhaltigkeit

Geht es Ihnen bei der Anlage nicht allein um Anlageerfolg, sondern auch darum, etwas Gutes zu tun, etwa im Hinblick auf Klima- und Umweltschutz? Oder wollen Sie zumindest sichergehen, dass die Firmen, in die Sie investieren, keine Waffengeschäfte machen? Dann können Sie am Markt mittlerweile Fonds finden, die auf ökologischen, sozialen und ethischen Kriterien basieren. Die Auswahl ist zwar deutlich geringer als bei herkömmlichen Fonds, doch die Untersuchungen von Finanztest zeigen, dass es mittlerweile einige aktiv gemanagte Fonds und inzwischen auch immer mehr nachhaltige ETF gibt, mit denen Sie ein nachhaltiges Depot und auch das Pantoffel-Portfolio bestücken können (siehe Kasten „Der nachhaltige Pantoffel", oben).

Um Ihr Pantoffel-Portfolio vollkommen nachhaltig zu bestücken, können Sie sich für den Sicherheitsbaustein für ein Tages- oder Festgeldkonto bei einer nachhaltigen Bank entscheiden. Anfang des Jahres boten beispielsweise neun nachhaltige Banken ein Tagesgeldkonto an.

Ausführliche Informationen zu den Geldhäusern und zu ihren Angeboten für Tages- und Festgeld finden Sie unter test.de, zum Beispiel mit der Suche nach „nachhaltige Banken", sowie im Buch „Nachhaltig Geld anlegen", erhältlich im Buchhandel und unter test.de/shop.

Keine Angst vor Neuem

Sie haben sich bereits mit ETF und anderen Wertpapieren beschäftigt? Dann wissen Sie, wie der Kauf der Wertpapiere funktioniert. Doch auch wenn Aktien, Fonds und Co. Neuland für Sie sind, zum Beispiel weil sich bisher der Partner oder die Partnerin allein um diese Themen gekümmert hat: Der Start ist gar nicht so schwer, wie Sie vielleicht fürchten. Sie brauchen als Erstes ein Depot, in dem Sie Ihre Fonds und andere Wertpapiere verwahren können. Ein Wertpapierdepot können Sie bei Ihrer Hausbank eröffnen, oder Sie richten ein oftmals deutlich günstigeres Depot bei einer Direktbank im Internet ein. Die Kosten unterscheiden sich zum Teil deutlich. Es lohnt sich auf jeden Fall, vorab die Kosten verschiedener Angebote zu vergleichen (siehe „Wer kennt sich aus", S. 133 und „Depotkosten", S. 166).

Ein eigenes Depot benötigen Sie auch, wenn Sie Wertpapiere Ihres Partners erben: Diese werden aus seinem Depot auf Ihr Depot übertragen. Die Bank des verstorbenen Kunden wird das Finanzamt über diese „unentgeltliche Übertragung mit Gläubigerwechsel" informieren, da je nach Wert der Papiere und anderer Vermögenswerte Erbschaftsteuer fällig werden kann.

> **Wollen Sie regelmäßig, etwa in monatlichen Raten, in ETF investieren, benötigen Sie von der Bank einen speziellen Sparplan.**

Wollen Sie erstmals Wertpapiere kaufen, überweisen Sie Geld von Ihrem Girokonto auf das Verrechnungskonto, das zu Ihrem Depot gehört, um davon beispielsweise ETF kaufen zu können. Ihre Depotbank muss Sie darüber informieren, dass mit dem Investment ein gewisses Risiko verbunden ist. Wollen Sie regelmäßig, beispielsweise in monatlichen Raten, in ETF investieren, benötigen Sie zudem von der Bank einen speziellen Sparplan. Viele Filialbanken bieten allerdings nur Sparpläne für aktiv gemanagte Fonds an. Bei Direktbanken werden Sie jedoch Sparpläne auf ETF bekommen.

Eine andere Möglichkeit sind seit einiger Zeit Neobroker, bei denen Sie Ihr Depot überwiegend per Smartphone führen. Die jungen Brokerfirmen verlangen keine Gebühren für die Depotführung, und sie verdienen auch nicht direkt am Kauf und Verkauf von Wertpapieren. Grundsätzlich spricht wenig dagegen, dort ein Depot zu eröffnen. Selbst wenn Sie bisher mit Online-Banking nichts oder wenig am Hut hatten, kann diese Art der Depotführung für Sie interessant sein, denn die Broker geben Anlegerinnen und Anlegern maximale Flexibilität, da sie ihr Depot ohne Rücksicht auf irgendwelche Kosten aufbauen und beliebig wieder verändern können. Andererseits finden Sie hier nicht die Beratung, die Sie etwa bei Ihrer Filialbank erhalten würden.

Vorhandenes Vermögen verbrauchen

Haben Sie Ersparnisse oder können Sie zum Beispiel nach der Auszahlung aus einer Lebensversicherung auf eine größere Summe zugreifen, die Sie in nächster Zeit nach und nach verbrauchen möchten oder müssen?

Maria in unserem Beispiel auf S. 20 hatte ja noch eine größere Summe aus einer Kapitallebensversicherung zur Verfügung, aus der sie sich eine Art Zusatzrente erschaffen kann. Dafür kann sie das Anlagekonzept der „Pantoffel-Rente" – angelehnt an die „Pantoffel-Portfolios" – nutzen. Wie oben beschrieben, kombinieren Sie auch bei diesem Entnahme-Konzept einen ETF auf einen weltweiten Index wie den MSCI World mit sicherem Tagesgeld.

Wer kennt sich aus?

Die Kosten für die Depotführung unterscheiden sich zum Teil gewaltig – je nach Börsenaktivität und Angebot können sich im Jahr mehrere 100 Euro Unterschied ergeben. Umso wichtiger ist es, dass Sie ein Depot finden, das zu Ihrem Anlageverhalten passt. Finanztest hat zuletzt Ende 2021 Depotkosten verglichen. Ergebnis: Onlinedepots schnitten durchweg am besten ab. Wenn Sie bereit sind, auf Beratung zu verzichten und die Wertpapiergeschäfte am PC oder übers Smartphone selbst auszuführen, kommt das für Sie deutlich günstiger als ein Auftrag an den Bankberater. Die jeweils aktuellsten Testergebnisse zu Depotkosten sowie ein Online-Tool, mit dem Sie Depotkosten überschlagen können, finden Sie auf test.de, Suchwort: Depotkosten. Im Hilfe-Teil auf S. 166/167 finden Sie eine kurze Auswahl günstiger Angebote.

Im ersten Schritt gibt es einige persönliche Fragen zu beantworten, zum Beispiel wie lange Sie von dem Fonds-Vermögen zehren wollen, wie riskant Ihre Anlage sein soll (zum Beispiel 50 Prozent ETF/50 Prozent Tagesgeld) und wie viel Geld Sie monatlich zur

Checkliste

So kommen Sie zum Wertpapierdepot

Keine Angst: Auch wenn Wertpapiere ganz neu für Sie sind, ist der Einstieg nicht allzu schwer. In wenigen Schritten kommen Sie zu Ihrem Depot:

- ☐ **Beantragen.** Wenn Sie ein Depot bei einer Filialbank eröffnen wollen, können Sie zusammen mit Ihrer Kundenbetreuerin die Unterlagen dafür ausfüllen. Bei einer Direktbank oder bei einem Smartphone-Broker laden Sie den Eröffnungsantrag von deren Internetseite herunter und füllen ihn aus.

- ☐ **Legitimieren.** Als Neukunde einer Direktbank und von Smartphone-Brokern müssen Sie sich legitimieren. Das ging früher nur mit dem sogenannten Postident-Verfahren in einer Postfiliale durch Vorlage eines Personalausweises oder Reisepasses. Inzwischen ist das Videoident-Verfahren üblich. Auch die meisten Direktbanken bieten es an. Dabei legitimiert man sich in einem Callcenter-Dialog über die Kamera des Computers oder Smartphones.

- ☐ **Freischalten.** Es dauert einige Tage, bis Sie Ihr Wertpapierdepot nutzen können. Auch bei Smartphone-Brokern und Direktbanken müssen Sie warten, bis sich Ihr Depotanbieter bei Ihnen meldet. Meist schickt Ihnen die Bank in einem Extraschreiben per Post eine Pin, mit der Sie Ihr Depot freischalten. Sie verwenden dann ein Passwort, das Sie am Anfang festlegen. Dann kann es losgehen.

Verfügung haben möchten. Dann können Sie ermitteln, welche monatlichen Entnahmeraten infrage kommen.

Wir rechnen das zunächst an einem vereinfachten Beispiel vor: Wenn Sie Anfang oder Mitte 60 sind und das Geld bis ans Lebensende reichen soll, sollten Sie zur Sicherheit mit einer Laufzeit von mindestens 30 Jahren kalkulieren. Das bedeutet also zu Beginn Ihrer Entnahme, dass eine vorhandene Sparsumme für bis zu 360 Monate (30 x 12) reichen soll. Umgerechnet heißt das: Steht Ihnen beispielsweise eine Sparsumme von 100 000 Euro zur Verfügung, können Sie zu Beginn knapp 280 Euro monatlich entnehmen (100 000 Euro : 360 Monate). Schauen Sie dann nach einem Jahr wieder auf den aktuellen Stand Ihrer Ersparnisse. Addieren Sie den Wert auf dem Tagesgeldkonto und Ihr Fondsvermögen und teilen Sie die Summe nicht wie zu Beginn durch 360 Monate, sondern nur noch durch die verbleibenden 348 Monate (29 Jahre).

Diese Beispielrechnung, die wir als erste Grundlage genutzt haben, hat allerdings einen Haken: Durch Schwankungen an den Börsen kann Ihr anfänglich angedachter Entnahmeplan ins Wanken geraten und ungenau werden. Um die Folgen aus den Schwankungen abzufedern, hat Finanztest

Stiftung Warentest | Geldanlage neu gestalten

für die Entnahme ein Puffer-Konzept entwickelt: Die Experten haben für die Ermittlung der möglichen Entnahme-Raten von vorneherein einen Börsencrash mit einem Verlust von bis zu 60 Prozent eingeplant und die Höhe der Entnahmen darauf abgestimmt. Im Puffermodell sind die zu Beginn zu wählenden Auszahlungen in der Regel geringer, sie steigen aber im Lauf der Zeit an und sind insgesamt stabiler. Beim Puffermodell können Sie die monatliche Entnahme nicht selbst ausrechnen. Nutzen Sie dazu einen kostenlosen Rechner unter test.de/entnahmerechner. Hier erfahren Sie, welche Entnahmen Sie sich je nach Börsenlage leisten können.

Letztlich können Sie folgende Schritte gehen, wenn Sie das Angebot der Pantoffel-Rente umsetzen wollen:

▶ **Produkt auswählen:** Geeignete Fonds auf den MSCI World zeigt der Kasten auf S. 130. Bei der Auswahl des Tagesgeldkontos achten Sie neben den aktuellen Zinsen auf die Einlagensicherung der gewählten Bank. Gesetzlich gesichert sind in der EU nur 100 000 Euro pro Bank und Person. Sie können das Geld auch auf mehrere Banken aufteilen. Die Stiftung Warentest vergleicht regelmäßig die aktuellen Zinsangebote. Top-Tagesgeldkonten finden Sie im Internet unter test.de/zinsen. Wenn Sie Ihre Bank nicht ständig wechseln wollen, wählen Sie einen Anbieter, der als „dauerhaft gut" gekennzeichnet ist.

30 SEKUNDEN FAKTEN

3,5 %
Rendite pro Jahr konnten Sparer und Sparerinnen im Schnitt in den letzten 20 Jahren mit der defensiven Variante des Pantoffel-Sparplans erzielen.

5,9 %
Rendite pro Jahr waren es in diesem Zeitraum mit der ausgewogenen Variante des Pantoffel-Sparplans.

7,1 %
hätte ihre Rendite pro Jahr in den letzten 10 Jahren mit der ausgewogenen Variante des Pantoffel-Sparplans betragen.

Quelle: Refinitiv, eigene Simulationen und Erhebungen. Stand: 31. Januar 2022

Wer kennt sich aus?

Pantoffel-Portfolio, Pantoffel-Rente, Pantoffel-Puffer: Mehr Informationen zu all diesen Themen finden Sie im Internet auf folgenden Seiten: test.de/pantoffelmethode hilft beim Einstieg, wenn Sie mit der Kombination aus ETF und sicheren Anlagen starten wollen. Einen passenden Rechner für die Einzahlphase finden Sie unter test.de/pantoffelrechner. Um die Auszahlphase geht es unter test.de/pantoffel-auszahlphase. Die Höhe der Entnahmeraten ermitteln Sie auf test.de/entnahmerechner.

- **Entnehmen:** Am günstigsten ist es, wenn Sie sich die gewünschte Rente aus Ihrem Pantoffel-Plan von Ihrem Tagesgeldkonto auszahlen – überweisen Sie die Summe von dort auf Ihr Girokonto. Dafür fallen keine Kosten an.
- **Anpassen:** Da Sie regelmäßig Geld von Ihrem Tagesgeldkonto abzweigen, schrumpft die dortige Summe immer weiter, sodass irgendwann das ursprünglich gewählte Verhältnis aus Sicherheits- und Rendite-Baustein nicht mehr passt. Hatten Sie zum Beispiel ursprünglich Ihr Geld 50/50 verteilt? Schichten Sie um, wenn das aktuelle Verhältnis um 10 Prozentpunkten von der ursprünglichen Variante abweicht, also bei 40 Prozent Sicherheitsbaustein und 60 Prozent Aktienanteil liegt. Verkaufen Sie dann Fondsanteile, um das ursprüngliche Verhältnis wiederherzustellen. Im Internet können Sie unter test.de/pantoffelrechner ermitteln, wann Umschichten nötig ist.
- **Beachten Sie:** Es gibt auch einige Banken, die feste Auszahlpläne für ETF anbieten. Bei diesen Angeboten werden monatlich Anteile im gewünschten Wert verkauft.

Der große Vorteil einer Entnahme in Form der Pantoffel-Rente: Sie können einigermaßen flexibel reagieren, wenn sich an Ihren finanziellen Verhältnissen etwas ändert. Brauchen Sie zum Beispiel eine Zeit lang nichts von Ihrem Ersparten, verzichten Sie einfach auf die Entnahme. Und umgekehrt: Brauchen Sie vorübergehend eine größere Summe als sonst, können Sie die entnommene Summe kurzfristig erhöhen.

Wichtig ist dann nur, dass Sie im Blick behalten, die Entnahme-Raten zum Beispiel nach einem Jahr wieder anzupassen, sodass das anfängliche Verhältnis aus Rendite- und Sicherheitsbaustein wiederhergestellt wird. Wenn Sie feststellen, dass das aktuelle Verhältnis um 10 Prozentpunkte von der ursprünglichen Variante abweicht, sollten Sie umschichten. Verkaufen Sie beispielsweise Fondsanteile, wenn der Sicherheitsbaustein zu klein geworden ist.

Die eigene Immobilie – wann sich die Investition lohnt

Eine Auszahlung aus der Lebensversicherung, dazu günstige Kredite: Wenn Sie über den Kauf einer eigenen Immobilie nachdenken, planen Sie die nächsten Schritte gut.

Sie können sich vorstellen, aus der bisher als Paar bewohnten Mietwohnung in eine kleinere Wohnung zu ziehen, weil Ihnen die bisherigen vier Zimmer allein zu groß und zu teuer geworden sind? Dann mag die Überlegung aufkommen, ob es wieder eine Mietwohnung sein soll oder ob eventuell etwas kleines Eigenes infrage kommt. Gerade jetzt, da die Zinsen für Darlehen weiter niedrig sind, mag der Wunsch nach etwas Neuem wachsen, vielleicht auch, um im alten Zuhause nicht ständig mit Erinnerungen konfrontiert zu sein.

Gehen Sie den Schritt in Richtung Wohneigentum nicht ohne genaue Finanzplanung. Wichtig: Je mehr Eigenkapital Sie mitbringen, desto besser. Denn je mehr eigenes Geld Sie haben, desto weniger Geld müssen Sie bei der Bank leihen und desto weniger Zinsen müssen Sie zahlen. Eigenkapital ist umso wichtiger, wenn die Banken Ihrem Kreditwunsch grundsätzlich eher skeptisch gegenüberstehen, etwa weil sie fürchten, dass Sie allein mit Ihrem Einkommen und der Hinterbliebenenrente ein Darlehen eventuell nicht bedienen können.

Genau jetzt zahlt sich ein umfassender Finanzcheck aus: Kalkulieren Sie, welches eigene Einkommen Sie haben, wie viel Ihnen netto am Monatsende bleibt und welche größeren Summen Ihnen heute zur Verfügung stehen. Überlegen Sie genau, wie viel Sie beispielsweise von dem Erlös aus dem Wertpapierdepot als Reserve zurückhalten und wie viel Sie für den Immobilienkauf einsetzen können.

Wie viel Eigenkapital in Ihrer Situation optimal ist, lässt sich schwer sagen – mehrere Faktoren sind hier zu berücksichtigen, etwa Ihr Alter. Für jüngere Interessenten an einer Immobilie gilt im Normalfall, dass sie wenn möglich etwa 20 Prozent der Baukosten oder des Kaufpreises als Eigenkapital zur Verfügung haben sollten und zusätzlich sämtliche Nebenkosten aus vorhandenen Mitteln zahlen können. Nebenkosten sind vor allem die Grunderwerbsteuer, Notar- und Grundbuchgebühren sowie Ausgaben für einen Makler.

Eventuell sieht das aber bei Ihnen um einiges komfortabler aus: Nach der Auszahlung aus der Lebensversicherung oder dem

Verkauf des Familienhauses steht Ihnen deutlich mehr Eigenkapital zur Verfügung, sodass Sie nur einen geringen Teil Ihrer neuen Wohnung fremdfinanzieren müssen. Im besten Fall reicht das Geld vielleicht sogar aus, um eine kleinere Immobilie komplett aus eigenen Mitteln zu finanzieren, sodass es ohne einen Kredit geht.

Reicht das Geld nicht ganz, wäre es für eine sichere Finanzierung wichtig, wenn Sie bis zum Ruhestand bereits alle Schulden getilgt hätten. Sollte das nicht klappen, empfiehlt es sich, dass Sie nach einem flexiblen Darlehen suchen, bei dem Sie die anfangs vereinbarte Rate jederzeit nachträglich wechseln können. Vereinbaren Sie wenn möglich für die Jahre, in denen Sie noch berufstätig sind, eine Tilgung, die Sie mit Ihrem Einkommen stemmen können. Und sichern Sie sich dann für die Zeit des Ruhestands die Möglichkeit, die Tilgung herunterzuschrauben, sodass Sie die Raten auch dann noch von Ihren nun etwas niedrigeren Einnahmen aufbringen können.

Immobilie möglichst auf Dauer

Nicht nur die Finanzierung sollten Sie bedenken, sondern machen Sie sich auch Gedanken darüber, ob die eigene Wohnung oder das eigene Haus tatsächlich zu Ihrer privaten Situation passt. Wenn Sie zum Beispiel Anfang 60 sind und wissen, dass Sie voraussichtlich die nächsten zehn oder 20 Jahre in dieser Wohnung leben werden, kann die Investition eine gute Lösung sein.

Doch wenn Sie jünger sind und es entscheidende Veränderungen in Ihrem Berufs- oder Privatleben gibt? Was ist, wenn Sie etwa einen neuen Partner kennenlernen oder es Sie beruflich in eine andere Stadt zieht? Überstürzen Sie Ihre Entscheidung nicht. Zwar lässt sich auch eine Immobilie wieder verkaufen, aber die Nebenkosten sind hoch, und es ist nicht gesagt, dass die Immobilie im Wert steigt und Sie bei einem Verkauf so viel erlösen, dass die Nebenkosten dadurch gedeckt sind. Lassen Sie sich also nicht voreilig zu einem Kauf verleiten, weil Sie gerade einen besonders günstigen Kredit bekommen können oder Ihr Wunsch nach einer räumlichen Veränderung so groß ist.

Wenn Sie kaufen, sollte es das passende Objekt sein – zu einem angemessenen Preis. Gerade in Großstädten und in deren Umgebung ist Wohneigentum sehr begehrt, sodass die Preise in den vergangenen Jahren deutlich gestiegen sind. Deshalb geht es darum, ein Objekt zu finden, das zu Ihrem Budget passt. Nehmen Sie sich Zeit für die Auswahl. Prüfen Sie das angebotene Objekt genau – am besten mit einem Experten oder einer Expertin. So lässt sich die Ausstattung der Immobilie besser beurteilen.

Ist die Immobilie schön älter, klären Sie, wann sie zuletzt modernisiert wurde, und werfen Sie einen kritischen Blick auf Dach, Keller und Heizungsanlage. Lassen Sie sich außerdem den Energieausweis zeigen. Er gibt Auskunft über den energetischen Zustand des Gebäudes. Als Laie dürfte es für

Sie schwierig werden, alle kritischen Punkte aufzudecken. Umso mehr empfiehlt es sich, gerade bei älteren Gebäuden Sachverständige zur Besichtigung mitzunehmen. Fragen Sie zum Beispiel bei der Verbraucherzentrale vor Ort nach Unterstützung. Vielleicht haben Sie auch einen Handwerker oder eine Fachfrau im Freundes- und Bekanntenkreis, die oder der Sie unterstützen kann.

Wichtig ist darüber hinaus, dass der äußere Rahmen stimmt: Passen die Verkehrsanbindung und die sonstige Infrastruktur? Wie weit ist Ihr Arbeitsweg? Gibt es Arztpraxen, Supermarkt und wenn nötig Kindergarten und Schule in der Gegend?

Kaufen und vermieten
Die Zeit für eine solch umfangreiche Vorbereitung sollten Sie sich auch nehmen, wenn Sie überlegen, eine Immobilie zu erwerben, die Sie vermieten wollen. Gerade in Zeiten niedriger Zinsen mag das verlockend erscheinen. Beachten Sie aber den Aufwand, der sich dahinter verbirgt: die Suche nach dem passenden Objekt, die Instandsetzung und Instandhaltung, die Mietersuche, Abrechnung der Nebenkosten. All das raubt Zeit und macht nicht jedem Spaß. Ein weiterer Nachteil: Eine vermietete Immobilie ist eine sehr unflexible Geldanlage. Es drohen Verluste, wenn Sie kurzfristig verkaufen müssen, weil Sie Geld benötigen.

Wenn Sie das nicht schreckt und Sie das passende Objekt finden, stellen Sie sicher, dass die Finanzierung steht. Je mehr Eigenkapital Sie mitbringen, desto besser. Um einen Kredit für die zu vermietende Immobilie finanzieren zu können, gilt: Die Nettomiete, die Sie damit einnehmen – das ist die Kaltmiete abzüglich Betriebskosten –, sollte mindestens so hoch sein, dass sie ausreicht, um die laufenden Darlehenszinsen und die Instandhaltungs- und Verwaltungskosten zu decken. Noch besser wäre es, wenn die Nettomiete zusätzlich für die Raten zur Tilgung des Immobilienkredits ausreicht.

ℹ️ **Besitzen Sie eine Immobilie,** die Sie abbezahlen, nutzen Sie vorhandene oder neu hinzukommende Mittel am besten, um das Darlehen so gut es geht zu bedienen, etwa über Sondertilgungen. Oft sind zum Beispiel jährliche Sondertilgungen von bis zu 5 Prozent der Kreditsumme möglich, ohne dass Sie dafür extra zahlen müssen. Sind Haus oder Wohnung abbezahlt, prüfen Sie, ob trotzdem größere Ausgaben dafür anstehen könnten, etwa der Austausch von Heizungsanlage oder Dach. Legen Sie dafür eine Reserve an, ehe Sie über weitere Investitionen nachdenken.

Auch zukünftig gut abgesichert

Verträge umstellen, Policen überprüfen: Mit dem Tod von Partner oder Partnerin kommen Sie nicht umhin, den Versicherungsordner in die Hand zu nehmen. Nutzen Sie am besten die Gelegenheit, um Ihren Schutz an die neuen Lebensumstände anzupassen und ihn zu optimieren.

→ **Bei manchen Versicherungen** muss es nach dem Tod von Partnerin oder Partner sehr schnell gehen – zum Beispiel, wenn Sie Geld aus der Risikolebens- oder aus der Unfallversicherung bekommen können, die auf den Partner abgeschlossen war (siehe „Nicht unnötig Zeit verlieren", S. 144). Dann haben Sie eine kurzfristige Informationspflicht. So heißt es etwa in den Bedingungen zur Unfallversicherung, dass der Versicherer binnen 48 Stunden über den Unfalltod der versicherten Person informiert werden muss.

Je nach Vertrags- und Lebenssituation kommen weitere Erledigungen auf Sie zu. Hier ist der Druck meist nicht ganz so groß. Die Versicherer müssen zwar über den Tod Ihres Partners Bescheid wissen, aber Sie verlieren im Regelfall nicht gleich Geld oder die Absicherung, wenn Sie hier ein paar Tage länger brauchen. So läuft etwa der Schutz der Wohngebäudeversicherung erst einmal bis zur Fälligkeit des nächsten Beitrags weiter, wenn etwa Ihr Mann der alleinige Versicherungsnehmer war und Sie nun das Haus samt Versicherungsschutz übernehmen.

Gut aufgehoben
In Deutschland gibt es immer noch knapp 100 gesetzliche Krankenkassen. Ein Wechsel ist häufig möglich.

Auch den Schutz der Autoversicherung verlieren Sie nicht. Trotzdem gilt: Je eher Sie die Versicherer informieren und die Verträge an die neue Situation anpassen, desto eher haben Sie wieder Klarheit und können das Thema auf Ihrer Aufgabenliste abhaken.

Eventuell handeln bei Krankenversicherung

Es kann jedoch sein, dass Sie sich um einen künftigen Versicherungsschutz doch kurzfristig kümmern müssen: um den Schutz der Krankenversicherung. Die Krankenversicherung – entweder gesetzlich oder privat – ist Pflicht in Deutschland. Ob Sie hier aktiv werden müssen und was dann zu tun ist, hängt davon ab, wie Sie bis zum Tod des Partners versichert waren.

Einfach ist die Situation, wenn Sie schon bisher selbst beitragspflichtiges Mitglied einer gesetzlichen Krankenkasse sind, etwa aufgrund Ihrer Berufstätigkeit oder durch den Bezug einer eigenen Altersrente. Dann ändert sich für Sie nichts am Versicherungsstatus. Sie bleiben weiterhin Kassenmitglied und zahlen Ihre Beiträge in Abhängigkeit von Ihrem Einkommen. Wenn Sie dann zusätzlich eine Witwenrente beziehen, werden auch dafür Beiträge fällig: Sie selbst zahlen die Hälfte des Beitragssatzes Ihrer Krankenkasse. Die andere Hälfte erhalten Sie als Zuschuss aus der Rentenkasse.

Beiträge werden außerdem für Leistungen aus betrieblicher Vorsorge fällig, wenn sie oberhalb von 164,50 Euro im Monat liegen. Hier zahlen Sie den Beitrag allein.

Dennoch können Sie die aktuelle Situation der Veränderung nutzen, um sich nach einer neuen Krankenkasse umzusehen. Gibt es eine Kasse, die besser zu Ihnen passt oder auch günstiger ist? Der Wechsel der Kasse ist häufig problemlos möglich – spätestens nach einem Jahr Mitgliedschaft in der aktuellen Kasse dürfen Sie wechseln, bei einer Beitragserhöhung auch schon früher.

Ende der Familienversicherung

Kurzfristig aktiv werden müssen Sie aber, wenn Sie bislang über den Partner abgesichert waren: Waren Sie bisher als beitragsfrei versicherter Angehöriger über die gesetzliche Krankenkasse Ihrer Frau familienversichert, müssen Sie nun selbst Mitglied einer Krankenkasse werden. Infrage kommt im ersten Moment eine freiwillige Mitgliedschaft. Die Höhe des Beitrags richtet sich nach Ihrem eigenen Einkommen. Mindestens werden 2022 aber 153,53 Euro im Monat fällig. Sobald Sie aber den Antrag auf eine gesetzliche Witwen- oder Witwerrente stellen, werden Sie versicherungspflichtig in der gesetzlichen Krankenversicherung.

Wichtig für Privatpatienten

Sind Sie selbst privat krankenversichert, ändert sich nach dem Tod Ihres Partners meist nichts an Ihrem Schutz und den dafür fälligen Beiträgen. Sie zahlen die Beiträge unabhängig von Ihrem Einkommen, sodass beispielsweise der Bezug einer Witwenrente keine Änderung bringt.

Unter Umständen kann sich allerdings etwas für Sie ändern, etwa wenn Ihre verstorbene Ehefrau als Pensionärin Anspruch auf Beihilfe zu Gesundheitsleistungen hatte. Beziehen Sie nach ihrem Tod Witwergeld, sind Sie ebenfalls beihilfeberechtigt. Waren Sie es als privat Krankenversicherter bisher nicht – zum Beispiel weil Sie nicht selbst verbeamtet sind –, können Sie den Schutz Ihrer privaten Vollversicherung entsprechend anpassen. Dazu müssen Sie aber aktiv auf Ihren Versicherer zugehen.

Der Wechsel aus der Vollversicherung in einen Beihilfetarif ist unabhängig vom Alter möglich. Im Regelfall dürfte der Beihilfetarif deutlich günstiger sein.

Zurück in den Job

Eine weitere Besonderheit müssen Sie beachten, wenn Sie bisher privat versichert sind und nach dem Tod von Partner oder Partnerin etwa aus finanziellen Gründen eine neue Beschäftigung annehmen: Treten Sie eine sozialversicherungspflichtige Beschäftigung an, müssen Sie selbst Mitglied einer gesetzlichen Krankenkasse werden. Es sei denn, Sie sind zu dem Zeitpunkt bereits älter als 55 Jahre: Dann kommt der Wechsel in eine gesetzliche Kasse nicht mehr infrage – Sie müssen unabhängig von der Höhe Ihres Monatseinkommens privat krankenversichert bleiben.

Das kann je nach persönlicher Situation zu einer enormen finanziellen Belastung werden. Um diese zu senken, kann es sich im ersten Schritt lohnen, dass Sie in einen etwas günstigeren Tarif Ihres Versicherers wechseln. Eventuell ist es auch möglich, zum Sparen bei einzelnen Leistungen etwas zurückzustecken, sodass Sie beispielsweise auf Chefarztbehandlung und Einzelzimmer für Krankenhausaufenthalte verzichten.

Im letzten Schritt bleibt der Wechsel in einen günstigen Spezialtarif. Hier ist an erster Stelle der „Standardtarif für Rentner" zu nennen. In diesem Tarif stehen Ihnen Leistungen zu, die in etwa denen der gesetzlichen Krankenversicherung entsprechen. Klären Sie mit Ihrem Versicherer oder zum Beispiel mithilfe einer Verbraucherzentrale, ob Sie die Voraussetzungen für den Wechsel erfüllen und was er Ihnen bringen kann.

„Nicht unnötig Zeit verlieren"

 So schwer es fällt: Ist der Partner gestorben, sind gerade einige Versicherungsfragen besonders drängend, sagt **Arno Schubach,** Fachanwalt für Versicherungsrecht aus Frankfurt am Main. Es geht darum, kurzfristig an Geld zu kommen, das Ihnen zusteht, und langfristig, wichtigen Schutz zu behalten.

Herr Schubach, ist der Partner gestorben, haben Hinterbliebene sicher viele Sachen im Kopf – Versicherungen stehen nicht unbedingt an erster Stelle. Aber sinnvoll wäre es schon?
Ja, das empfiehlt sich auf jeden Fall – gerade dann, wenn es um Leistungsansprüche infolge des Todesfalls geht. Wer etwa einen Makler oder einen Versicherungsvermittler hat, der sich um sämtliche Versicherungsangelegenheiten kümmert, sollte dort kurzfristig Bescheid geben und fragen, was zu tun ist. Das kann in wenigen Minuten erledigt sein. Oder Sie wenden sich direkt an die Versicherungsgesellschaft, etwa per Mail, sodass Sie im Nachhinein dokumentieren können, dass Sie Ihrer Informationspflicht nachgekommen sind und um Beratung gebeten haben.

Bei welchen Versicherungsverträgen drängt die Zeit denn am meisten?
Ist die versicherte Person infolge eines Unfalls gestorben, muss der private Unfallversicherer innerhalb von 48 Stunden über den Tod informiert werden, sodass er die Möglichkeit hat, noch eine Obduktion vornehmen zu lassen. War es wirklich ein Unfall, oder war beispielsweise ein Herzinfarkt ausschlaggebend für ein Ereignis, das zunächst nach einem Unfall aussah? Die Nachweispflicht, dass es tatsächlich ein Unfall war, liegt bei den Erben, sodass es auch in ihrem Interesse ist, zeitig zu informieren und die weitere Untersuchung zu ermöglichen.

Eine so konkrete Zeitangabe wie „innerhalb 48 Stunden" findet sich in vielen Versicherungsbedingungen nicht. Oft heißt es, der Tod oder ein anderer Schadensfall seien „unverzüglich" zu melden. Was bedeutet das?
Unverzüglich heißt „ohne schuldhaftes Zögern", sodass Sie tatsächlich in den ersten Tagen nach dem Tod des Partners aktiv werden müssen. Unter normalen Umständen geht man von maximal 14 Tagen aus, doch je nach Situation sind Abweichungen möglich. Es kann ja zum Beispiel vorkommen, dass ein Hinterbliebener gar nichts von einer Lebensversicherung wusste und erst nach einiger Zeit die Police findet. Im Ein-

zelfall kann der Tod eines Partners einen auch derart aus der Bahn werfen, dass man erst einmal eine längere Zeit braucht, bis man wieder an Geschäftliches denken kann. Dann kann der Hinterbliebene sich immer noch an den Versicherer wenden – und er sollte es natürlich auch schnellstmöglich tun, um Nachteile zu vermeiden. Läuft alles glatt, wird der Versicherer die vertraglich vereinbarte Versicherungssumme an die in der Police genannte bezugsberechtigte Person, ansonsten an die Erben, auszahlen.

Auch wenn die bezugsberechtigte Person beispielsweise eine frühere Partnerin ist, zu der der Verstorbene längst keinen Kontakt mehr hatte? Was, wenn er vergessen hatte, die bezugsberechtigte Person im Versicherungsschein ändern zu lassen?
Ja, auch dann! Der Versicherer ist verpflichtet, das Geld an die benannte Person auszuzahlen. Die Erben könnten dann nur versuchen, in der Auseinandersetzung mit der ersten Partnerin mögliche Ansprüche geltend zu machen. Aber da kommt es auf den Einzelfall an, ob tatsächlich die Chance besteht, das Geld zu erhalten.

Wie geht es mit anderen Versicherungsverträgen weiter, wenn der Verstorbene Versicherungsnehmer war?
Das hängt von der Art der Versicherung ab und in den allermeisten Fällen davon, was in den jeweiligen Vertragsbedingungen vereinbart ist. Reine Personenversicherungen, etwa eine private Kranken- und Unfallversicherung des Partners, enden mit dessen Tod automatisch. Anders ist es beispielsweise, wenn eine Privathaftpflichtversicherung für die ganze Familie abgeschlossen war: Dieser Vertrag läuft grundsätzlich weiter, bis der nächste Beitrag fällig wird. Die Wohngebäudeversicherung geht auf die Erben über, auch der Schutz besteht fort, bis der nächste Beitrag fällig wird. In der Hausratversicherung gilt dagegen meist eine Zweimonatsfrist. Übernehmen Erben oder eben der hinterbliebene Partner den Schutz nicht in dieser Zeit, erlischt er. Den Zeitraum von zwei Monaten sollten auch Familien im Blick haben, die eine private Krankenzusatzversicherung fortführen wollen: War der verstorbene Partner der Versicherungsnehmer, haben die Angehörigen per Gesetz zwei Monate Zeit, sich beim Versicherer zu melden, um den Schutz fortzuführen.

Viele verschiedene Verträge, womöglich viele Ansprechpartner – das kann eine echte Herausforderung sein.
Wichtig ist im ersten Schritt, Kontakt zum Versicherer aufzunehmen. Wer zum Beispiel keinen Versicherungsordner mit allen Unterlagen und Kontaktdaten findet, sollte sich die Kontoauszüge des Verstorbenen vornehmen: An welche Versicherer ist Geld geflossen? Beachten Sie dabei, dass manche Beiträge nur einmal im Jahr fließen, sodass die letzten Zahlungen schon länger zurückliegen können. Wenn Sie dann wissen, welche Ansprechpartner es gibt, erfahren Sie dort, was als Nächstes zu erledigen ist.

Versicherungen umstellen: Was je nach Vertrag gilt

Sie müssen Versicherungsgesellschaften über den Tod des Versicherungsnehmers oder der versicherten Person informieren. Der Schutz besteht häufig erst einmal weiter.

Was wie schnell im Todesfall zu erledigen ist, hängt von der Art der Versicherung ab und davon, ob die verstorbene Person Versicherungsnehmer und/oder versicherte Person war. Am einfachsten ist es, wenn Sie selbst bei laufenden Verträgen wie Hausrat- oder Haftpflichtschutz Versicherungsnehmer sind. Das bleiben Sie auch mit dem Tod Ihrer Frau oder Ihres Mannes.

Waren Sie beide gemeinsam Versicherungsnehmer, informieren Sie die Versicherungsgesellschaft über den Tod des Partners. Daraufhin werden Sie alleiniger Versicherungsnehmer und erhalten einen neuen Versicherungsschein.

Komplizierter wird es je nach Art der Versicherung, wenn der Verstorbene bisher der alleinige Versicherungsnehmer war. Bei Verträgen, die an die Person gebunden waren, etwa bei der Berufsunfähigkeits- und der Krankenversicherung, endet der Schutz automatisch mit dem Tod. Informieren Sie den Versicherer über den Tod Ihres Partners. Beiträge, die im Voraus gezahlt wurden, werden eventuell anteilig erstattet. Doch was, wenn Sie über so einen Vertrag, etwa eine private Krankenzusatzversicherung, als versicherte Person ebenfalls geschützt waren? In dem Fall haben Sie als versicherte Person das Recht, den Versicherungsvertrag unter Angabe eines neuen Versicherungsnehmers fortzusetzen. Das muss innerhalb von zwei Monaten nach dem Tod des Partners geschehen.

Hatte Ihr verstorbener Partner über seinen Vertrag, etwa eine private Unfallversicherung, Schutz für Ihre Kinder mit vereinbart, wird diese Versicherung im Regelfall bis zur Volljährigkeit der Kinder beitragsfrei weitergeführt. Am besten klären Sie direkt mit dem Versicherer, unter welchen Voraussetzungen das möglich ist. Als gesetzlicher Vertreter der Kinder werden Sie der neue Versicherungsnehmer.

Bei Versicherungen, die nicht an eine Person gebunden sind, läuft der Schutz häufig vorerst weiter. Wie es weitergeht, hängt auch von der Art des Vertrags ab. Hatte Ihre Partnerin zum Beispiel eine Privathaftpflichtversicherung nur für sich abgeschlossen, endet diese automatisch mit ihrem Tod. Handelt es sich hingegen um eine Fa-

Zuhause gut geschützt
Hinterbliebene Ehepartner können häufig Versicherungsnehmer werden, wenn sie den nächsten Beitrag zahlen.

milienversicherung, können Sie sich darauf verlassen, dass der Schutz für die mitversicherten Personen weiterhin bis zur Fälligkeit des nächsten Beitrags besteht. Bezahlen Sie dann den nächsten Beitrag, werden Sie zum Versicherungsnehmer.

Auch bei anderen Verträgen können Sie häufig als Versicherungsnehmer einsteigen, etwa wenn Sie den nächsten Beitrag zur Rechtsschutzversicherung übernehmen. Schauen Sie aber im Einzelfall immer in die Vertragsbedingungen oder sprechen Sie direkt mit dem Versicherer.

▶ Für Ihren Hausrat gilt: Er ist für bis zu zwei Monate nach dem Tod des Versicherungsnehmers versichert. Wohnen Sie weiter in der bisher gemeinsamen Wohnung oder übernehmen Sie sie binnen zwei Monaten, treten Sie neu als Versicherungsnehmer in den Vertrag ein. Sie haben nur im Ausnahmefall ein außerordentliches Kündigungsrecht.

▶ Der Schutz der Wohngebäudeversicherung besteht bis zur Fälligkeit des nächsten Beitrags fort. Als Erbe können Sie dann in den Vertrag einsteigen oder im Regelfall innerhalb von drei Monaten zum Ablauf des Versicherungsjahres kündigen.

▶ Eine Kfz-Versicherung läuft weiter, solange ein Erbe das versicherte Fahrzeug behält. Der Versicherer darf den Beitrag aber neu berechnen und anpassen, etwa wenn Ihnen als Hinterbliebener ein niedrigerer Schadenfreiheitsrabatt zusteht als Ihrem Partner. Ein außerordentliches Kündigungsrecht haben Sie erst, wenn Sie den Wagen verkaufen.

So kündigen Sie richtig

Mit dem Tod des Partners können Sie also häufig in dessen Verträge einsteigen. Wollen Sie das nicht, schauen Sie in die Vertragsbedingungen, ob und wann Sie eventuell aus den Verträgen herauskommen. Selbst wenn Sie kein außerordentliches Kündigungsrecht haben, sind Sie nicht auf ewig an die bestehenden Verträge gebunden. Finden Sie ein günstigeres oder leistungsstärkeres Angebot, können Sie zahlrei-

> **Ihr Finanzcheck hat ergeben,** dass die Mittel sehr knapp sind, und Sie überlegen, Ihre Kapitallebensversicherung zu kündigen, um die Ersparnisse einsetzen zu können? In den Musterbedingungen des Gesamtverbands der Deutschen Versicherungswirtschaft (GDV) heißt es, dass der Kunde jeweils zum Ende eines Beitragszahlabschnitts kündigen kann. Überlegen Sie sich diesen Schritt aber gut: Eine Kündigung der Kapitallebensversicherung ist in der Regel mit Verlusten verbunden.

che Verträge spätestens zum Ende der Vertragslaufzeit kündigen. Eventuell klappt es aber früher. Suchen Sie in Ihren Unterlagen gezielt nach der genannten Laufzeit und den Kündigungsfristen.

Für einige Versicherungen, etwa für die Kfz-Haftpflicht- und Kaskoversicherung sowie die Auslandsreise-Krankenversicherung, gilt eine Vertragslaufzeit von einem Jahr. Zum Ende dieser Zeit können Sie mit einer Frist von einem Monat kündigen. Läuft das Versicherungsjahr für Ihre Auslandsreise-Krankenversicherung beispielsweise am 31. Juli aus, muss die schriftliche Kündigung bis zum 30. Juni bei der Versicherungsgesellschaft vorliegen, sonst läuft die Versicherung weiter wie bisher.

Es gibt auch Verträge, bei denen das Versicherungsjahr mit dem Kalenderjahr übereinstimmt. Das gilt zum Beispiel häufig bei der Kfz-Versicherung. Daher ist in der Werbung für den Wechsel der Kfz-Versicherung oft vom „Stichtag 30. November" die Rede.

Bei einigen Versicherungen wird von vornherein eine längere Vertragslaufzeit vereinbart, beispielsweise zehn Jahre für eine Wohngebäudeversicherung. Dann haben Sie spätestens nach drei Jahren erstmals ein Kündigungsrecht, danach jährlich zum Ende jedes Versicherungsjahres.

Allerdings sollten Sie nicht bei jedem Vertrag von der zuvor genannten kurzen einmonatigen Kündigungsfrist ausgehen: So gilt beispielsweise für Hausrat-, Wohngebäude- oder Privathaftpflichtversicherung im Normalfall eine Kündigungsfrist von drei Monaten. Wenn Sie eine private Krankenzusatzversicherung kündigen wollen, gilt im Normalfall ebenfalls eine Kündigungsfrist von drei Monaten zum Ende des Versicherungsjahres, allerdings frühestens zum Ablauf einer vereinbarten Vertragsdauer von maximal zwei Jahren.

Allein dieser kurze Überblick zeigt: Schauen Sie zur Sicherheit frühzeitig in Ihre Vertragsunterlagen. Dort finden Sie die Informationen, was jeweils gilt und einzuhalten ist. Es kann auch helfen, wenn Sie sich gleich notieren, bis wann welche Kündigung an einen Versicherer gehen muss.

Bedarf im Blick: Diesen Schutz benötigen Sie

Brauche ich das wirklich, oder kann das weg? Nutzen Sie die Situation der Veränderung, um Ihren Versicherungsschutz zu optimieren und eventuell Geld zu sparen.

Im ersten Schritt ging es für Sie darum, dafür zu sorgen, dass wichtige Verträge weiterlaufen. Haben Sie das sichergestellt und sind beispielsweise nun selbst Versicherungsnehmer der Privathaftpflicht- und Hausratversicherung? Ein weiterer Schritt ist, dass Sie die Situation der Veränderung nutzen, Ihren Schutz zu überprüfen: Passen die aktuellen Verträge noch zu Ihrer persönlichen Situation? Gibt es Verträge, die im Laufe der Zeit überflüssig geworden sind, oder welche, die Sie dringend bräuchten? Nehmen Sie sich die Zeit, um die Qualität Ihres bisherigen Schutzes zu prüfen: Gerade wenn die Verträge schon seit einigen Jahren unangerührt in einer Schublade ruhen und Sie sowieso Kontakt mit den Versicherern aufnehmen müssen, bietet es sich an zu prüfen, ob die einmal abgeschlossenen Verträge tatsächlich noch ausreichenden Schutz bieten.

In den vergangenen Jahren sind die Bedingungen der Versicherer an vielen Stellen zum Teil deutlich besser geworden, sodass sich ein Wechsel zu einem neuen Tarif oder Versicherer lohnen kann. Zugegeben, das macht etwas Arbeit, aber wenn Sie sich einmal durch die Unterlagen gekämpft haben, ist erst einmal wieder Ruhe. Sie sind danach besser abgesichert und können eventuell sogar Geld sparen. Immerhin geben die Menschen in Deutschland im Schnitt über 2 600 Euro im Jahr für Versicherungen aus.

Damit Sie besser prüfen können, welche Verträge Sie vielleicht gar nicht mehr brauchen oder welche Sie unter Umständen neu abschließen sollten, haben wir die wichtigsten Versicherungen kategorisiert (siehe Tabelle „Versicherungs-Check", S. 152):

▶ **Unbedingt notwendig:** Es gibt Verträge, auf die Sie auf keinen Fall verzichten sollten, denn ohne einen solchen Schutz wären Sie im Schadensfall womöglich ruiniert. Zu den Verträgen, die unbedingt notwendig sind, gehört beispielsweise die private Haftpflichtversicherung. Außerdem zählen wir dazu die gesetzlich vorgeschriebene Kranken- und Pflegeversicherung – entweder über eine gesetzliche Krankenkasse oder einen privaten Versicherer – sowie die Kfz-Haftpflichtversicherung für

Fahrzeughalter und die Tierhalterhaftpflichtversicherung für Hundehalter oder Besitzer von Pferden.

- **Sehr zu empfehlen:** Ohne diesen Versicherungsschutz wäre im Ernstfall Ihre finanzielle Existenz bedroht. Zu diesen Verträgen zählen etwa die Wohngebäudeversicherung für Immobilienbesitzer und die Auslandsreisekrankenversicherung für diejenigen, die in Deutschland in einer gesetzlichen Krankenkasse versichert sind. Diese Zusatzversicherung für Auslandsreisen sollten Sie möglichst vor Auslandsaufenthalten abschließen, denn über Ihre gesetzliche Kasse haben Sie hier keinen umfassenden Schutz. Sollten Sie zum Beispiel während einer Urlaubsreise vor Ort operiert werden und anschließend zur weiteren Behandlung nach Deutschland zurücktransportiert werden müssen, könnten auf Sie deshalb ohne Zusatzversicherung Ausgaben von einigen Zehntausend Euro auf Sie zukommen – je nach Reiseland und Schwere der Erkrankung (siehe „Zusatzschutz für Auslandsreisen", S. 162).

- **Sinnvoll:** Fehlt der Schutz, können Kosten entstehen, die Sie empfindlich treffen, aber im Regelfall anders als etwa ein durch Feuer zerstörtes Zuhause nicht sofort die finanzielle Existenz bedrohen. Zum sinnvollen Schutz zählen beispielsweise private Krankenzusatzversicherungen, die Hausratversicherung je nach Wert der Einrichtung und die Vollkaskoversicherung für Ihr neues oder noch sehr gut erhaltenes Auto.

- **Mit Einschränkungen sinnvoll:** So bewerten wir zum Beispiel die Reiserücktrittsversicherung. Diese empfiehlt sich zum Beispiel für Urlauber, die teure Reisen lange im Voraus buchen. Gerade, wenn Sie mit Ihren Kindern verreisen wollen, kann dieser Schutz eine wichtige Hilfe sein, für den Fall, dass sie sich zum Beispiel im Kindergarten einen Virus eingefangen haben.

Was Sie nicht brauchen
Im Angebot der Versicherungsgesellschaften finden Sie allerdings auch Produkte, von denen Sie – zum Teil ganz unabhängig vom Alter – eher die Finger lassen können. Das gilt für Verträge, die in der Regel nur ein kleineres Risiko abdecken. Oder es handelt sich um ein Risiko, das bereits anderweitig abgesichert ist oder anderweitig besser abgesichert werden kann.

Eines der Angebote, auf das man meist verzichten kann, ist die Reisegepäckversicherung. Deren Vertragsbedingungen sind in der Regel sehr streng gestaltet, sodass die Gefahr besteht, dass Sie im Ernstfall gar kein Geld bekommen. Zudem haben Sie einen gewissen Schutz für Ihr Reisegepäck automatisch, wenn Sie eine Hausratversicherung abgeschlossen haben.

Weitere Verträge, die Sie eher nicht abschließen sollten, sind Versicherungen, die

Passender Schutzschirm
Es ist sinnvoll, den Versicherungsschutz regelmäßig zu prüfen und zum Beispiel bei großen Veränderungen im Leben an die Situation anzupassen.

Ihnen etwa beim Kauf eines neuen Tablets oder Smartphones mit angeboten werden. So ein Schutz für Ihre neuen Errungenschaften ist oft nicht ganz billig, und trotz Versicherung kann es aufgrund der Vertragsbedingungen sein, dass Sie bei einem Schaden oder nach einem Diebstahl nicht die erhoffte Leistung erhalten. Statt eine Versicherung abzuschließen, kann es günstiger sein, dass Sie auf eigene Faust Geld für solche „Notfälle" zur Seite legen.

Risikoschutz und Sparen trennen

Vielleicht denken Sie nach dem Tod Ihres Partners und den Erfahrungen rund um die Beerdigung darüber nach, eine Sterbegeldversicherung abzuschließen. Schließlich hat das Erlebte Ihnen vor Augen geführt, welche Ausgaben rund um die Beerdigung auf die Hinterbliebenen zukommen. Da liegt der Gedanke nahe, dass Sie Ihren Kindern das nicht zumuten wollen, falls Sie sterben.

Doch um Ihre Angehörigen vor hohen Ausgaben für die Beerdigung zu schützen, ist die Sterbegeldversicherung nicht die günstigste Wahl. Wenn Sie für diesen Fall vorsorgen möchten, sollten Sie lieber auf eigene Faust Geld zur Seite legen. Je früher Sie mit dem Sparen beginnen, desto mehr kommt zusammen. Für eine zusätzliche finanzielle Absicherung können Sie mit einer Risikolebensversicherung sorgen.

Gerade nach dem Tod des Partners – womöglich des Hauptverdieners der Familie – kann zudem der Wunsch aufkommen, die Kinder zumindest so lange finanziell abzusichern, bis sie beruflich festen Boden unter den Füßen haben. Für dieses Vorhaben mag der Abschluss einer Versicherung, zum Beispiel einer Ausbildungsversicherung, auf den ersten Blick attraktiv erscheinen, doch diese Verträge sind eher unflexibel und teuer. Sie funktionieren wie eine kleine Kapitallebensversicherung, in die Sie regelmäßig Geld einzahlen können und aus der dann – sollte Ihnen etwas zustoßen – Ihre Kinder bis zum Ende ihrer Ausbildung Geld erhalten. Auch hier gilt, dass es günstigere Alternativen gibt. Infrage kommen sichere Sparangebote der Banken oder auch ETF-Sparpläne. Eine Übersicht finden Sie auf test.de, Stichwort: „Sparen Kind".

Versicherungs-Check: Diesen Schutz brauchen Sie

+++ Unbedingt notwendig. Auf diesen Schutz sollten Sie keinesfalls verzichten.
++ Sehr zu empfehlen. Diesen Schutz sollten Sie nach Möglichkeit haben.
+ Sinnvoll. Dieser Schutz ist sinnvoll, muss aber nicht unbedingt sein.
+− Dieser Schutz ist nur mit Einschränkungen sinnvoll.

Wofür?	Welche Versicherung?	Wie wichtig?	Wer braucht sie?
Wenn Sie andere schädigen	Privathaftpflicht	+++	Jeder, egal ob alleinstehend oder mit Kindern.
	Kfz-Haftpflicht	+++	Pflicht für Kraftfahrzeughalter.
	Tierhalterhaftpflicht	+++	Hundehalter und Pferdebesitzer. In manchen Bundesländern Pflicht für Hundehalter.
	Gewässerschadenhaftpflicht	+++	Öltankbesitzer.
	Bauherrenhaftpflicht	++	Bauherren.
	Haus- und Grundbesitzerhaftpflicht	++	Eigentümer und Vermieter von Immobilien und von unbebauten Grundstücken.
Krankheit und Pflege	Gesetzliche Kranken- und Pflegeversicherung	+++	Jeder. Sie ist Pflicht, sofern sich jemand nicht privat krankenversichern kann oder einen anderen Anspruch auf Absicherung im Krankheitsfall hat (zum Beispiel freie Heilfürsorge).
	Private Krankenvollversicherung und Pflegepflichtversicherung	+++	Beamte, weil für sie die Privatversicherung meist günstiger ist als die gesetzliche Krankenversicherung. Für alle freiwillig gesetzlich Versicherten überlegenswert, wenn sie bessere Leistungen als die der gesetzlichen Kasse wünschen und bereit sind, dafür langfristig viel zu zahlen.
	Private Krankenzusatzversicherungen	+	Gesetzlich Krankenversicherte, die sich mehr Leistungen sichern wollen als die der gesetzlichen Krankenversicherung.
	Private Pflegezusatzversicherung	+	Jeder, um Leistungen der gesetzlichen Pflegeversicherung aufzustocken.

Stiftung Warentest | Auch zukünftig gut abgesichert

Wofür?	Welche Versicherung?	Wie wichtig?	Wer braucht sie?
Berufsunfähigkeit und Invalidität	Berufsunfähigkeitsversicherung	++	Alle Erwachsenen, die von ihrem Erwerbseinkommen leben, vor allem wenn sie Familie haben.
	Erwerbsunfähigkeitsversicherung	++	Alle, die aus Kostengründen oder wegen ihres Risikos keinen Berufsunfähigkeitsschutz erhalten.
	Unfallversicherung/Senioren-Unfallversicherung	+	Erwachsene, um sich vor den finanziellen Folgen eines Unfalls in der Freizeit zu schützen.
Die Familie gut absichern	Risikolebensversicherung	++	Alle, die für andere sorgen.
	Kinderinvaliditätsversicherung	++	Kinder und Jugendliche bis zum Ende ihrer Ausbildung, danach Berufsunfähigkeitsschutz.
	Kinderunfallversicherung	+	Kinder und Jugendliche, sofern keine Kinderinvaliditätsversicherung vorhanden ist.
Zu Hause und im Alltag	Wohngebäudeversicherung mit Naturgefahrenschutz	++	Jeder Eigentümer eines Wohnhauses.
	Hausratversicherung	+	Bei Hausrat mit höherem Wert.
	Rechtsschutzversicherung (Verkehrsrechtsschutz siehe unten)	+	Im Berufsleben Stehende sowie Mieter, Vermieter und Privatleute. Gewerkschaften (Arbeitsrecht) oder Vereine (Mietrecht) bieten für spezielle Probleme in der Regel separaten Rechtsschutz.
Unterwegs immer sicher	Auslandsreisekrankenversicherung	++	Gesetzlich Versicherte. Privatversicherte, wenn die Kostenübernahme für medizinisch notwendige Rücktransporte aus dem Ausland fehlt oder der versicherte Zeitraum nicht ausreicht.
	Reiserücktrittskostenversicherung	+–	Urlauber, die teure Reisen lange im Voraus buchen, vor allem Ältere und Eltern mit kleinen Kindern.
	Kfz-Vollkaskoversicherung	+	Besitzer neuer und teurer Fahrzeuge.
	Kfz-Teilkaskoversicherung	+	Besitzer höherwertiger älterer Autos.
	Verkehrsrechtsschutz	+	Jeder Verkehrsteilnehmer.
	Autoschutzbrief	+–	Autofahrer. Preisgünstig beim Kfz-Haftpflichtversicherer abzuschließen.

Der wichtigste Schutz unter der Lupe

Ohne Versicherungen, die bei Krankheit einspringen, geht es nicht. Auch Haftpflichtschutz ist unverzichtbar.

Die Tabelle auf S. 152/153 zeigt: Es gibt Versicherungsschutz, den Sie auch in finanziell nicht ganz einfachen Zeiten unbedingt haben sollten oder der sogar gesetzlich vorgeschrieben ist. Das gilt unter anderem für die Absicherung im Krankheitsfall. Hier ist zu unterscheiden zwischen den gesetzlich Versicherten und denjenigen, die privat krankenversichert sind.

Krankenversicherung – wechseln oder bleiben?

Die allermeisten Menschen in Deutschland sind in einer gesetzlichen Krankenkasse. Der erste Gedanke mag sein, bei der Wahl einer Kasse allein auf den Beitragssatz zu achten – zum Beispiel, wenn Sie bisher beitragsfrei über Ihren Mann familienversichert waren und nun selbst als Mitglied einer Krankenkasse Beiträge zahlen müssen.

Die Beitragssätze der geöffneten Krankenkasse liegen Anfang 2022 zwischen 14,95 und 17,1 Prozent inklusive Zusatzbeitrag. Als Arbeitnehmer oder auch als Rentner müssen Sie selbst die Hälfte des Beitragssatzes zahlen. Wenn Sie also beispielsweise eine Witwenrente in Höhe von 800 Euro brutto im Monat erhalten und in einer Kasse mit dem Beitragssatz 15,9 Prozent sind, zahlen Sie für Ihre Rente 63,60 Euro Beitrag. Die andere Hälfte übernimmt in dem Fall die Rentenkasse. Für Einkommen aus eigener angestellter Berufstätigkeit zahlen Sie den halben Beitragssatz auf Ihren Bruttoverdienst, die andere Hälfte trägt der Arbeitgeber.

> **Viele gesetzliche Kassen bieten ihren Versicherten mehr, als gesetzlich vorgeschrieben ist.**

Je nach Ihren persönlichen Wünschen und Ihrer gesundheitlichen Situation kann es sich aber tatsächlich lohnen, in eine Kasse mit etwas höherem Beitrag zu gehen oder in einer etwas teureren Kasse zu bleiben, wenn Sie dafür ein Leistungspaket erhalten, das gut zu Ihnen und Ihren Bedürfnissen passt. Hier sind je nach Kasse größere Unterschiede möglich.

Ein Großteil der Leistungen, die die Krankenkassen anbieten, ist zwar gesetzlich vor-

Stiftung Warentest | Auch zukünftig gut abgesichert

geschrieben, sodass etwa 95 Prozent aller Leistungen bei den Kassen gleich sind. Sie erhalten zum Beispiel notwendige Behandlungen bei einem niedergelassenen Arzt oder in einem Krankenhaus sowie vom Arzt verordnete Medikamente und Hilfsmittel. Einen Teil der Ausgaben müssen Sie allerdings selbst tragen – beispielsweise zahlen Sie für einen Krankenhausaufenthalt 10 Euro pro Tag aus der eigenen Tasche, längstens für 28 Tage im Jahr.

Viele gesetzliche Kassen bieten ihren Versicherten über diese vorgeschriebene Grundlage hinaus aber noch deutlich mehr. Sie beteiligen sich zum Beispiel in unterschiedlicher Höhe an den Kosten für eine professionelle Zahnreinigung oder auch an Kosten für Osteopathie. Solche Extras können je nach Lebenssituation und Ihren persönlichen Wünschen die Entscheidung für eine Kasse beeinflussen.

Pflegeversicherung ist Pflicht

Sind Sie gesetzlich krankenversichert, sind Sie automatisch in der gesetzlichen Pflegeversicherung. Der Beitragssatz liegt hier im Jahr 2022 bei 3,05 Prozent für Versicherte mit Kindern und für Versicherte unter 23 Jahren. Für diejenigen, die vor 1940 geboren wurden, gilt unabhängig davon, ob sie Kinder haben, dieser Beitragssatz. Alle, die keine Kinder haben, zahlen 3,40 Prozent.

Den Beitrag zur Pflegeversicherung für Ihre Witwen- oder eine andere gesetzliche Rente zahlen Sie komplett allein. Als Arbeitnehmer mit Kindern zahlen Sie für Ihren Verdienst 1,525 Prozent, die andere Hälfte übernimmt der Arbeitgeber. Haben Sie keine Kinder, müssen Sie den Beitragszuschlag von 0,35 Prozent zusätzlich zahlen.

Wer kennt sich aus?

Die Stiftung Warentest vergleicht regelmäßig Beiträge und Leistungen der gesetzlichen Kassen. Die aktuellen Daten können Sie unter test.de/krankenkassen abrufen. Dort finden Sie außerdem Informationen dazu, wie der Kassenwechsel funktioniert und in welchen Situationen er jeweils möglich ist. Mit einem Beitragsrechner können Sie selbst ermitteln, welche Ersparnis Ihnen je nach Einkommen ein Wechsel bringt. Geht es Ihnen um spezielle Leistungen und sind Sie unsicher, was Sie nach einem Wechsel erwarten würde, fragen Sie vorab bei der möglichen Kasse nach. Haben Sie sich für den Wechsel entschieden, müssen Sie der alten Kasse übrigens nicht mehr selbst kündigen. Teilen Sie nur der neuen Kasse mit, dass Sie zu ihr kommen möchten. Dann wird sie prüfen, ob der Wechsel möglich ist, und Kontakt zur bisherigen Kasse aufnehmen.

30 SEKUNDEN FAKTEN

2 619
Euro gaben die Menschen in Deutschland im Jahr 2019 im Schnitt für Versicherungen aus. Damit liegen sie im europäischen Vergleich im unteren Mittelfeld.

6 151
Euro gaben die Menschen in der Schweiz im selben Jahr für Ihre Versicherungen aus. Sie liegen damit in Europa an der Spitze.

86,3
Millionen Verträge für Lebensversicherungen gab es im Jahr 2020 in Deutschland. Im Vergleich zu früheren Jahren ist die Anzahl leicht gesunken.

Quelle: GDV, Insurance Europe, European insurance industry database, März 2021

Der Schutz aus der gesetzlichen Pflegeversicherung reicht Ihnen nicht? Sollten Sie pflegebedürftig werden, bleibt tatsächlich im Regelfall eine finanzielle Lücke. Um diese zu schließen, kann der Abschluss einer privaten Pflegezusatzversicherung hilfreich sein. Darüber denkt unter anderem Ricardo (Beispiel von S. 22) nach, der sich nach den Erfahrungen um die Erkrankung seiner Frau mehr finanzielle Absicherung für den Pflegefall wünscht. Allerdings sollte er im Alter von 62 Jahren möglichst schnell aktiv werden. Denn je älter er wird, desto schwieriger wird es für ihn, selbst bei bester Gesundheit einen bezahlbaren Vertrag zu bekommen. Daher gilt: Je früher Sie sich um das Thema Pflegebedürftigkeit Gedanken machen, desto besser. Um mit einer privaten Zusatzversicherung in die Vorsorge für den Pflegefall einzusteigen, ist um die 50 herum ein gutes Alter, wie Untersuchungen von Finanztest gezeigt haben.

Erste Wahl wäre eine Pflegetagegeldversicherung. Der Versicherer zahlt ab Beginn der Pflegebedürftigkeit für jeden Tag ein vorab vereinbartes Tagegeld aus. Je später Sie sich für den Schutz entscheiden, desto teurer wird er.

Haben Sie bereits Vorerkrankungen, treibt das den Beitrag weiter in die Höhe, oder die Erkrankungen sorgen dafür, dass Sie erst gar keinen Vertrag bekommen. Oft prüfen die Versicherer den Antrag ab einem bestimmten Alter besonders kritisch oder lehnen gleich ab.

Stiftung Warentest | Auch zukünftig gut abgesichert

> **Brauche ich den Schutz?** Wäre vermutlich besser – oder doch nicht? Falls Sie verunsichert sind, überstürzen Sie mögliche Vertragsabschlüsse nicht. Gehen Sie die Tabelle auf S. 152/153 in Ruhe durch und nutzen Sie Beratungsangebote, beispielsweise von den Verbraucherzentralen. Eine neutrale Beratung erhalten Sie auch bei unabhängigen Versicherungsberatern. Sie erhalten von Ihnen für ihre Tätigkeit ein Honorar, aber keine Provision von Versicherungsunternehmens.

Nicht ohne Haftpflichtschutz

Ein weiteres wichtiges Thema, das geklärt sein sollte: Haben Sie Schutz für den Fall, dass Sie jemandem unbeabsichtigt einen Schaden zufügen? Per Gesetz haften Sie für den Schaden und müssen die Kosten übernehmen – zum Beispiel nach einem Fahrradunfall Sach- und Materialschäden erstatten, aber auch für gesundheitliche Folgen und deren Behandlung aufkommen. Solche Kosten bis hin zu einer lebenslangen Rente können Sie ruinieren. Umso wichtiger ist es, dass Sie sich jederzeit auf den Schutz einer privaten Haftpflichtversicherung verlassen können, damit ein kleines Missgeschick Sie nicht an Ihre finanziellen Grenzen führt. Denn Sie haften im Schadensfall mit Ihrem gesamten Vermögen, wenn nötig bis zur Pfändungsfreigrenze.

Die Privathaftpflichtversicherung ist daher ein Muss für jeden. Abgesichert sind Schäden, die Sie jemandem aus Versehen, auch bei grober Fahrlässigkeit, zugefügt haben. Sie zahlt aber nicht für absichtlich herbeigeführte Schäden.

In vielen Familien gibt es bereits eine Privathaftpflichtversicherung. Der Haken: Vielleicht schlummert der Vertrag seit mehreren Jahren unberührt in Ihrem Versicherungsordner? Wenn Sie seit mindestens fünf Jahren nichts daran geändert haben, empfiehlt es sich, dass Sie den Schutz an die heutige Zeit anpassen und wenn nötig zum Beispiel die Versicherungssumme erhöhen. In alten Verträgen kann noch eine Versicherungssumme von zum Beispiel 2 oder 3 Millionen Euro vereinbart sein. Die Stiftung Warentest empfiehlt allerdings mittlerweile eine Versicherungssumme von mindestens 10 Millionen Euro pauschal für Personen- und Sachschäden. Hier empfiehlt es sich, wenn nötig nachzubessern.

Was der Vertrag bieten sollte

Auch wenn Sie bisher noch keine Haftpflichtversicherung haben, sollten Sie schnell aktiv werden. Einen sehr guten Haftpflichttarif können Sie bereits für unter 60 Euro Jahresbeitrag neu abschließen, wie unsere jüngste Untersuchung im Sommer

2021 und die Übersichtstabelle im Hilfe-Teil auf S. 168 zeigen. Wichtig ist, dass neben der Versicherungssumme auch die vereinbarten Leistungen stimmen. Finanztest hat einen Katalog an Leistungen definiert, den eine neue Haftpflichtversicherung in jedem Fall bieten sollte, etwa dass Schäden durch gewässergefährdende Substanzen in haushaltsüblichen Mengen abgesichert sind.

Der gesamte Versicherungsschutz sollte auch während eines vorübergehenden Auslandsaufenthalts bestehen. Mietsachschäden sollten mindestens in Höhe von 500 000 Euro gedeckt sein. Eine genaue Übersicht zum Grundschutz finden Sie unter test.de/privathaftpflicht.

Wenn Arbeiten nicht möglich ist
Zu den Versicherungen, die besonders empfehlenswert sind, zählt die Berufsunfähigkeitsversicherung für alle, die noch im Berufsleben stehen und von ihrem Einkommen leben. Der private Versicherer zahlt eine Rente, wenn Sie Ihre Berufstätigkeit aus gesundheitlichen Gründen für einen längeren Zeitraum nicht mehr zu mindestens 50 Prozent ausüben können. Fällt Ihr Einkommen auf Dauer weg, kann das zu einer gewaltigen finanziellen Belastung werden.

Das gilt umso mehr, wenn nicht nur Sie allein auf den Verdienst angewiesen sind, sondern Kinder zu versorgen sind. Und wenn Sie keinen Partner oder keine Partnerin haben, der das Minus durch seinen Verdienst mit auffängt, könnte es eng werden.

Je nach bisheriger beruflicher Laufbahn kann es zwar sein, dass Sie beim Verlust Ihrer Arbeitskraft Geld aus der gesetzlichen Rentenversicherung bekommen, in Form der sogenannten Erwerbsminderungsrente. Doch diesen Rentenanspruch hat nicht jeder. Und wer ihn hat, wird häufig eine Rente bekommen, die nicht ausreicht, um davon den bisherigen Lebensstandard zu decken. Die monatlichen Bruttorenten bei Erwerbsminderung liegen derzeit gerade einmal im Schnitt bei rund 850 Euro monatlich.

Zusätzlicher privater Versicherungsschutz ist also sinnvoll – nur leider nicht ganz günstig. Die Höhe des Beitrags richtet sich unter anderem nach der Höhe der vereinbarten Rente, nach der Laufzeit des Vertrags und nach Ihrem Beruf. So können Jahresbeiträge von mehreren Hundert Euro fällig werden. Trotzdem ist diese Investition zu empfehlen.

Je jünger und gesünder Sie bei Abschluss des Vertrags sind, desto besser. In der Tabelle auf S. 170 finden Sie eine Übersicht zu sehr guten Angeboten für jüngere Kunden. Je älter Sie bei Vertragsabschluss sind, desto teurer wird die Versicherung. Auch wenn Sie Vorerkrankungen haben, kann das den Beitrag in die Höhe treiben.

Bestehenden Vertrag aufstocken
Haben Sie schon eine Berufsunfähigkeitsversicherung? Dann überschlagen Sie, ob die vereinbarte Rente noch zu Ihrer neuen Lebenssituation passt. Wäre es sinnvoll, die

Rente zu erhöhen, weil im Notfall kein zweiter Partner da ist, der einen Teil zum Familieneinkommen beiträgt? Schauen Sie in Ihre Unterlagen oder sprechen Sie mit dem Versicherer, ob und unter welchen Bedingungen Sie die vereinbarte Rente nachträglich erhöhen können. Viele Verträge beinhalten eine sogenannte Nachversicherungsgarantie, sodass Sie nach dem Tod des Partners oder je nach Vertrag auch ohne konkrete Voraussetzung ohne erneute Gesundheitsprüfung eine höhere Rente vereinbaren können. Allerdings steigt dann auch der Beitrag entsprechend an.

Kinder finanziell absichern

Deutlich günstiger als der Berufsunfähigkeitsschutz ist im Regelfall eine Risikolebensversicherung. Der Vertragsabschluss empfiehlt sich für Sie, wenn Sie Kinder haben. Die Versicherung sichert sie finanziell ab für den Fall, dass Sie sterben sollten.

Auch Annika aus unserem Beispiel auf S. 26 sollte sich um diesen Schutz kümmern. Nach dem Tod von Ehemann Benno war die Auszahlung aus seiner Lebensversicherung eine große Hilfe für sie und die Kinder, und nun sollte sie sicherstellen, dass die Kinder auch abgesichert sind, falls ihr etwas zustößt.

Die Versicherungssumme sollte etwa das Drei- bis Fünffache Ihres Jahreseinkommens ausmachen, damit Ihre Kinder im Ernstfall bei aller Trauer zumindest finanziell auf sicherem Boden stehen.

Die Stiftung Warentest hat in den vergangenen Jahren mehrmals Risikolebensversicherungen untersucht. Dabei hat sich gezeigt, dass beispielsweise eine 35-jährige kaufmännische Angestellte einen Vertrag mit 250 000 Euro Versicherungssumme und 30 Jahren Laufzeit gegen einen Jahresbeitrag ab etwa 250 Euro erhalten kann (siehe Hilfe-Abschnitt S. 169).

Haben Sie bereits einen Vertrag? Nehmen Sie Kontakt zu Ihrem Versicherer auf, wenn Sie beispielsweise künftig Ihre Kinder als Bezugsberechtigte einsetzen wollen. Prüfen Sie auch, ob die einmal vereinbarte Versicherungssumme noch hoch genug ist. Wollen Sie mehr vereinbaren, sprechen Sie mit dem Versicherer, ob und unter welchen Voraussetzungen Sie die Summe erhöhen können. Auch hier kann eine Nachversicherungsgarantie wie bei der Berufsunfähigkeitsversicherung in den Vertragsbedingungen vereinbart sein.

→ Kredit absichern

Eine Risikolebensversicherung ist besonders wichtig, wenn noch ein Immobiliendarlehen abzuzahlen ist. Für solche Fälle kann eine Restschuldversicherung eine Lösung sein. Bei dieser besonderen Form der Risikolebensversicherung bleibt die Versicherungssumme nicht konstant, sondern sinkt im Laufe der Zeit – quasi parallel zur Kreditschuld.

Schutz für Ihr Eigenheim

Wohnen Sie in Ihrem eigenen Haus oder in einer Eigentumswohnung, ist der Schutz einer Wohngebäudeversicherung unverzichtbar. Ohne diese Versicherung wären Sie ruiniert, wenn etwa ein Feuer die Immobilie zerstört.

Solange Sie noch ein Immobiliendarlehen abbezahlen, verlangt der Kreditgeber diesen Schutz. Auch wenn das Darlehen abbezahlt ist, sollten Sie weiterhin Schutz für Ihr Eigenheim haben, damit beispielsweise Schäden durch Feuer oder Sturm Sie nicht ruinieren oder zu empfindlich treffen. Auch Leitungswasserschäden können einen enormen Schaden anrichten. Je älter das Haus und damit die Leitungen werden, desto sinnvoller ist auch Schutz davor. Stellen Sie also sicher, dass die Versicherungsbeiträge regelmäßig weiterfließen, um dauerhaft abgesichert zu sein.

Finanztest-Untersuchungen haben in den letzten Jahren deutliche Preisunterschiede für Wohngebäudeversicherungen gezeigt. Gerade deshalb kann es sich lohnen, wenn Sie nach einem neuen, eventuell günstigeren Vertrag Ausschau halten.

Absicherung für die Wohnungseinrichtung

Ihre Möbel und vieles mehr, was sich in Ihrer Wohnung befindet, können Sie mit einer Hausratversicherung absichern. Hier gilt: Der Schutz ist umso wichtiger, je wertvoller die Wohnungseinrichtung ist. In vielen Haushalten gibt es diese Versicherung.

Haben Sie diesen Schutz auch? Prüfen Sie unbedingt, ob die vereinbarte Versicherungssumme hoch genug ist. Gerade wenn der Vertrag schon seit mehreren Jahren läuft und Sie seither zum Beispiel neue Fahrräder für die Familie, technische Geräte oder andere Möbel angeschafft haben, kann es notwendig sein, die Summe aufzustocken, um eine Unterversicherung zu vermeiden. Denn wenn die Versicherungssumme zu niedrig ist, wird der Versicherer im Schadensfall auch nur anteilig leisten.

Selbst die beste Privathaftpflichtversicherung reicht nicht immer: Für einzelne Lebensbereiche benötigen Sie zusätzlichen Haftpflichtschutz. Als Halter eines Fahrzeugs brauchen Sie eine Kfz-Haftpflichtversicherung. Haben Sie einen Hund, müssen Sie in mehreren Bundesländern eine Tierhalter-Haftpflichtversicherung abschließen. Für Bauherren kann eine Bauherrenhaftpflicht-, für Vermieter eine Haus- und Grundbesitzerhaftpflichtversicherung notwendig sein (siehe Tabelle S. 152).

Ziehen Sie nach dem Tod Ihres Partners um, etwa weil Ihnen die bisherige Wohnung zu groß geworden ist, müssen Sie Ihren Versicherer darüber informieren. Durch den Umzug kann sich der Beitrag für die Hausratversicherung ändern. Das passiert zum einen, weil sich die Beitragshöhe auch anhand des Wohnorts ergibt. Ist an der neuen Adresse das Einbruchsrisiko höher, können die Beiträge steigen.

Andererseits: Wenn Sie in eine kleinere Wohnung umziehen und dementsprechend weniger Einrichtungsgegenstände haben, benötigen Sie etwas weniger Schutz, Sie können eine niedrigere Versicherungssumme vereinbaren. Dadurch kann wiederum der fällige Beitrag sinken.

Hochwasser und andere Katastrophen

Gegen Einbruch oder Feuer sind Sie versichert – über andere Risiken wie Hochwasser oder Erdrutsch haben Sie sich vielleicht lange keine Gedanken gemacht. Doch gerade das Hochwasser im Sommer 2021 hat deutlich gezeigt, welche Folgen Naturkatastrophen für Hab und Gut haben können. Vor den Folgen solcher Ereignisse sind Sie nicht automatisch über die Wohngebäude- und Hausratversicherung geschützt, sondern nur, wenn Sie zusätzlich einen Schutz vor Elementarschäden vereinbaren. Fragen Sie Ihren Versicherer, was dieses Extra kostet, und überlegen Sie dann, ob Sie den Zusatzbeitrag aufbringen wollen und können.

Wer kennt sich aus?

Einen ersten Überblick zu wichtigen und unwichtigen Versicherungen bietet die Tabelle auf S. 152. Die jeweils aktuellen Testergebnisse zu den einzelnen Verträgen finden Sie auf test.de: Geben Sie im Suchfeld ein, zu welcher Art von Versicherung Sie Informationen wünschen. Wollen Sie Ihren Schutz komplett auf Vordermann bringen, finden Sie im „Versicherungs-Set" der Stiftung Warentest ausführliche Informationen zu den einzelnen Versicherungsarten. Anhand von Checklisten können Sie vorhandene Verträge und neue Angebote auf Ihre Qualität hin selbst überprüfen (erhältlich unter test.de/shop).

Bedarf je nach Lebenssituation

Die Hausratversicherung zählt zu den Versicherungen, die zwar sinnvoll sind, aber nicht unbedingt ganz oben auf der Bedarfsliste stehen. Das gilt für viele weitere Verträge, etwa die private Unfallversicherung. Sie bietet Schutz, wenn Sie durch ein unvorhergesehenes Ereignis dauerhaft eine körperliche Beeinträchtigung erleiden, also beispielsweise nach einem Fahrradunfall Ihr Knie nicht mehr so gut bewegen können wie vorher. Je nach Schwere der Verletzung erhalten Sie eine vorab vertraglich vereinbarte Summe. Das kann eine wertvolle Hilfe sein, wenn Sie etwa infolge des Unfalls Ihre Wohnung behindertengerecht umbauen müssen oder andere Hilfe benötigen.

Auch private Krankenzusatzversicherungen zählen im Normalfall nicht zu den wichtigsten Verträgen. Mit solchen Versicherungen können Sie sich im Krankheitsfall mehr Leistungen sichern, als Ihnen als Mitglied in einer gesetzlichen Krankenkasse eigentlich zustehen, zum Beispiel mehr finanzielle Unterstützung beim Zahnersatz oder eine Chefarztbehandlung während des Krankenhausaufenthalts.

Die Entscheidung für oder gegen einen solchen Vertrag hängt sicher auch von Ihren bisherigen Erfahrungen mit der medizinischen Versorgung ab. Hat etwa Ihre Partnerin aufgrund einer langen Krankheit viel Zeit im Krankenhaus verbracht, wird Ihnen die Chefarztbehandlung vielleicht besonders wichtig sein, während sie für jemand anderen völlig nachrangig ist.

Wenn Sie sich für eine Zusatzversicherung entscheiden, überlegen Sie gut, was der Vertrag bieten soll. Wünschen Sie nur die Zusatzleistungen im Krankenhaus, oder geht es Ihnen zum Beispiel auch darum, für Brille oder Heilpraktiker weniger Zuzahlungen aus eigener Tasche leisten zu müssen?

Schauen Sie vor der Vertragsunterschrift genau nach, was der angebotene Tarif bietet und ob er zu Ihren Wünschen passt. Außerdem gilt wie bei der Pflegezusatzversicherung: Je jünger Sie bei Vertragsabschluss sind, desto günstiger kann der Schutz für Sie sein.

Zusatzschutz für Auslandsreisen
Eine Zusatzabsicherungen sollten gesetzlich Krankenversicherte allerdings unbedingt abschließen: eine Auslandsreise-Krankenversicherung (siehe „Bedarf im Blick", S. 149).

Vielleicht wollen Sie den Kopf freibekommen und fahren für zwei Wochen in die Bretagne oder in eine kleine Pension am Gardasee. Dann sollten Sie sichergehen, dass Sie den Schutz einer privaten Krankenzusatzversicherung für Auslandsreisen haben, denn die gesetzliche Kasse kommt längst nicht für alle möglichen Ausgaben im Ausland auf. Ausgaben für einen Krankenrücktransport nach Deutschland zahlt sie nie, sodass im ungünstigen Fall Ausgaben von mehreren Tausend oder sogar mehreren Zehntausend Euro auf Sie zukommen könnten.

Sind Sie privat krankenversichert, klären Sie mit Ihrem Versicherer, ob er für einen Krankenrücktransport nach Deutschland aufkommen würde. Ist diese Leistung nicht inbegriffen, schließen Sie eine zusätzliche Police für Auslandsreisen ab.

Der große Vorteil dieser Versicherung: Sie können sehr guten Schutz als Einzelreisende bereits für weniger als 10 Euro Jahresbeitrag bekommen, mit Kindern für weniger als 20 Euro Jahresbeitrag.

Ein Blick nach vorn

Zum Abschluss wagen wir noch einen Blick in die Zukunft: Was erwartet Sie finanziell und rechtlich, wenn eine neue Partnerin, ein neuer Partner in Ihr Leben tritt?

→ **Wahrscheinlich benötigen** Sie die Informationen auf den folgenden Seiten nicht heute oder morgen. Aber irgendwann kann es passieren: Sie finden wieder jemanden, mit dem Sie in Zukunft Ihr Leben teilen wollen.

Diese neue Bindung wird erneut einige größere und kleinere finanzielle und organisatorische Veränderungen mit sich bringen. Welche das sind, hängt vor allem von Ihrer individuellen Situation ab. Für Sie können dann unter anderem die folgenden Punkte relevant werden.

Die Wohn-Frage klären

Du zu mir oder ich zu dir oder gemeinsam etwas Neues? Die Entscheidung darüber, wie Sie mit einem neuen Partner zusammenleben möchten, bringt einige neue Aufgaben mit sich, angefangen bei der Frage, wer letztlich den Mietvertrag unterschreibt.

Mietzahlung, Kontoführung und Haushaltskasse werden weitere Themen, um die Sie sich bei gemeinsamem Haushalt kümmern müssen. Auch die Hausratversicherung sollten Sie in den Blick nehmen: Prüfen Sie, ob der bisherige Vertrag für den nun größeren Hausstand ausreicht, wenn der Partner eigene Möbel, E-Bike und technische Ausrüstung mit zu Ihnen bringt.

Eine besonders intensive Vorbereitung wird nötig sein, wenn Sie gemeinsam mit dem neuen Partner den Kauf oder Bau einer eigenen Immobilie planen. Klären Sie hier vorab vor allem, wie Sie die Finanzierung gestalten und aufteilen, wie Sie das untereinander ausgleichen und wie sich ein Darlehen absichern lässt.

Alltagsfinanzen ordnen

Ob mit oder ohne gemeinsame Wohnung: Entscheiden Sie, ob Sie mit Ihrem Partner ein gemeinsames Konto führen wollen oder ob jeder weiter für sich wirtschaftet. Überlegen Sie, ob Sie für Ihre eigenen Konten eine Vollmacht erteilen oder eine bestehende Vollmacht widerrufen und auf den neuen Partner ausstellen wollen.

Gerade wenn Sie künftig einen gemeinsamen Haushalt führen, nehmen Sie auch den Versicherungsordner in die Hand: Prüfen Sie mit Ihrem Partner, welche Verträge Sie zusammenlegen und welche Einzelverträge Sie kündigen können.

Leben als Patchwork-Familie

Der Vater ist gestorben, Sie als Mutter verlieben sich neu, Ihr neuer Partner zieht zu Ihnen und Ihren Kindern.

Es ist schön, wenn in dem Fall die neue Familie schnell zusammenwächst und im Alltag und bei entscheidenden Fragen eine Basis findet, die allen gerecht wird. Im besten Fall harmonieren Ihre Kinder mit den Kindern Ihres neuen Partners, perfektes Patchwork-Familienleben. Doch so glatt läuft es natürlich längst nicht immer. Bis es so weit ist, liegt vielleicht ein langer Weg vor Ihnen, zum Beispiel gespickt mit Sätzen wie „Du hast mir überhaupt nichts zu sagen – du bist nicht mein Vater."

Doch ist das wirklich so? Wer entscheidet im Patchwork-Familienleben? Grundsätzlich gilt: Hatten Eltern vor dem Tod von Vater oder Mutter das gemeinsame Sorgerecht, erhält automatisch der hinterbliebene Elternteil das alleinige Sorgerecht für Kind oder Kinder. Zieht dann beispielsweise ein neuer Partner zu Mutter und Kindern, kann er in alltäglichen Fragen mitentscheiden, wenn die Mutter damit einverstanden ist. Dabei macht es keinen Unterschied, ob das Paar heiratet oder ohne Trauschein zusammenlebt.

Die vollen Entscheidungsbefugnisse erhalten Stiefvater oder Stiefmutter aber erst, wenn sie die minderjährigen Kinder des Partners adoptieren. Dann stehen dem „neuen" Elternteil per Gesetz alle Entscheidungsrechte wie leiblichen Eltern zu sowie auch der Anspruch auf die gesetzlichen Leistungen, etwa Kinder- und Elterngeld. Das adoptierte Kind hat die gleiche Stellung wie ein gemeinschaftliches Kind. Die Adoption ist aber nur möglich, wenn der leibliche Elternteil zugestimmt hat. Kinder, die 14 Jahre oder älter sind, müssen der Adoption selbst zustimmen.

→ **Freibetrag für Alleinerziehende**
Ziehen Sie mit Ihrem neuen Partner zusammen, verlieren Sie den Anspruch auf den Steuerfreibetrag für Alleinerziehende, den sogenannten Entlastungsbetrag. Das sind 4 008 Euro im Jahr für das erste Kind und 240 Euro für jedes weitere Kind. Fällt der Freibetrag weg, bleibt Ihnen weniger Netto am Monatsende, oder Sie erleben die Einbußen spätestens bei der nächsten Steuererklärung.

Verträge und Vollmachten

Je nachdem, wie intensiv die neue Beziehung ist, empfiehlt es sich mit der Zeit, dass Sie laufende Verträge anpassen und wenn nötig neu abschließen. Wollen Sie etwa Ihre neue Partnerin finanziell absichern für den Fall, dass Sie selbst sterben, kommt eine Risikolebensversicherung infrage. Haben Sie schon einen Vertrag, prüfen Sie, wer dort als bezugsberechtigte Person eingetragen ist. Informieren Sie den Versicherer, wenn das künftig die neue Partnerin sein soll.

Nicht mehr allein!
Für eine neue Partnerschaft ist es nie zu spät. Dadurch können sich aber einige rechtliche und finanzielle Änderungen ergeben.

Darüber hinaus empfiehlt es sich, die rechtliche Vorsorge noch einmal in Angriff zu nehmen: Wem haben Sie zum Beispiel bisher eine Vorsorgevollmacht ausgestellt, und wollen Sie, dass künftig der neue Partner diese Aufgabe übernimmt? Wenn Sie ein Testament anfertigen und ändern wollen, überlegen Sie, ob und wie Sie den neuen Partner mit absichern können.

Ohne entsprechende Angaben im Testament ginge ein Partner ohne Trauschein im Fall Ihres Todes komplett leer aus. Überlegen Sie deshalb, ob und wie Sie Ihren letzten Willen neu oder erstmals gestalten.

Erneute Hochzeit

Sobald Sie einen neuen Partner oder eine Partnerin heiraten, haben Sie beide etwas mehr finanzielle Sicherheit, sollte einer von Ihnen sterben, unter anderem, weil dann ein gesetzlicher Erbanspruch besteht.

Andererseits verlieren Sie durch eine neue Hochzeit den Anspruch auf die bisherige Witwen- oder Witwerrente. Diese fließt nur weiter, solange Sie ohne Trauschein zusammenleben. Sobald Sie heiraten, endet der Anspruch. Sie können dann aber eine einmalige Abfindung auf Ihre Witwenrente erhalten. Diese beantragen Sie mit einem formlosen Schreiben bei Ihrem Rentenversicherungsträger. Geben Sie in diesem Schreiben die Versicherungsnummer Ihres verstorbenen Ehe- oder Lebenspartners an und legen Sie die neue Eheurkunde vor.

Die Abfindung ist 24-mal so hoch wie Ihre Witwenrente, die Sie im Schnitt im vorhergehenden Jahr jeden Monat erhalten haben. Bei der kleinen Witwenrente nach neuem Recht, die grundsätzlich nur für 24 Monate gezahlt wird, wird der noch nicht verbrauchte Restbetrag bis zum Ende der Laufzeit der Rente ausgezahlt.

Endet auch die erneute Ehe zum Beispiel nach dem Tod des zweiten Partners, können Sie Anspruch auf die „Witwenrente nach dem vorletzten Partner" haben. Am besten nutzen Sie das kostenlose Beratungsangebot der Deutschen Rentenversicherung, um den Überblick zu bekommen, was Ihnen bei welcher Änderung zusteht. Beratungstermine vereinbaren Sie kostenlos über die Hotline 08 00/10 00 48 00.

Hilfe

1 Depotkosten: Die günstigsten Depots im Überblick
Top 3 Depots von Filial- und Direktbanken

2 Versicherungen: Die Besten im Test
Die besten Anbieter für Privathaftpflicht, Risikoleben, Berufsunfähigkeit und Hausrat
S. 168 bis 171

3 Unterstützung: Wer hilft bei Fragen?
Ansprechpartner und Adressen für Fragen rund um Rente und Steuern
S. 172

4 Stichwortverzeichnis
S. 173

Depotkosten: Enorme Preisunterschiede

Wollen Sie ETF oder andere Wertpapiere kaufen, benötigen Sie dafür ein Depot. Die Unterschiede bei den Preisen für die Depotführung sind zum Teil enorm, wie ein Vergleich von Finanztest im Herbst 2021 deutlich gezeigt hat. Ergebnis dieses Tests: Der günstigste Anbieter mit großer Auswahl an Handelsplätzen ist der **Smartbroker**. Kunden des Smartbrokers sollten aber keine hohen Summen auf dem Verrechnungskonto parken, um Strafzinsen zu vermeiden. Auch die **Onvista Bank** und **Flatex** sind günstig, wobei Sie bei Flatex beachten sollten, dass bereits ab dem ersten Euro für Guthaben auf dem Verrechnungskonto 0,5 Prozent Strafzinsen anfallen. Als günstigsten Anbieter unter den Filialbanken ermittelten die Tester die **Santander Consumer Bank**.

Eine Alternative zu den Banken können Smartphone-Broker sein. Vor allem für jüngere Leute, die mit wenig Geld mit dem Vermögensaufbau loslegen wollen, eignen sich die Broker, bei denen Kauf und Verkauf von Wertpapieren überwiegend per Smartphone abgewickelt werden. Doch Sie können die Angebote auch per Browser am eigenen PC nutzen.

Top 3 Depots von Filial- und Direktbanken

Finanztest hat im Herbst 2021 für Muster-Depots in unterschiedlichen Größen die günstigsten Angebote von Filial- und Direktbanken ermittelt. Die Top-3-Angebote für ein kleines Depot (12 000 Euro) und ein mittleres Depot (50 000 Euro) finden Sie in den Tabellen unten. Die dort mit aufgeführte Leipziger Volksbank ist nicht bundesweit aktiv. Die Konditionen für ein großes Depot (150 000 Euro) finden Sie unter test.de/depotkosten. Dort erhalten Sie auch einen Überblick zu weiteren Anbietern und dazu, wie sich die Gesamtkosten für die Depotführung je nach Anbieter zusammensetzen.

Kleines Depot (12 000 Euro)

Anbieter und Depotname	Preis pro Jahr (Euro)
Die drei günstigsten Filialdepots	
Santander Consumer Bank Wertpapierdepot	18
Leipziger Volksbank Onlinedepot mit Beratung	22
Postbank Depot	31
Die drei günstigsten Onlinedepots	
Smartbroker Depot[1]	4
Flatex Depot[2]	6
Onvista Bank Festpreis-Depot	7

Mittleres Depot (50 000 Euro)

Anbieter und Depotname	Preis pro Jahr (Euro)
Die drei günstigsten Filialdepots	
Santander Consumer Bank Wertpapierdepot	251
Leipziger Volksbank Onlinedepot mit Beratung	304
Targobank Klassik-Depot	443
Die drei günstigsten Onlinedepots	
Smartbroker Depot[1]	48
Onvista Bank Festpreis-Depot	84
Flatex Depot[2]	91

1) Ab einer Cashquote von 15 Prozent fällt ein Negativzins von 0,5 Prozent auf Guthaben an, das den 15-Prozent-Anteil übersteigt.
2) Es wird ein Negativzins von 0,5 Prozent auf Guthaben auf dem Verrechnungskonto erhoben und/oder 0,1 Prozent Verwahrgebühren auf Wertpapiere außer Fonds und ETF.

Stand: 1. Oktober 2021

Versicherungen: Die Besten im Test

Ein passender Versicherungsschutz bleibt nicht immer auf Dauer gut. Gerade wenn einzelne Verträge schon seit mehreren Jahren unangerührt in der Schublade liegen, empfiehlt es sich, den Schutz zu aktualisieren und an Ihre neue Lebenssituation anzupassen. Es kann außerdem sein, dass es mittlerweile längst passendere, leistungsstärkere oder auch günstigere Angebote am Markt gibt.

Für einige wichtige Versicherungen fassen wir auf den folgenden Seiten die jeweils aktuellsten Testergebnisse zusammen. Ausführlichere und regelmäßig aktualisierte Informationen zu diesen und weiteren Versicherungsarten finden Sie auf test.de.

Private Haftpflichtversicherung

Die fünf günstigsten sehr guten Angebote aus unserem Test (test.de/haftpflicht).

Anbieter	Tarifangebot	Versicherungssumme pauschal für Personen- und Sachschäden[1] (Mio. Euro)	Jahresbeitrag (Euro)	Finanztest Qualitätsurteil
GEV Grundeigentümer	Care Smart	50 (15)	52[2]	SEHR GUT (1,4)
Huk24	PH Classic @	50 (15)	54	SEHR GUT (1,3)
Axa	Haftpflicht Online Leistungspaket M @	30	55	SEHR GUT (1,5)
GEV Grundeigentümer	Care Top	50 (15)	58[2]	SEHR GUT (1,1)
WGV	Optimal	75 (15)	61	SEHR GUT (0,7)

Bewertung: Sehr gut (0,5 - 1,5). Reihenfolge nach Jahresbeitrag. Beiträge sind kaufmännisch gerundet.
@ = Angebot nur über Internet.
1) Sofern die maximale Versicherungssumme pro geschädigter Person geringer ist, steht diese in Klammern.
2) Beitrag enthält Schadenfreiheitsbonus (10 Prozent, entfällt nach erstem Schaden).
Stand: 1. August 2021

Risikolebensversicherung

Die Tabelle zeigt die günstigsten Angebote für Verträge mit einer Laufzeit von 30 Jahren und einer Versicherungssumme von 250 000 Euro. Die Versicherungskundin ist von Beruf kaufmännische Angestellte.[1]

Anbieter	Tarif (Nichtraucher/ Raucher)	Jahresbeiträge für unsere Modellkundin (Euro)				
		Nichtraucherin			Raucherin	
		Nichtraucher seit ... Jahren	Zahlbeitrag (Netto)	Tarifbeitrag (Brutto)	Zahlbeitrag (Netto)	Tarifbeitrag (Brutto)
Europa	Standard E-RL	1	245[2][5]	628	635[2]	1 550
Huk24 @	RLV Classic	1	253	562	711	1 581
CosmosDirekt	Basis-Schutz	10[3]	268[3]	595[3]	731	1 625
Hannoversche	Basis T1 N10/T1 R	10[3]	275[3]	610[3]	694	1 543
Basler	RKS	10[3]	290[3]	414[3]	850	1 214
Dela A	Aktiv Leben	1	302	302	794	794
WGV	Basis R1LN12/R3LN12	1	312[4]	866[4]	842[4]	2 339[4]
Interrisk	AR1N XL/AR1 XL	1	314	784	635[2]	1 813

Die Sortierung erfolgt nach dem günstigsten Beitrag für Nichtraucher. Beiträge sind kaufmännisch gerundet.
@ = Angebot nur über das Internet erhältlich.
A = Versicherer unterliegt zum Teil ausländischer Aufsichtsbehörde, keine Überschussbeteiligung.

1) Geburtsdatum: 1. Februar 1984.
2) Es gibt mindestens einen weiteren Tarif, der zu den zehn günstigsten gehört.
3) Versicherer bietet auch einen teureren Tarif mit einem Jahr Nichtraucherstatus.
4) Tarif- und Bedingungsänderung zum 1. Dezember 2019.
5) Es gibt einen günstigeren Nichtrauchertarif: Starter (Abschluss bis 35 Jahre).
Stand: 1. Oktober 2019

Berufsunfähigkeitsversicherung

Finanztest hat den Markt für Berufsunfähigkeitsversicherungen untersucht und 71 Tarife bewertet. Es gibt viele sehr gute Angebote. Die Tabelle zeigt die Spitzenreiter. Sie bieten beste Bedingungen und Anträge für unsere Modellkunden, deren Verträge bis 67 Jahre laufen. Der Controller (w/m/d) ist 30 Jahre alt und bezieht eine Monatsrente von 2 000 Euro. Der Industriemechaniker (w/m/d) ist 25 Jahre alt und bezieht eine Monatsrente von 1 500 Euro. Sie finden den vollständigen Test online: test.de/berufsunfaehigkeit.

Anbieter	Produkt- und Tarifbezeichnung	Finanztest Qualitätsurteil	Jahresbeiträge (Euro)			
			Controller		Industriemechaniker	
			Netto	Brutto	Netto	Brutto
Basler	SBU BAL 8408 (01.21)	SEHR GUT (0,8)	740	987	989	1 319
Alte Leipziger	SBU BV10 pm 2300 – 01.2021	SEHR GUT (0,9)	886	1 136	1 112	1 426
Europa	SBU E-BU (01.21)	SEHR GUT (0,9)	739	1 231	880	1 466
Generali[1]	SBU (04.21)	SEHR GUT (0,9)	829	1 338	1 214	1 957
Hannoversche	SBU 20 Basis (08.20)	SEHR GUT (0,9)	785	1 013	797	1 063
Provinzial Rheinland Ⓔ	SBU TopSBV (04.2021)	SEHR GUT (0,9)	1 281	1 971	1 317	1 756
Allianz	SBU (12.20)	SEHR GUT (1,0)	1 000	1 235	1 701	2 100
Barmenia	SBU SoloBU (01.21)	SEHR GUT (1,0)	1 138	1 558	1 178	1 614

Bewertung: Sehr gut (0,5 - 1,5). Bewertet wurden Versicherungsbedingungen und Anträge.
Reihenfolge: Bei gleicher Note wurde alphabetisch sortiert.
Jahresbeiträge: Mögliche Überschüsse senken den zu zahlenden Beitrag auf den Nettobeitrag.
Ohne Überschüsse müssen Kunden in der Regel maximal den Bruttobeitrag zahlen. Beiträge kaufmännisch gerundet.
SBU = Selbstständige Berufsunfähigkeitsversicherung.   Ⓔ = Angebot regional eingeschränkt.
1) Erhältlich über Vermögensberater der DVAG-Gruppe.
Stand: 1. April 2021

Hausratversicherung

In der Tabelle sind die günstigsten Beiträge aus unserem letzten Test für einen günstigen und einen teuren Ort markiert. Das Haus liegt in der günstigen Zürs-Zone 1 (geringes Risiko für Überschwemmung, Rückstau und Starkregen. Enthalten im Beitrag ist Standardschutz sowie Schutz für Wertsachen in Höhe von 20 Prozent und nach Überspannung in Höhe von 10 Prozent der Versicherungssumme. Fahrräder im Wert von mindestens 1 000 Euro sind mitversichert. Die Tabelle zeigt nur Tarife, bei denen es keine Kürzung gibt, wenn ein Kunde den Schaden grob fahrlässig herbeiführt. Mehr online unter test.de/hausrat.

Anbieter	Tarif	Jahresbeiträge für unseren Modellhaushalt (Euro)			
		Günstiger Ort: 80333 München		Teurer Ort: 60596 Frankfurt/Main	
		Ohne Naturgefahren	Mit Naturgefahren	Ohne Naturgefahren	Mit Naturgefahren
Ammerländer	Comfort	57	87	91	121
GEV Grundeigentümer	HomeCare Top	65[1]	76[1]	111[1]	122[1]
Lemonade[2]	Hausrat[3] @	82[3]	82[3]	108[3]	108[3]
Medien	Premium	58	68	116	128
Schwarzwälder	Exclusiv Fair Play Direkt @	56	72	147	162
WGV	Basis	59	71	112	125

Die Beiträge sind kaufmännisch gerundet.
@ = Abschluss nur über Internet.

1) Inklusive Rabatt für fünf schadenfreie Jahre.
2) Ausländischer Versicherer.
3) Inklusive Zuschlag für Fahrrad (Anti-Diebstahl-Paket) und Extremwetter (auch für Überspannungsschäden).

Stand: 1. Mai 2020

Wer hilft bei Fragen?

Bei Fragen zur Witwenrente
Deutsche Rentenversicherung
Sie können die Beratungsstellen der Deutschen Rentenversicherung direkt aufsuchen oder kostenlos einen Termin vereinbaren (Telefon: 08 00/10 00 48 00) oder über deutsche-rentenversicherung.de.
Freie Rentenberater
Adressen von Rentenberatern finden Sie zum Beispiel über den Bundesverband der Rentenberater: rentenberater.de. Wählen Sie auf der Startseite die Rubrik „So finden Sie einen Rentenberater".

Bei rechtlichen Fragen
Je nach Einzelfall können verschiedene rechtliche Probleme auftreten. Vielleicht haben Sie im Bekanntenkreis jemanden, der vor ähnlichen Problemen stand und sich fachliche Unterstützung geholt hat. Gerade bei Spezialfällen kann es aber nötig sein, dass Sie selbst mit der Recherche beginnen. Viele Rechtsanwaltskammern bieten über ihre Internetseite eine Anwaltssuche an. Die Suchmöglichkeit des Deutschen Anwaltvereins finden Sie unter anwaltauskunft.de. Unter „erweiterte Suche" können Sie nach Experten für bestimmte Fachgebiete suchen, etwa für Erbrecht oder für Versicherungsrecht.

Bei Steuerfragen
Fragen Sie zunächst im Freundes- oder Familienkreis, ob man Ihnen eine Steuerberaterin oder einen Lohnsteuerhilfeverein empfehlen kann. Ohne konkrete Empfehlung bleibt Ihnen die Suche im Internet:
Steuerberater
Sie können den Suchdienst der Bundessteuerberaterkammer unter bstbk.de nutzen oder über den Deutschen Steuerberaterverband unter dstv.de gehen.
Lohnsteuerhilfeverein
Unterstützung finden Sie online etwa über die Seite beratungsstellensuche.de.

Bei Fragen zu Produkten
Ob Haftpflichtversicherung, Wertpapierinvestment oder Sparvertrag: Haben Sie Fragen zu den Produkten, die auch in diesem Ratgeber vorgestellt wurden, finden Sie auf test.de zahlreiche Hintergrundinformationen und aktuelle Testergebnisse. Benötigen Sie eine neutrale Beratung, kann eine Anfrage bei einer Verbraucherzentrale helfen. Nach Beratungsstellen in Ihrer Nähe können Sie über das Online-Portal verbraucherzentrale.de suchen. Ein weiterer Schritt wäre, dass Sie sich bei einem neutralen Finanz- oder Versicherungsberater Unterstützung holen.

Stichwortverzeichnis

A

Aktie 127
Aktienfonds Europa 128
Aktienfonds Welt 128, 130
Aktiv gemanagte Fonds 128
Aktueller Rentenwert 63
Alleinerziehend 46
– Entlastungsbetrag 101, 164
Alltagsverträge 37
Alten-/Pflegeheim 40
Altersentlastungsbetrag 97
Anlagestrategie planen 111
Anleihen, Geldanlage 127
Arbeitslosengeld 69
Arbeitsvertrag 38
Auslandsreise-Krankenversicherung 150, 153, 162
Außergewöhnliche Belastungen 93
Autoschutzbrief 153

B

Bank-Auszahlplan 125
Bankkonto, Vollmacht 36, 109
Basisrente (Rürup-Vertrag) 120
Bauherren-Haftpflichtversicherung 152
Beamte, Hinterbliebenenversorgung 73
Behindertenpauschbetrag 94
Beihilfe zu Gesundheitsleistungen 73, 143
Beisetzungskosten 93
Beitragsrückgewähr für den Tod (Betriebsrente) 77
Berliner Testament 34
Berufsständisches Versorgungswerk 76
Berufsunfähigkeitsversicherung 146, 158
Bestattung 11, 17
Betreuungsverfügung 55
Betriebliche Altersvorsorge 5, 19, 69, 76, 119, 142
Brückenteilzeit 45, 50

C, D

Chefarztbehandlung 162
Corona, Börse 116
Dax 128
Digitaler Nachlass 38
Direktbank 115, 132

E

Ehe, Güterstand 31
Ehevertrag 33
Eigenheim, Alternative zum Verkauf 42
Eigenkapital, Immobilie 137
Einkommensteuererklärung 87
Elterngeld 69
Elternzeit 51
Elementarschäden 161
E-Mail-Konto checken 38
Entgeltpunkte, Rente 63
Erbengemeinschaft 33, 35
Erbrecht 31
Erbschaft 30
Erbschaftsteuer 87, 88, 91
– Lebensversicherung 82
Erbschein beantragen 12, 34
Erbvertrag 30
Ersparnisse 17
Erziehungsrente 72
ETF (Exchange Traded Funds) 85, 112, 114, 128
– Sparpläne 132

F

Familienversicherung 142
Festgeldkonto 121, 124, 132
Finanzamt 87
Freibeträge
– Erbschaft/Schenkung 35, 88, 90
– Nebenverdienst 4
– Rente 69
– Witwenrente 50
– Zusatzeinkünfte zur Witwenrente 47

G

Gehalt/Lohn fortzahlen 16
Geldanlage 108, 109, 111
– nachhaltige 131
Gemeinsame Veranlagung, Steuer 95
Gemeinschaftskonto 36
Geschäftspartner informieren 49
Gesetzliche Erbfolge 30
Gesetzliche Krankenversicherung siehe Krankenversicherung

Gesetzliche Rente 96, 122
Gewässerschadenhaftpflicht 152
Grabpflege 17
Große Witwenrente 62, 64
Grundbuch 34, 44
Gütergemeinschaft 33

H

Haftpflichtschutz 157
Handyvertrag 37
Haus erben 7
Haushaltshilfe 53
Haushaltsnahe Aufwendungen 104
Hausratversicherung 145, 146, 149, 153, 160, 161
Hinterbliebenenpauschbetrag 93
Hinterbliebenenrente siehe Witwenrente
Hinterbliebenenversorgung 5, 73, 96
Hochzeit/Wiederheirat 165

I, K

Immobilie, kaufen 13, 137
– verkaufen 42
Indexfonds siehe ETF
Kapital-/Mieteinkünfte, Anrechnung 69
Kapitalerträge 92, 99, 102
– Steuer 116
Kapitallebensversicherung 17, 80, 113, 148
Kfz-Haftpflichtversicherung 147, 152
Kinder absichern 159

Kinder mit Behinderung 72
Kinderbetreuung 54, 103
Kleine Witwenrente 62, 69
Konflikt, Erbschaft 30
Konten, Zugriff 6
Konto-/Depotunterlagen prüfen 13, 110
Kontovollmacht 14, 36
Krankenversicherung 19, 142, 143, 146, 152
– Unterstützung für den Haushalt 53
– wechseln 154
Krankschreibung, Trauer 48
Kredite weiterbedienen 13
Kreditvertrag, Eigenheim 41
Kur 52
Kürzung der Witwenrente durch Minijob 47

L, M

Lebensversicherung 13
– auszahlen 51, 80, 84, 85
– Geldanlage 83
– Immobilienkauf 137

M

Mediator, Erbstreitigkeiten 44
Mietvertrag 13, 39, 40
Mindestbelassungsbetrag, Witwengeld 74
Minijob 47, 69, 105
Minijob-Zentrale 46, 53
Mitgliedschaften 36
MSCI World-Index 128

N

Nachhaltige Geldanlage 131
Nachlassgericht 34
Naturkatastrophe 161
Nebenjob, Steuer 104
Nebenkosten, Immobilienkauf 137
Neobroker 132
Nießbrauchrecht 43
Notarielles Testament 57

O, P

Oder-Konto 36
Pantoffel-Portfolio, Geldanlage 85, 113, 129, 133, 136
–, nachhaltiges 132
Partner/Partnerin, neu 163
Partnerversicherung, Rente 79
Patchwork-Familie 164
Patientenverfügung 56
Pensionsfonds/-kasse 77
Pflegegrad, Steuer 94
Pflegepauschbetrag 94
Pflegeversicherung 19, 152, 155
Private Altersvorsorge 117
Private Krankenversicherung 19, 143, 145
Private Krankenvollversicherung 152
Private Krankenzusatzversicherung 162
Private Rentenversicherung 16, 79, 120
Private Sofortrente 126
Private Unfallversicherung, Todesart 144
Private Vorsorgeverträge 76

Privathaftpflichtversicherung 145, 149, 152, 157
Puffermodell 135

R

Recht auf unbefristete Teilzeit 49
Rechtsschutzversicherung 150, 153
Reisegepäckversicherung 150
Reiserücktrittsversicherung 153
Rentenanspruch des Verstorbenen 63
Rentenantrag, Ausland 61
Rentengarantiezeit 16
Rentensplitting 4, 60, 61, 70
Restschuldversicherung 41
Riester-Bausparvertrag 119
Riester-Fondssparplan 118
Riester-Rente, Steuer 97
Riester-Vermögen übertragen 76, 77
Riester-Vertrag 117, 112
Risikolebensversicherung 17, 80. 81, 82, 96, 153, 159
Rürup-Vertrag 79, 120

S

Sabbatical 51
Saisonale Beschäftigung 47
Schenkung, Steuerfreibetrag 90, 91
Schulden des Erblassers 89
Smartphone-Broker 134
Social-Media-Account 38
Sondertilgung 139
Sonderurlaub, Bestattung 48
Sorgerechtsverfügung 55
Sozialhilfe, Anrechnung 69
Splitting plus Erziehungsrente 72
Splittingtarif, Steuer 95
Staatlich geförderte Rente, für Verwitwete 76
Sterbegeld 16, 75
Sterbegeldversicherung 151
Sterbemonat, Gehalt/Rente 16
Sterbeurkunde 11, 34, 37
Sterbevierteljahr 40, 60, 66
Steuererstattung 95
Steuerklasse 45, 47, 101
Steuern 19, 82, 87, 93, 97, 116

T

Tagesgeldkonto 121, 124, 132
Teilerbschein beantragen 35
Testament 11, 30, 57
Testamentseröffnung 34
Tierhalter-Haftpflichtversicherung 152
Totenschein 11
Typfrage, Geldanlage 114

U, V

Überführung veranlassen 11
Unbezahlter Urlaub 51
Unfallversicherung 153
Unterhaltsbeitrag 74
Unterstützung organisieren 52
Untervermietung 42
Vereinsmitgliedschaft 38
Verkehrsrechtsschutz 153
Vermögenswerte 92
Verrentung des Hauses 42
Versicherung, Kinder 146
Versicherungen 141, 146
– benachrigen 11
Versorgungsansprüche 12
Versorgungsehe 74
Versorgungsfreibetrag 89, 98
Verträge bedienen 13, 38
Vormundschaft, Kinder 55
Vorschuss, Witwenrente 63
Vorsorgevollmacht 55

W, Z

Waisengeld 73, 75
Waisenrente 62, 63
Welt-Pantoffel 129, 130
Werbungskosten, Rente 104
Wertpapiere 37, 92, 110, 134
Witwen-/Witwerrente 17, 59
– Auszahlung 60
– beantragen 68
– für Selbstständige 68
– kleine/große 62
– Krankenkasse 142
– Nebenverdienst 4
– Sozialversicherung 19
Witwengeld 17, 59, 73
Wohngebäudeversicherung 145, 147, 150, 153, 160
Wohngeld, Anrechnung 69
Zentrales Testamentsregister 34
Zurechnungszeit 63
Zusatzjob 46
Zusatzrente, Sparplan 129

Die Stiftung Warentest wurde 1964 auf Beschluss des Deutschen Bundestages gegründet, um dem Verbraucher durch vergleichende Tests von Waren und Dienstleistungen eine unabhängige und objektive Unterstützung zu bieten.

Wir kaufen – anonym im Handel, nehmen Dienstleistungen verdeckt in Anspruch.

Wir testen – mit wissenschaftlichen Methoden in unabhängigen Instituten nach unseren Vorgaben.

Wir bewerten – von sehr gut bis mangelhaft, ausschließlich auf Basis der objektivierten Untersuchungsergebnisse.

Wir veröffentlichen – anzeigenfrei in unseren Büchern, den Zeitschriften test und Finanztest und im Internet unter www.test.de

Die Autorin: Isabell Pohlmann arbeitet freiberuflich als Journalistin für Finanz- und Verbraucherthemen. Zuvor war sie Redakteurin bei der Zeitschrift Finanztest. Sie hat bereits mehrere Bücher für die Stiftung Warentest geschrieben, unter anderen Finanzplaner 60+, Finanzplaner Frauen, Meine Rente und Das Versicherungs-Set.

© 2022 Stiftung Warentest, Berlin

Stiftung Warentest
Lützowplatz 11–13
10785 Berlin
Telefon 0 30/26 31–0
Fax 0 30/26 31–25 25
www.test.de
email@stiftung-warentest.de

USt-IdNr.: DE136725570

Vorstand: Hubertus Primus
Weitere Mitglieder der Geschäftsleitung:
Dr. Holger Brackemann, Julia Bönisch, Daniel Gläser

Alle veröffentlichten Beiträge sind urheberrechtlich geschützt. Die Reproduktion – ganz oder in Teilen – bedarf ungeachtet des Mediums der vorherigen schriftlichen Zustimmung des Verlags. Alle übrigen Rechte bleiben vorbehalten.

Programmleitung: Niclas Dewitz

Autorin: Isabell Pohlmann
Projektleitung: Ursula Rieth
Lektorat: Heike Plank
Korrektorat: Christoph Nettersheim
Fachliche Unterstützung: Claudia Bassarak, Karin Baur, Uwe Döhler, Simeon Gentscheff, Katharina Henrich, Annegret Jende, Karin Kuchelmeister, Sophie Mecchia, Jörg Sahr, Max Schmutzer, Michael Sittig, Yann Stoffel, Simone Weidner (Finanztest) sowie Alexander Bredereck, Fachanwalt für Arbeitsrecht, Berlin

Titelentwurf: Josephine Rank, Berlin
Layout: Büro Brendel, Berlin
Grafik, Satz, Bildredaktion: Anne-Katrin Körbi
Bildnachweis: Westend61 (Titel);
Gettyimages: 2 unten westlight, 8 Jakob Helbig; 10 Flying Colours Ltd; 18 RYO/amanaimagesRF; 28 Georgijevic; 34 shapecharge; 42, 52, 75, 82, 3 Unten, 140, 165 Westend61; 47 Thomas Barwick; 2 Mitte, 58 the_burtons; 61 Oliver Rossi; 63 Nadezhda Buravleva; 86 Integrity Pictures Inc; 92 hofred; 94 Matthias Kulka; 3 Mitte, 106 Nora Carol Photography; 108 vorDa; 114 Eugenio Marongiu; 121 Hinterhaus Productions; 142 Luis Alvarez; 147 Alistair Berg; 151 Chev Wilkinson
Adobe Stock: 101 MarcelS
shutterstock: 2 Oben, 20, 22, 24, 26

Produktion: Vera Göring
Verlagsherstellung: Rita Brosius (Ltg.), Romy Alig, Susanne Beeh
Litho: tiff.any, Berlin
Druck: DCM Druck Center Meckenheim GmbH

ISBN: 978-3-7471-0488-0

Wir haben für dieses Buch 100 % Recyclingpapier und mineralölfreie Druckfarben verwendet. Stiftung Warentest druckt ausschließlich in Deutschland, weil hier hohe Umweltstandards gelten und kurze Transportwege für geringe CO_2-Emissionen sorgen. Auch die Weiterverarbeitung erfolgt ausschließlich in Deutschland.